新教育文库·通识书系

# 相信种子，相信岁月

## ——新教育实验管理操作手册

新教育研究院◎编著

**本书编委会**

顾　问　朱永新

主　任　许新海

副主任　陈东强　许卫国　杜　涛

成　员　许新海　卢志文　李镇西　陈东强　童喜喜　许庆豫　杜　涛

王领琴　杨川美　许卫国　李　兵　赵丽芳　吴　勇　袁卫星

王伟群　李西西　汪　敏　郝晓东　蓝　玫　张硕果

主　编　许新海

副主编　许卫国　杜　涛

長江出版傳媒｜湖北教育出版社

## 新教育文库

# 总序

教育实验是一项细致而长久的工程，需要通过一代人去影响另一代人，不能急于求成，不能故步自封，一定要学会等待，一定要耐得住寂寞。

新教育实验更不例外。

中国教育有许多弊端，但仅仅是怒目金刚式的斥责和鞭挞，虽然痛快却无济于事。对于中国教育而言，最需要的是行动与建设，只有行动与建设，才是真正深刻而富有颠覆性的批判与重构。

新教育实验就是寓重构于行动之中，寓批判于建设之中。

新教育要做的，就是给教师和学生一种幸福完整的教育生活，一个开阔无垠的精神视野，让他们对人的内心的复杂性有更为深切的体验，不但要了解生命的伟大和宇宙的博大，而且要感受生活的丰富与人性的丰厚。

从2000年《我的教育理想》的出版，新教育思想悄然萌芽，到2014年《新教育文库》的第三版重订，此时此刻的中国大地上，2000多所学校的200多万新教育师生，正走在新教育的路上。

以追寻理想的执着精神、深入现场的田野精神、共同生活的合作精神、悲天悯人的公益精神，埋首耕耘，成就我们的人生、我们的教育、我们的民族。这就是新教育精神的本质内涵。

新教育追求高度，但永远不会高高在上；新教育培养卓越的教师，更关注普通的教师；新教育不是一个精英俱乐部，而是一个宽容开放的团队。新教育始终敞开胸怀，永远等待、拥抱理想主义者。真实的新教育，永远在田野中，在千千万万默默无闻的普通老师的教室里。

新教育人，就是这样一群有着共同梦想、遵守共同标准的志同道合者。彼此为对方的生命祝福，彼此珍惜生命中偶然的相遇，彼此郑重做出承诺，共同创造一间又一间完美的教室，共同书写一篇又一篇生命的传奇。

新教育不求无懈可击的理论体系，而是强调行动起来，在实践中思考，在实践中提升，在实践中成长。帮孩子成为自己，让我们成为自己，一个完整的幸福的自己。我们不是人类文明的创始者，但人类文明可以通过教育的伟大理想穿越时空，通过我们今天的行动变为现实。

当然，我们也知道，只有对新教育的认识从“概念”向“信念”推进，由“理想”转向“思想”引领，激发出人们深沉的情感、执着的意志，从精神世界的积淀表现为主体的自觉行动时，新教育实验才可能真正成为人生力量和教育智慧的策源地。

新教育文库，正是总结、梳理、传播新教育人的所行所思所得的一种努力。无论是经验还是教训，这一路跋涉的足迹，将成为指向明天的路标。在这套文库中，不同书系有着不同定位：我们希望用“通识书系”积淀下新教育的根本书籍，用“蒲公英书系”及时总结一线教育经验，用“萤火虫书系”全力搭建家校沟通的平台……我们并不准备用一部部书籍堆砌功名的城堡，但我们盼望这一部部心血凝成、行动书写的图书，能够成为一块块砖石，铺就一座通往彼岸的桥梁。

那么，新教育的彼岸是什么模样?

我想，彼岸是一群又一群长大的孩子，从他们身上能清晰地看到：政治是有理想的，财富是有汗水的，科学是有人性的，享乐是有道德的。

亲爱的新教育同仁，我们正在这条通往彼岸的船上。让我们同心同行，过一种幸福完整的教育生活。

行动，就有收获。

坚持，才有奇迹。

朱永新

## 案例篇

# 前　言

新教育实验是由全国政协常委、副秘书长，民进中央副主席，苏州大学教授、博士生导师朱永新先生发起的一项民间教育改革行动，是一个以教师成长为起点，以营造书香校园、师生共写随笔等十大行动为途径，以帮助新教育共同体成员过一种幸福完整的教育生活为目的的教育实验，是全国教育科学规划“十五”和“十一五”重点课题，中国教育学会“十一五”“十二五”“十三五”重点课题。

1999年，新教育从一个人的念想开始启航，到2002年，新教育已经成为一群人的理想。至今，新教育实验已经走过了19年历程，新教育人在埋首耕耘中，不知不觉收获了许多额外的奖赏。截至2018年7月，全国已有12个大市级实验区、141个县级实验区、4214所实验学校、440多万师生参与新教育实验。2014年11月，在卡塔尔基金会举办的世界教育创新奖WISE教育项目奖(WISE Awards)的评选中，新教育实验从全世界1000多个申报项目中脱颖而出，入围15强。这也是近年来中国仅有的两个入围WISE教育项目奖的项目之一。2015年，“新教育实验探索幸福完整的教育生活”荣获《中国教育报》主办的第四届全国教育改革创新特等奖。2017年9月，“新教育实验的探索与实践”荣获2017年江苏省基础教育教学成果奖特等奖。2018年12月，“‘新教育实验’的教学改革实践”荣获2018年基础教育国家级教学成果奖一等奖。

新教育实验是一项草根性、实践性、探索性很强的教育改革。19年来，为了新教育事业的长远发展，新教育人一直在寻求和探索新教育实验的推进机制，新教育实验的制度体系一直在架构的过程之中。粗略说来，新教育实验的管理包括课题管理、实验区（校）管理和研究（培训）机构管理等三个方面。在每一个方面，新教育实验都做出了积极的探索，积累了一定的经验。2015年4月，我们曾对这些经验进行了深入的梳理，编制了《新教育实验管理规程》。今年初，又结合目前新教育实验推进的实际情况，做了调整、补充和完善，并增加了实验区、学校、教师开展新教育实验的案例，修订推出了这本《相信种子，相信岁月——新教育实验管理操作手册》。

希望本书能为新教育实验管理的规范化，为新教育实验可持续发展带来助力。也希望各新教育实验区（校）、新教育研究（培训）机构能因地制宜地贯彻，并在实践的过程中，不断地提出完善的意见和建议，以期更好地促进新教育事业的发展！

# ▶ 规则篇

GUIZEPIAN

# 一 新教育实验课题管理办法

## 1 总 则

新教育实验课题采取课题负责人制度。总课题负责人为全国政协常委、副秘书长，民进中央副主席，苏州大学教授、博士生导师朱永新。课题负责人主持课题开发与研究，向全国各新教育实验区、实验学校、实验个体和实验机构负责，向各实验区、实验学校、实验机构的广大师生、教育行政管理工作者及研究人员负责。

本课题管理原则是自愿参加与行政推动相结合，网络交流与资源共享相结合，项目推动与典型引路相结合，自我管理与监督评估相结合。

本课题实验的参与者包括实验区、实验学校、实验个体（教师个人）及实验研究（培训）机构等。

本课题设立总课题规划领导小组，组织进行课题的具体研究工作，负责总课题的整体设计、项目课题的分解指导与管理，帮助解决项目课题研究中遇到的具体困难和问题，并全面负责整个课题的工作安排及组织协调工作。总课题规划领导小组设立秘书处，为总课题组日常办事机构，负责与各级课题组联系，进行资料整理与保管，编印《新教育》报，组织各种活动等。秘书处设在新教育研究院办公室。

为了加强管理，进一步推动新教育实验的各项具体工作，课题实行三级管理，即总课题组、各实验区新教育研究中心（或新教育办公室等新教育实验管理和组织部门，由各实验区教育行政管理部门决定）、实验学校项目课题组。非实验区实验学校及实验个体直接向总课题组负责，具体工作由秘书处组织协调。在三级管理网络之外，新教育实验因推动项目研究的需要，先后成立了新阅读研究所、新评价与考试研究所、新职业教育研究中心等机构，各研究机构直接向新教育实验总课题组负责，具体工作由秘书处组织协调。各实验区、学校及研究机构课题负责人负责项目课题的实施与管理，及时将研究动态进行网上公示，便于总课题组参与组织相关活动。

各级课题组及各个人研究成果分别属于各级课题组与个人，可以署名发表。总课题组对项目课题组及其成员个人取得的成果有权在总课题成果中使用，使用的成果将会以适当形式注明。

课题经费由新教育研究院负责筹措，用于考察学习、资料收集、专题研讨、成果汇编和资助特困参研单位和个人的研究工作；各项目课题研究经费原则上由参研单位及个人负责。各级课题组须加强经费管理，严格执行财务规定，确保研究工作的正常有序开展。

本课题主要依靠有关高校的图书馆来保证文献资料的检索和收集，同时，总课题负责人的个人工作室具有丰富的与课题相关的图书文献，使用方便，能为各级项目课题提供良好的资料服务。“新教育文库”的编辑发行，也为开展实验奠定了厚实的理论基础。

本课题的成果形式是多种多样的系列成果，包括研究报告、实验报告、专著、系列编著、网站等。

## 2　秘书处职责及组织机构

总课题组秘书处是全国新教育实验总课题组的日常办事机构，由秘书长、副秘书长和干事等组成，负责处理课题组日常事务。秘书处设于江苏省苏州工业园区职业技术学院（江苏省苏州市工业园区若水路1号职业技术学院A1－9楼）。

### 一、秘书处工作职责

1．制定课题及课题子项目研究方案，审批项目课题并具体组织实施，对各级项目课题研究进行评估。

2．接受实验区、实验学校申请，审定实验区、实验学校资格，对实验区、实验学校课题研究工作进行指导并开展评议工作。

3．组织开展课题相关活动，定期组织项目专题研讨会，统筹办好每年一度的全国性研讨会，协调课题研究培训工作。

4. 负责课题材料的档案管理，负责“教育在线”的管理，协助“教育在线”论坛新教育板块的管理。

5. 负责实验成果的收集、整理、宣传、推广，重点做好“新教育文库”丛书，编辑出版《新教育》报和每年的《新教育实验年鉴》。

6. 负责实验经费的管理及合理使用，在坚持公益性的原则下增强自身的造血功能，努力争取公益性经费资助新教育实验。

7. 执行总课题组决议，拟定和发放相关文件与通知，进行相关人员的分工与安排。

8. 负责与上级课题管理部门及各级项目课题组、实验单位、个人的联络工作。

### 二、 办公室工作职责

1. 负责秘书长办公室的来电来函登记并转发相关负责人处理。
2. 负责有关实验资料、阶段实验成果的分类、整理、存档。
3. 负责各级媒体相关报道的收集、整理、存档。
4. 协助课题管理其他具体事务。

联系电话：0512－69170057　　电子邮箱：xjyyth@126.com

## 3　总课题申报和项目课题申报、审批流程

### 一、 总课题申报流程

1. 总课题组须经常关注教育部办公厅发布的全国教育科学规划课题组织申报工作的通知和全国教育科学规划办（即全国教育科学规划领导小组办公室）发布的全国教育科学规划课题组织申报办法，分析《课题指南》，研究、确定新教育实验总课题名称。

2. 组织课题核心研究组，安排新教育实验专兼职研究人员分析课题提出的背景，研读与课题相关的国内外文献资料，界定核心概念，明确研

究目标，确定研究内容和步骤，撰写《全国教育科学规划课题申请书》（初稿）。

3.《全国教育科学规划课题申请书》（初稿）提交新教育理事会各理事长审议，并做出修改。

4. 向中国民主促进会中央委员会所在地的北京市教育科学规划办，或向新教育研究院所在地的江苏省教育科学规划办，报送《全国教育科学规划课题申请书》，待北京市或江苏省教育科学规划办审定后报送全国教育科学规划办。

5. 新教育实验总课题由总课题组秘书处负责申报。

6. 新教育实验总课题同时申报中国教育学会每个五年规划教育科研课题，组织申报流程参照全国教育科学规划课题的申报流程。

## 二、项目课题申报、审批流程

1. 待新教育实验申报的全国教育科学规划课题（或中国教育学会教育科研规划课题）确认立项后，总课题组秘书处发布《关于组织申报全国教育科学规划课题（或中国教育学会教育科研规划课题）参与项目课题的通知》。

2. 各实验区、实验学校及实验个体根据《关于组织申报全国教育科学规划课题（或中国教育学会教育科研规划课题）参与项目课题的通知》和总课题方案制定参与项目课题研究方案，选择一两个项目参加研究。

3. 各实验区、实验学校及实验个体制定参与新教育实验总课题研究的项目课题方案后，报送总课题组秘书处，需同时报送纸质文本（一式两份）和电子文本。

4. 总课题组秘书处组织专家审阅各实验区、实验学校及实验个体制定参与新教育实验总课题研究的项目课题方案，根据研究方案的质量确认参与项目课题的名单。

5. 总课题组秘书处通过“教育在线”、新教育微信公众号、新教育APP等，或借助新教育年度研讨会，发布各实验区、实验学校及实验个体参与新教育实验总课题研究的项目课题名单，并向参与研究的单位发送纸质《课题立项书》。

# 4 课题管理

## 一、权利和义务

第一条 凡参与合作研究单位享有下列权利：

1. 接受总课题组的理论指导。

2. 参加总课题组组织的课题研讨和学术研究交流会。

3. 享用本项目相关的研究资料（通过“教育在线”网站、新教育APP提供）。

4. 凡通过总课题组评审立项的课题，总课题组将下达正式的项目课题立项通知书，并在适当的时候举行开题会议，对认定的挂牌学校将颁发新教育实验学校铭牌。

5. 获得论文、论著修订和发表方面的帮助。

第二条 参与合作研究单位应承担以下义务：

1. 课题承担者及其所在学校应对课题承担信誉保证，切实加强课题研究的领导、管理，在时间、人力和研究经费等条件上给予积极支持；对课题承担者及其主要研究人员所承担的工作应给予工作量等方面的政策保证。

2. 项目课题组要积极参加总课题组安排的各项研讨活动。

3. 课题承担者及其所在学校要创造条件，保证课题方案如期顺利实施。

4. 认真积累实验数据，包括实验过程的记录、设计方案、有关资源、活动录像、师生作品和其他成果。

5. 参加实验的教师对实验要加以总结，提交总课题组，承诺可供课题组共享并在“教育在线”网站、新教育APP上发布。

第三条 承担正式立项的项目课题的学校要按研究方案做好各阶段的工作，并定期向总课题组报告研究进展情况。

第四条 在课题研究过程中，总课题组将对各项目课题进行中期评估，对不能提交阶段性研究成果或研究成果不突出的项目课题学校，总课题组将不予结题或延迟结题。

第五条　各项目课题承担学校应明晰权利和义务，未能履行本节第二条所规定义务者，总课题组有权取消其立项资格。

## 二、组织

第六条　本课题的实施由总课题组统一安排，各项目课题组积极参加总课题组安排的研讨交流活动。

第七条　项目课题的实施由项目课题承担人负责，项目课题承担人保证履行申请书中的承诺。项目课题实行统一立项，分级管理。各实验区课题指导小组，主要负责区域内项目课题的组织、管理与指导。

第八条　总课题组负责拟订总课题研究计划，评审项目课题的申报立项材料，审定项目课题的实施方案，确认项目课题的立项名单，组织课题研究培训和研讨活动，评选课题研究优秀成果，组织课题研究的中期评估、结题鉴定和研究成果推广工作，并在宏观上指导各项目课题的研究工作。

第九条　实验区课题指导小组负责管理并指导本实验区承担项目课题研究学校的研究工作，协助总课题组做好课题的申报、结题评审等工作，并向总课题组推荐优秀的课题研究成果。

## 三、成果申报

第十条　为及时传播和交流先进的教育理念、案例和各项目课题学校的先进经验，总课题组建有“教育在线”网站、新教育 APP，各校可在线交流研讨，总课题组将视其为重要的结题依据。总课题组将不定期编辑“教育在线”系列丛书，作为实验成果正式出版。

第十一条　项目课题研究完成后，承担者应向总课题组提出结题申请，由总课题组组织专家对课题成果进行鉴定或由总课题组委托实验区课题指导小组组织专家对课题成果进行鉴定。

第十二条　课题结题鉴定后，由总课题组组织课题终结性成果评选，并对优秀成果进行表彰和推广。

## 四、经费

第十三条　参加本课题研究的单位及个人不需要向总课题组上交课题

管理费。本课题参加单位必须自筹研究经费，参加总课题组安排的研讨和交流活动经费均由参加单位自行承担。

## ▶ 五、 交流

第十四条　鼓励实验区之间、实验学校之间进行考察交流互访活动。如果是由当地行政部门组织的参观考察活动，请按正常程序与被参观单位的相应部门联系，可明确提出考察对象、要求，由对应部门安排。如果是媒体采访，也请按正常程序与被采访单位的宣传部门联系，可明确提出采访对象、要求，由对应部门安排。如果是实验学校，请直接与相关兄弟学校联系，由双方协商安排考察交流内容和流程。

第十五条　新教育实验倡导简朴务实的研究作风，被考察单位提供相关现场、进行情况介绍，食宿原则上由考察单位自行安排，有条件的被考察单位可提供校内工作餐。对于需要的实验资料（图书、光盘等），请考察单位按需按价购买。

## ▶ 六、 课题宣传

第十六条　新教育实验宣传包括内部宣传和外部宣传。内部宣传载体主要有《新教育》报等。外部宣传载体为“教育在线”、新教育 APP、《教育研究与评论》、《教育·读写生活》、《新教育》报和新教育以外的各种媒体。

第十七条　宣传工作宗旨为展示实验成就，挖掘特色工作，提供实验参考，扩大实验影响。

第十八条　宣传工作的原则与要求：全面、准确、及时。

第十九条　宣传工作原则上由新教育实验总课题组秘书处、新教育研究院办公室及各研究（培训）机构、实验区、实验学校办公室负责，具体负责日常工作信息的收集、筛选、加工、发布和所在实验区（校、机构）的重大会议和活动的宣传报道工作。

第二十条　各实验区（校）、研究（培训）机构应高度重视新教育实验的宣传工作，配备兼职的宣传员，负责本实验区（校）、研究（培训）机构内部宣传稿件的撰写和报送工作。

第二十一条　《新教育》报为新教育实验的内部报刊，一月一期，宣传当月新教育实验整体性的重大会议、活动，当月各实验区（学校）、研究（培训）机构重大会议、活动，报道新教育实验的区域性经验、学校经验，报道新教育卓越校长、榜样教师的事迹等。

第二十二条　“教育在线”是新教育实验的网站，全面反映新教育实验的信息，及时报道新教育实验的会议、活动、经验，反映新教育实验即时的推进情况。新教育 APP 同时跟进报道新教育实验的会议、活动、经验，反映新教育实验即时的推进情况。

第二十三条　新教育实验需要借助国内外报刊、电视、电台、网站等媒体宣传报道实验情况，扩大新教育实验的影响，让更多的人了解新教育、支持新教育，从而促进新教育事业的发展。各媒体主动联系宣传新教育事宜，各实验区（学校）、研究（培训）机构应认真接待，提供方便，帮助媒体全面、准确地了解新教育实验情况，把握新教育实验的实质，提高宣传的效果。各实验区（学校）、研究（培训）机构也应主动与媒体联系，帮助媒体及时报道新教育实验的重大会议、活动、成果。

第二十四条　对于涉及知识产权保护的新教育实验成果的宣传，各实验区（学校）、研究（培训）机构都要慎重，避免有违《知识产权保护法》，引起不必要的法律纠纷。

# 5　总课题组成员下区（校）指导办法

## 一、总则

第一条　总课题组成员包括新教育理事会、新教育研究院及新阅读研究所、新评价与考试研究所、新职业教育研究中心、新教育培训中心等机构及总课题组秘书处人员。

第二条　本制度同时针对专职实验人员、兼职实验人员和项目指导专家。专职实验人员指由总课题组支付固定工资，专业从事新教育实验的人员。兼职实验人员是指利用业余时间从事新教育实验工作的人员，包括课题组支付补助津贴的人员。项目指导专家是指总课题组聘请的新教育共同体以外的专家。

第三条　本制度涉及的实验区（校）包括正式确认的实验区（校）和正在申请加入新教育实验的地区（学校）。

## 二、权利与义务

第四条　实验区（校）享有下列权利：

1. 实验区（校）有权利向总课题组秘书处提出申请，要求秘书处派出人员进行管理或者学术上的指导。

2. 实验区（校）有权利点名指定具体人员进行指导。

3. 实验区（校）有权利请求秘书处协助邀请知名专家进行指导。

4. 实验区（校）有权利拒绝下区（校）指导人员非本制度所规定的经济上的要求，包括旅游要求等。

第五条　实验区（校）必须履行以下义务：

1. 实验区（校）有义务向下区（校）指导人员提供本制度所规定的基本后勤服务。

2. 实验区（校）有义务提交下区（校）指导工作人员所要求的各类实验资料。

第六条　总课题组下区（校）指导人员享有如下权利：

1. 下区（校）指导人员有权利拒绝非实验项目的指导邀请。

2. 下区（校）指导人员有权利拒绝未经约定项目的指导邀请。

第七条　总课题组下区（校）指导工作人员必须履行下列义务：

1. 总课题组下区（校）指导工作人员有指导实验区（校）实验工作的义务。

2. 在没有正当理由的情况下，不得拒绝秘书处的下区（校）指导工作安排。

## 三、工作流程

第八条　实验区（校）邀请提供下区（校）指导的基本流程：

1. 实验区（校）需要总课题组提供下区（校）指导之前，原则上须提前一个月向秘书处提出申请（书面或者用电子邮件的方式），申请时必须明确申请指导的内容、时间安排、联系方式以及相关的后勤安排等内容。

2. 秘书处在接到实验区（校）的申请后，原则上须在一周内对下区（校）指导工作进行协调安排，并通知实验区（校）安排情况。

3. 下区（校）指导人员接受秘书处安排后，须认真拟订指导计划。指导计划包括日程计划以及指导提纲（包括相应的演讲提纲、PPT 等）。

4. 下区（校）指导人员根据秘书处的安排下区（校）履行指导职责。

5. 下区（校）指导信息须及时通过“教育在线”、新教育 APP 或其他媒体发布。

第九条　秘书处委派人员到区（校）指导调研检查的基本流程：

1. 秘书处与相关区（校）沟通确定下区（校）指导时间。

2. 秘书处与相关下区（校）指导人员沟通确定下区（校）指导人员名单。

3. 下区（校）指导人员根据秘书处的工作安排提交下区（校）指导计划。

4. 下区（校）指导人员根据秘书处的安排下区（校）履行指导调研检查的职责。

5. 下区（校）指导信息须及时通过“教育在线”、新教育 APP 或其他媒体发布。

## ▶ 四、 后勤服务

第十条　下区（校）指导人员下区（校）时尽可能乘坐火车、汽车、公交车等费用较少的交通工具。

第十一条　下区（校）指导人员住宿尽可能从简，学校有住宿条件的住在学校，条件不足的可住宾馆或者招待所标准间。

第十二条　下区（校）指导人员就餐尽量从简，原则上在区（校）食堂就餐。下区（校）指导人员不得要求区（校）提供旅游等服务。

第十三条　下区（校）指导人员的交通、食宿等费用原则上由被指导区（校）承担，有特殊困难的，由秘书处协调解决。

# 6　档案管理办法

为了及时记录整理新教育实验的全过程，为新教育实验提供详细的参照，更好地推动新教育实验健康发展，特制定本办法。

第一条　本制度所称的档案，是指在实验中或者与实验有关的活动中直接形成的有保存价值的各种文字、图表、音频、视频等不同形式的历史记录，包括方案档案、声像档案、设备档案。以保存形式而言，包括方案档案、实物档案与电子档案。以档案内容而言，分为一般档案和专题档案。所谓专题档案，是指为重大会议、活动等建立的档案。

第二条　秘书处办公室负责全部重要实验档案的管理工作，其基本职责：

1. 建立健全档案工作的各项管理制度。

2. 收集、整理、建立、管理新教育理事会、新教育研究院和新教育实验总课题组组织的会议、活动及日常工作所需要建立的全部档案。

3. 指导各部门、实验区、实验学校以及实验个人形成各种档案资料并进行收集、整理、立卷和归档。

第三条　新阅读研究所、评价与考试研究所、新职业教育研究中心、教师书院、新教育培训中心等部门，各自负责本部门组织的会议、活动及日常工作所建立的全部档案。

第四条　各实验区、实验学校各自负责本实验区（校）组织的新教育实验会议、活动及日常工作所建立的全部档案。

第五条　各实验个体开展新教育实验的档案由各实验教师自行留存、建档。

第六条　总课题组秘书处每年编辑《新教育年鉴》以保存新教育实验重要的文献资料，内容涉及新教育年会等重大会议，新阅读研究所、新科学教育研究所等各部门工作、各实验区工作等。《新教育年鉴》所收集资料以学年为单位，时间跨度原则上从前一年的新教育年会始，到次年的新教育年会召开前夕结束，隔年编写，每年从 3 月开始征稿，编辑。当年新教育年会前出版，作为新教育年会会务资料之一。

第七条　新教育实验总课题组及各部门、实验区（校、个体）的不涉及知识产权保护的实验信息原则上应及时上传“教育在线”、新教育 APP，使实验资料留存于网络。

第八条　总课题组秘书处、各部门、实验区、实验学校及实验个体等需要参考某些实验资料时，应提供及时周到的档案服务。

# 7　会议制度

## 一、总则

第一条　本会议制度包括工作会议制度与研讨会制度。工作会议包括理事长会议、实验区工作会议等；研讨会包括新教育年度研讨会（简称“新教育年会”）、国际高峰论坛、元旦论坛等。

## 二、工作会议制度

第二条　理事长会议组织办法。

1. 理事长会议原则上每季度召开 1 次，特殊情况下可以临时组织。

2. 理事长会议出席对象为新教育理事会各正、副理事长，需要时可以邀请新教育实验各研究、培训机构负责人列席。

3. 理事长会议内容包括：

（1）对新教育实验进行总结与规划。

（2）讨论、决定新教育实验内部重大人事安排。

（3）讨论、决定新教育实验重大会议和活动的内容及组织办法。

4. 理事长会议由总课题组秘书处负责召集，由理事长主持，由秘书处办公室负责记录并编发会议纪要。会议纪要经主持人过目后发送给与会人员。

第三条　理事会组织办法。

1. 理事会原则上每年召开 1 次。

2. 理事会出席人为新教育全体理事和目前新教育相关机构的负责人。

3. 理事会主要讨论决定新教育实验重大事项，具体包括：

（1）新教育的共同体成员加盟和退出（成立或解散新的机构；认证其为新教育共同体成员或不隶属于新教育共同体；对在原则上违背新教育理念与精神，但仍树着新教育旗号的机构宣布其为非认证或不赞同的机构）。

（2）新教育年会的举办时间、地点和主题。

（3）新教育直属机构的年度预算与决算报告。

（4）新教育理事会的理事长、副理事长选举。

（5）对直属机构的负责人员进行年度工作考核。

（6）其他重要的项目。

第四条　实验区工作会议组织办法。

1. 实验区工作会议原则上每年召开 1 次，时间在每年 4、5 月，为期两天。

2. 实验区工作会议出席对象主要为各实验区新教育实验负责人、联络人及校长、教师代表。

3. 实验区工作会议，内容包括：

（1）开幕式和承办方新教育实验工作汇报及现场展示。开幕式要力求真情、实在、短暂；实验区成果展示要力求真实、创新、美好、丰富、深刻。

（2）新教育实验区年度工作交流。

（3）中国陶行知研究会新教育分会及新教育实验区工作布置。

（4）新教育研究、培训机构工作推介。

4. 实验区工作会议由新教育研究院主办，新教育实验区提前一年向新教育研究院申请承办资格，经新教育研究院考察、审议、确认。新教育研究院负责会议的通知，会议重要内容、文件、流程、现场的审核等。会议的筹划、接待、食宿安排、安保工作等具体会务由承办方负责。会议的宣传报道工作由新教育研究院和承办方协同负责。

## 三、研讨会议制度

第五条　新教育年会组织办法。

1. 新教育年会原则上每年召开 1 次，时间在每年 7 月的第 2 个双休日，为期两天。

2. 新教育年会出席对象为新教育理事会、研究院、基金会及各研究、培训机构负责人和工作人员代表，各实验区新教育实验负责人、联络人及校长、教师代表等。在承办方条件许可的情况下，提倡接收非实验区（校）校长、教师等参会。

3. 新教育年会每年确定一个主题。

4. 新教育年会内容包括：

（1）开幕式和承办方新教育实验工作汇报及现场展示。

（2）新教育研究院专业引领活动。

（3）闭幕式和新教育年会主报告。

（4）新教育实验优秀实验学校、示范学校、先进个人和年度榜样教师、完美教室、卓越课程等表彰。

（5）新加入的新教育实验区、实验学校授牌。

（6）当年与次年新教育年会承办方会旗交接。

（7）新教育实验专题性分论坛活动。

（8）其他新教育学术研究活动。

5. 新教育年会由新教育研究院主办，新教育实验区提前一年向新教育研究院申请承办资格，经新教育研究院考察、审议、确认。新教育研究院负责会议的通知，会议重要内容、文件、流程、现场的审核等。会议的筹划、接待、食宿安排、安保工作等具体会务由承办方负责。会议的宣传报道工作由新教育研究院和承办方协同负责。

第六条　新教育国际高峰论坛组织办法。

1. 新教育国际高峰论坛原则上每年召开 1 次，时间在每年 11 月，为期两天。

2. 新教育国际高峰论坛出席对象为新教育理事会、研究院、基金会及各研究、培训机构负责人和工作人员代表，各实验区新教育实验负责人、联络人及校长、教师代表，国内外相关领域的专家等。

3. 新教育国际高峰论坛每年确定一个主题。

4. 新教育国际高峰论坛内容包括：

（1）开幕式和承办方新教育实验工作汇报及现场展示。

（2）国内外专家专题学术报告。

（3）新教育实验专题性分论坛活动。

（4）闭幕式、论坛总结演讲、发布论坛宣言。

5. 新教育国际高峰论坛由新教育研究院主办，新教育实验区提前一年向新教育研究院申请承办资格，经新教育研究院考察、审议、确认。新教育研究院负责会议的通知，会议重要内容、文件、流程、现场的审核等。会议的筹划、接待、食宿安排、安保工作等具体会务由承办方负责。国内外相关领域的专家由新教育研究院和承办方分别邀请。会议的宣传报道工作由新教育研究院和承办方协同负责。

第七条　新教育元旦论坛组织办法。

1. 新教育元旦论坛每年召开 1 次，时间在每年的 1 月 1 日。

2. 新教育元旦论坛出席人为新教育实验发起人及其博士生等。

3. 新教育元旦论坛内容包括：

(1) 与会者一年学习、工作情况交流。

(2) 新教育实验一年推进情况介绍。

4. 新教育元旦论坛由新教育实验发起人召集，总课题组秘书处负责会务的联络安排。

## ▶ 四、 会议制度要求

第八条　所有会议均应提前做好准备，由会议组织方做好时间、场地以及相关资料的安排。

第九条　所有会议均应安排专人做好会议记录并整理成会议纪要。重要会议应同时做好照相、录音、摄像工作。

第十条　重大会议均须做好宣传工作，媒体邀请由新教育研究院和承办方协同负责，会议信息均须在“教育在线”、新教育 APP 发布。

第十一条　各种未列举的其他会议，参照上述会议组织办法组织。

# 二　新教育实验区、实验学校及实验个体管理办法

为了实现对新教育实验的规范管理，提高新教育实验的管理效能，促进新教育事业的发展，特制定本管理办法。

## 一、新教育实验区管理

第一条　新教育实验区大都是由地方教育行政管理部门负责组织和指导的实验学校共同体，少量的是同一行政区域内若干新教育实验学校组成的新教育共同体，其定位是强化组织区域内实验学校开展实验活动的功能，加强对实验学校的指导和服务，促进区域内新教育事业的发展。

第二条　实验区申请审批流程。

1. 由已经拥有至少5所以上实验学校的县（市）教育行政部门或这些学校组成的新教育共同体提出建立实验区的申请，提交新教育研究院办公室或课题管理中心审议。

2. 经新教育研究院考察，并经新教育研究院联席会议同意批准，可成为新教育实验区。

3. 新教育研究院与市、县政府或教育行政管理部门或区域新教育共同体签订实验协议书。

4. 市、县教育行政管理部门或区域新教育共同体专题研究并成立相关组织，正式发文成立新教育实验区，自发文之日起，实验区成立。

5. 新教育研究院组织研究和培训团队对实验区学校进行通识培训和项目培训，启动实验区新教育实验工作。

第三条　新教育研究院与实验区所在市、县教育行政管理部门或区域新教育共同体是相互合作的关系，共同指导和服务区域新教育实验的开展。

第四条　实验区常规管理细则。

1. 组织领导：新教育实验区须成立新教育实验领导小组和办公室。领导小组组长由教育行政部门主要领导或区域新教育共同体负责人担任，领导小组办公室主任作为实验的具体负责人和联络人，必须由一名真正有

时间、精力和能力负责实验管理的人担当，以上两人的联系方式必须报研究院办公室与课题管理中心。实验领导小组能够及时、定期、或不定期研究解决实验中的问题和困难。

2. 队伍建设：成立有各个实验项目工作室，或名师工作室，建立有切合实际的新教育实验推广基本制度与较好的运行机制。

3. 行动计划：有实验行动计划或实施方案。年初有工作计划，年中有回顾小结，年终有工作总结。方案切实可行。

4. 资金支持：有专项资金支持新教育实验行动计划的落实，或能够及时解决新教育实验者中的资金需求。有必要的办公场所、办公器材等办公条件。

5. 课题管理：能够按照新教育实验课题管理办法规范管理实验课题。能够按照新教育课题管理部门的要求，及时认真准确地传达报送相关信息。注重实验资料的收集、整理、保管、使用工作，建立有新教育实验档案资料室，实验资料齐全。

6. 底线管理：对新教育实验的每个项目都有符合本地实际的实验管理底线要求和管理办法。

7. 榜样教师：重视榜样教师的作用。有自己的榜样教师。区域能够为榜样教师的成长不断提供条件或创造机会。

8. 示范学校：新教育实验区有自己的示范实验学校。示范学校实验目标明确，措施得力，成效显著，示范引领作用发挥较好。

9. 校本教研：能够扎实开展区域校本教研活动，注重实效。重视校本教研的专业引领，同伴互助，自我反思。实验区每学期至少组织一次新教育实验专题研讨活动。

10. 开放活动：能够因地制宜，与时俱进，勇于探索，主动承办、积极参与新教育年会、实验区工作会议、国际高峰论坛及开放周等活动。

11. 信息发布：实验区在“教育在线”、新教育 APP 新教育实验区展示区域中须有全面的情况介绍，所有实验学校要有专题帖反映实验进展情况。凡自行开发新教育实验网站的，必须与“教育在线”实现链接。实验区（校）有新教育报刊或书面简报出刊，须同时寄送课题管理中心（地址：江苏省海门市新教育培训中心，海门市越秀路 469 号。联系人：许卫国，电话：0513－80785313；赵丽芳，电话：0513－80785310）。

第五条　新教育实验区的评估考核。

1. 实验区每年、每学期须进行新教育实验工作自评，总结经验成绩，反思存在问题，研究改进措施。

2. 实验区要制定本区实验工作评估考核细则，每年对区内实验学校进行评估考核。建议从以下四个方面考察学校实验成果：

（1）学生发展。

①学生学业成绩：在实验推动下，学生总体成绩有较大提高，且好于同起点的非实验校；学生学业成绩呈现逐年上升的趋势；学生人均阅读数量与阅读能力有较大提高，且显著高于同起点的非实验校；学生的写作能力有较大提高，且显著高于同起点的非实验校；学生的口头表达能力有较大提高，且显著高于同起点的非实验校。

②学生综合发展成绩：学生拥有积极向上的精神风貌，快乐自信，大方儒雅，充满求知欲望；全体学生对学校的归属感、在校期间的幸福感有较大提高，且显著高于同起点的非实验校；学生的文体成绩有较大提高，且显著高于同起点的非实验校；学生的创新思想和创新能力有较大提高，且显著高于同起点的非实验校；学生的交流合作意识有较大提高，且显著高于同起点的非实验校。

（2）教师成长。

①教师队伍建设成绩：在实验的推动下，全体教师对职业的认同感极大提升，教师工作积极性大大提高，工作热情高涨；全体教师的幸福感、生活意义感、生命价值感有较大提高，且显著高于同起点的非实验校；教师之间合作意识有较大提高，显著高于同起点的非实验校；榜样教师的数量逐年增加；榜样教师在带动教师队伍建设方面发挥积极的作用。

②教师专业发展成绩：教师人均阅读数量与阅读能力有较大提高，且显著高于同起点的非实验校；教师人均写作数量与写作水平有较大提高，且显著高于同起点的非实验校；教师教研数量及水平有较大提高，且显著高于同起点的非实验校。

（3）学校成绩。

①学术建设成绩：有实验项目论文发表，实验成果汇编成册或公开出版；与实验有关的研究活动持续开展，且效果逐年提升，并有相应的纸质及电子资料备查。

②文化建设成绩：校园文化建设在陶冶学生情操，规范学生行为，培养学生文化意识、合作精神及健康的个性等方面取得显著的效果。

③管理建设成绩：在实验的推动下，学校建立了一支民主、高效的管理团队；学校的管理水平有较大的提升。

（4）实验影响。

①参与意识：新教育实验学校全体教职员工对新教育实验的知晓程度较高，且对新教育实验理念有较高的认同感；乐于为新教育实验做出贡献者较多，并在实际行动中有较为积极的表现；学习新教育，宣传新教育，践行新教育已经成为大家的自觉行动。

②社会评价：新教育实验开展情况在县区级及以上实验专刊、网站等媒体报道；学生家长对学校的满意度、美誉度较实验前有较大的提升；社区管理者对学校满意度、支持度有较大的提升。

③部门反映：上级教育行政管理部门对新教育实验的认同度、满意度和支持度大幅提升。

④同行影响：新教育实验引起教育同行关注，新教育实验成果或现场展示活动赢得教育同行好评。应邀向其他地区或学校介绍宣传本实验区措施、成果和经验，发挥了示范辐射作用。

3．新教育研究院对实验区分类进行服务式管理。以实验区与新教育研究院工作联系的紧密程度为区分标准，把实验区分为“紧密联系型实验区”和“非紧密联系型实验区”。新教育研究院主要对“紧密联系型实验区”进行服务式管理。新教育研究院的任务主要是服务于实验区新教育实验的推进，服务于实验区教育事业的发展，服务于实验区师生生命的成长。新教育研究院委派专人争取两年一轮对全国范围内的“紧密联系型实验区”进行调研、指导和帮助，听取实验区的工作汇报，查阅实验工作资料，察看实验学校现场，访谈实验区新教育实验负责人、联系人、实验学校的校长、教师、学生及其家长，以及政府领导、社会各界朋友等，获取实验工作的真实信息，而后与实验区的负责人、联系人及校长等一起梳理新教育实验推进思路，调整推进策略，解决项目推进过程中的问题，总结提炼新教育实验区、实验学校的经验，宣传他们的典型经验、先进人物、实验成果。调研的过程中，积极发现新的典型，通过委托其承办新教育年会、实验区工作会议、国际高峰论坛等大型会议，或新教育开放周等活动，给他们搭建平台，推广经验，扩大影响。积极将《新教育》报、“教育在线”和新教育 APP 打造成为实验区、实验学校的展示平台。对“非紧密联系型实验区”，新教育研究院则采取宽松式管理，彼此尊重、理解，也随时欢迎这类实验区重新恢复和加强与新教育研究院的工作联系。

原则上新加盟实验区、非实验区实验学校一年之后、两年之内，至少须接受新教育研究院一次考察、调研。对于加盟新教育后，不组织新教育培训、不推动新教育项目、不开展新教育活动、不发布新教育报道、不实质性推进新教育实验的所谓实验区校，建立退出机制。

第六条　实验区的撤销或退出。

1. 如果实验区连续三年未实质性参与新教育实验研究的，或连续三年不参加新教育实验区工作会议和新教育年会的，或连续三年不向新教育研究院报送实验工作总结的，或连续三年不向课题管理中心报送实验区信息的，或在新教育研究院对实验区的评估中，评估结果不合格又不及时整改的，或发生有损于新教育实验及新教育研究院声誉的行为，造成一定负面影响的，新教育研究院有权宣布撤销其新教育实验区资格。

2. 新教育实验区也有权自行退出新教育实验，退出时须向新教育研究院提出书面陈述。

3. 新教育实验区撤销或退出的，其区内正常开展新教育实验工作的实验学校或个人仍可以学校或个体为单位申请继续参加新教育实验。

4. 新教育实验区撤销或退出后，两年内不得再申请加入新教育实验；两年后，自愿重新加入新教育实验的，可以重新提出申请。

## 二、新教育实验学校管理

第七条　新教育实验学校申请及审批流程。

1. 新教育实验学校包括加盟学校、挂牌学校。实验学校的申请审批一般分为两个阶段，即实验加盟校阶段和实验挂牌校阶段。

2. 非实验区的学校有意向加入新教育实验的，填写《新教育实验加盟校实验申请表》，提交新教育研究院课题管理中心（邮箱：ktglzx@163.com）备案，经过课题管理中心确认后，即被视为参与实验。实验区内的学校申请只需直接报送实验区领导小组办公室确认即可。

3. 非实验区的加盟校须向课题管理中心提交，实验区的加盟校向实验区领导小组办公室提交学年度实验计划，每学期提交实验总结，所有加盟校均须在“教育在线”上建立专题帖，经常更新专题帖内容，反映实验动态。

4. 自觉开展新教育实验满一年，并围绕新教育实验一个或几个项目扎实行动，取得一定成效，可以申请成为新教育实验挂牌校。申请挂牌校的学校要提交正式书面申请，简要陈述理由，写明在“教育在线”所建专题帖的网址，并递交一份新教育实验年度工作总结于课题管理中心或实验区领导小组办公室。新教育研究院课题管理中心或实验区领导小组办公室根据实验加盟校的实验情况，择优审批确定实验挂牌学校。非实验区的挂牌学校原则上每年审批一次，由新教育研究院免费颁牌，并在新教育年会上公布名单。实验区内的挂牌校由各实验区自行审批并挂牌，并于每年 9 月份把实验区内加盟校与挂牌校的相关变动信息报课题管理中心。实验挂牌学校铜牌规格由新教育研究院统一规定。

第八条　实验学校常规管理细则。

1. 各实验学校应积极完成承担的新教育实验工作，积极申请项目课题项目，积极参加新教育研究院安排的课题研讨和学术交流会。

2. 自觉接受新教育研究院的工作指导，实验学校领导应对课题承担信誉保证，切实加强课题研究的领导、管理，在时间、人力和研究经费等条件上给予积极支持，课题承担者及其主要研究人员所承担的工作应给予工作量等方面的政策保证。

3. 承担正式立项的项目课题的实验学校要按研究方案做好各阶段的工作。

4. 各实验学校要认真积累实验数据，包括实验过程的记录、设计方案、有关资源、活动录像、师生作品和其他成果。为及时传播和交流先进的教育理念、案例和各项目课题承担学校的先进经验，各实验学校均须在“教育在线”上建立专题帖，并及时把实验进展的各种有价值的信息、资料发布在“教育在线”的专题帖上，有条件的学校可在“教育在线”上建立自己的新教育实验网站。

5. 各实验区内的实验学校由新教育研究院委托实验区领导小组办公室管理。

第九条　实验学校评估表彰。

1. 新教育研究院每年评选新教育实验优秀学校和先进个人，累计三次被评为新教育实验优秀学校的学校可以申报新教育实验示范学校。

2. 新教育实验示范学校是全面推进新教育实验的榜样学校，是区域推进新教育实验的核心学校。示范学校的评审将结合新教育实验优秀学校的评选进行。非实验区实验学校直接向新教育研究院申报，实验区的实验学校通过实验区领导小组办公室向新教育研究院申报。新教育研究院组织评审后，将于每年的新教育年会上进行授牌表彰。

第十条　实验学校的撤销或退出。

1. 如果实验学校发生有损于新教育实验及新教育研究院声誉的行为，

造成一定负面影响的，新教育研究院有权宣布撤销其新教育实验学校资格。

2. 新教育实验学校也有权自行退出新教育实验，退出时须向新教育研究院提出书面陈述。

3. 新教育实验学校撤销或退出的，其学校内正常开展新教育实验工作的教师仍可以个体为单位申请继续参加新教育实验。

4. 新教育实验学校撤销或退出后，两年内不得再申请加入新教育实验；两年后，自愿重新加入新教育实验的，可以重新提出申请。

## ▶ 三、 新教育实验个体管理

第十一条　实验个体（实验教师）申请审批流程。

实验个体申请参与新教育实验的，填写《新教育实验个体实验申请表》提交新教育研究院课题管理中心备案后，经过课题管理中心确认，即被视为参与实验。

第十二条　实验个体常规管理细则。

1. 自申请批复时起，须在“教育在线”网站“新教育实验区、校、个体”论坛建立实验专题帖，并参与实验研讨和交流。

2. 实验个体须提供详细的联系方式予课题管理中心，每年须向课题管理中心提交一年实验计划；一年后，每年提交实验工作总结。

3. 自参与实验后，要接受新教育研究院的管理、指导和培训。

4. 将根据实验需要，可被邀请参加实验研讨和项目研讨等相关会议和活动。

5. 根据情况，可向江苏昌明新教育基金会（即新教育基金会）申请实验资助。

第十三条　实验个体有权自行退出新教育实验。

**附件 1：**

## 新教育实验区申请表

实验区名称：________________

| 负责人 | | 办公电话 | | 手机号 | | 邮箱 | |
|---|---|---|---|---|---|---|---|
| 联系人 | | 办公电话 | | 手机号 | | 邮箱 | |
| 通信地址 | | | | | | 邮编 | |
| 申请建立实验区的理由 | | | | | | | |
| 区域教育工作情况 | | | | | | | |
| 当年度新教育实验计划 | | | | | | | |
| 教育行政管理部门或区域新教育共同体意见 | 年　月　日 | | | | | | |
| 新教育研究院意见 | 年　月　日 | | | | | | |

**附件 2：**

## 新教育实验区信息表

<table>
<tr><td>实验区名称</td><td colspan="5"></td></tr>
<tr><td>负责人</td><td colspan="3"></td><td>现任职务</td><td></td></tr>
<tr><td>办公电话</td><td></td><td>手机号</td><td></td><td>邮箱</td><td></td></tr>
<tr><td>联系人</td><td colspan="3"></td><td>现任职务</td><td></td></tr>
<tr><td>办公电话</td><td></td><td>手机号</td><td></td><td>邮箱</td><td></td></tr>
<tr><td>通信地址</td><td colspan="3"></td><td>邮编</td><td></td></tr>
<tr><td rowspan="4">负责人变更情况记载</td><td colspan="5"></td></tr>
<tr><td colspan="5"></td></tr>
<tr><td colspan="5"></td></tr>
<tr><td colspan="5"></td></tr>
<tr><td>新教育研究院信息</td><td colspan="5">新教育研究院<br>通信地址：江苏省苏州市工业园区若水路 1 号职业技术学院 A1—9 楼<br>邮　编：215123<br>院　长：李镇西<br>联系人：杜　涛　电话：0512—69170057　15250107111<br>电子邮箱：xjyyth@126.com<br>课题管理中心<br>通信地址：江苏省海门市新教育培训中心，海门市张謇大道 899 号<br>邮　编：226100<br>联系人：许卫国　电话：0513—80785320<br>　　　　赵丽芳　电话：0513—80785321<br>电子邮箱：ktglzx@163.com</td></tr>
</table>

**附件 3：**

过一种幸福完整的教育生活

# 新教育实验区

# 协
# 议
# 书

**新教育研究院**

# 协 议 书

甲方：新教育研究院

乙方：____________________________新教育实验区

一、乙方必须成立新教育实验领导小组和办公室。领导小组组长由教育行政管理部门（或区域新教育共同体）主要领导担任，领导小组办公室主任为实验具体负责人，必须由一名真正有时间、精力和能力负责实验管理的人担当，以上两人的联系方式必须报研究院办公室和课题管理中心。乙方须按新教育实验项目分别确定项目负责人，具体负责项目管理工作。甲方有义务帮助乙方建立上述组织。

二、乙方须在实验区建立新教育实验核心团队。要有一批热心新教育实验的骨干，展示新教育实验区域推进成果。甲方有义务对实验区内的教师进行新教育实验培训，以让实验区的教师比较全面地了解新教育实验项目。乙方负责人及实验学校必须根据甲方的安排，派代表参加每年一次的实验区工作会议和新教育年会。

三、乙方每年度须制定实验工作方案，而且方案中要有推进策略，有责任人，有逐月活动安排等。所有事情都要列成工作任务表。甲方要对乙方方案的制定进行指导。

四、乙方在实验区内部须组织一定的活动。每学期至少组织一次以上的现场会。现场会的内容要以简报的形式及时向甲方汇报，甲方可不定时地参加乙方所组织的活动。甲方原则上每年召开一次实验区工作会议，特别情况下可举行实验区的专题会议。

五、乙方的实验经费须有保障。新建实验区必须有专门的拨款，须由教育局主要领导直接管理，以便实验能够顺利运作。乙方有义务根据实验需要，为区内师生订购相应的报刊、图书资料等。实验学校联盟式的实验区，其区域新教育共同体也须积极筹措实验经费，保障实验顺利推进。

六、乙方负责管理实验区内的实验学校，并负责为成熟的实验学校挂牌，签订实验协议书。同时，将各校联系人、实验情况等基本资料于每年9月份上报甲方，期间如有变化及时上报。乙方应该完善实验档案管理系统，逐步构架本区实验研究的中坚层，中坚层要与研究院建立常规联系，共享资源，及时获取最新的实验成果。实验区之间要加强合作与交流。

七、乙方须有意识地以新教育实验名义在各级媒体上报道宣传实验工作，在各级会议上介绍宣传实验工作。乙方有书面简报或出刊杂志须同时寄发课题管理中心（地址：江苏省海门市新教育培训中心，海门市张謇大道899号。联系人：许卫国，电话：0513－80785320；赵丽芳，电话：0513－80785321）。

八、乙方须在“教育在线”新教育实验区展示区域中有全面的情况介绍，所有实验学校要有专题帖反映实验进展情况。凡自行开发新教育实验网站的，须与“教育在线”实现链接。

九、乙方要制订本区实验工作评估考核细则，每年对区内实验学校进行评估考核。

十、乙方有下列情形之一的，责令退出实验或宣布撤销实验区：

1. 连续三年未实质性参与新教育实验研究的；

2. 连续三年不参加新教育实验区工作会议和新教育年会的；

3. 连续三年不向新教育研究院报送实验工作总结的；

4. 连续三年不向课题管理中心报送实验区信息的；

5. 在新教育研究院对实验区的评估中，评估结果不合格又不及时整改的；

6. 发生有损于新教育实验及新教育研究院声誉行为，造成一定负面影响的。

十一、乙方退出新教育实验或被撤销实验区的，其区内正常开展新教育实验工作的实验学校仍可以学校为单位申报继续参加新教育实验。实验区也有权自行终止实验，但须提前两个月向新教育研究院提出书面陈述。

十二、未尽事宜由双方另行签订协议约定。

甲方（签字）　　　　乙方（签字）

盖章　　　　盖章

年　月　日　　　　年　月　日

**附件4：**

## 新教育实验加盟学校申请表

学校名称：________________

<table>
<tr><td>负责人</td><td></td><td>办公电话</td><td></td><td>手机号</td><td></td><td>邮箱</td><td></td></tr>
<tr><td>联系人</td><td></td><td>办公电话</td><td></td><td>手机号</td><td></td><td>邮箱</td><td></td></tr>
<tr><td>通信地址</td><td colspan="5"></td><td>邮编</td><td></td></tr>
<tr><td>申请成为新教育实验加盟学校理由</td><td colspan="7"></td></tr>
<tr><td>学校教育工作情况</td><td colspan="7"></td></tr>
<tr><td>当年度新教育实验计划</td><td colspan="7"></td></tr>
<tr><td>学校意见</td><td colspan="7">年　月　日</td></tr>
<tr><td>新教育研究院意见</td><td colspan="7">年　月　日</td></tr>
</table>

**附件 5：**

## 新教育实验挂牌学校申请表

学校名称：________________

| 负责人 | | 办公电话 | | 手机号 | | 邮箱 | |
|---|---|---|---|---|---|---|---|
| 联系人 | | 办公电话 | | 手机号 | | 邮箱 | |
| 通信地址 | | | | | | 邮编 | |
| 申请成为新教育实验挂牌学校理由 | | | | | | | |
| 已经取得的新教育实验成绩 | | | | | | | |
| 当年度新教育实验计划 | | | | | | | |
| 学校意见 | 年　月　日 | | | | | | |
| 新教育研究院意见 | 年　月　日 | | | | | | |

## 附件6：

# 新教育实验挂牌学校
# 协议书

甲方：新教育研究院

乙方：

一、甲方同意乙方成为新教育实验挂牌学校。

二、乙方成为新教育实验挂牌学校后，可以申报新教育实验有关全国级课题的项目课题，以新教育实验学校的身份对外宣传，优先参加新教育研究院组织的活动，邀请新教育专家指导实验工作。

三、乙方须从学校实际出发，将新教育实验与学校工作有机结合，制定具有可操作性的实验方案，并逐月安排具体的实验工作。学校的工作计划及工作总结中须有实验工作的专题阐述。每年度应根据学校实验的进展情况修订方案。阶段实验后能及时进行项目升级及项目拓展，确保实验持续发展。

四、甲方负责提供“教育在线”、新教育APP网络研讨管理平台。乙方要充分利用“教育在线”扎实做好课题研讨及管理工作。每所挂牌学校在“教育在线”网站上至少建有一个专题帖或教师博客群，有20%以上的教师在专题帖或博客上发表教育随笔、教育故事等，并逐年有所增加。学校要指定专人负责专题帖的归类链接，及时更新页面，丰富内容。

五、乙方必须加强实验工作的管理，建立本校新教育实验的管理机构，明确职责。要有意识地在各级媒体、各级会议上宣传、介绍学校新教育实验工作。实验资料及时归档，有专人保管。能按照要求定期上报阶段总结，并能与其他新教育实验学校加强合作与交流，共享实验资源与成果。

六、乙方须每年将新教育实验研究所需经费列入预算，保证实验经费的落实。根据需求订购相应的报刊、图书资料及其他实验设备。积极参加甲方组织的专题研讨会及培训活动，争取承办总课题组实验活动。

七、甲方规划设计实验宣传推广平台，及时推广挂牌学校实验成果和经验，组织研讨活动。

八、未尽事宜由双方另行签证协议约定。

| | |
|---|---|
| 甲方（签字） | 乙方（签字） |
| 盖章 | 盖章 |
| 年　月　日 | 年　月　日 |

**附件7：**

## 新教育实验个体申请表

姓名：________________

<table>
<tr><td>所在学校</td><td colspan="9">省（市、自治区） 市（自治州） 区（县） 镇（乡） 学校</td></tr>
<tr><td>办公电话</td><td colspan="3"></td><td>手机号</td><td colspan="2"></td><td>邮箱</td><td colspan="2"></td></tr>
<tr><td>通信地址</td><td colspan="6"></td><td>邮编</td><td colspan="2"></td></tr>
<tr><td>出生年月</td><td></td><td>性别</td><td></td><td>任教学科</td><td></td><td>职称</td><td></td><td>行政职务</td><td></td></tr>
<tr><td>工作简历</td><td colspan="9"></td></tr>
<tr><td>受表彰情况</td><td colspan="9"></td></tr>
<tr><td>发表论文和出版论著情况</td><td colspan="9"></td></tr>
<tr><td>申请理由</td><td colspan="9"></td></tr>
<tr><td>当年度新教育实验计划</td><td colspan="9"></td></tr>
<tr><td>个人签名</td><td colspan="9">年　月　日</td></tr>
<tr><td>新教育研究院意见</td><td colspan="9">年　月　日</td></tr>
</table>

# 三 新教育实验组织机构简介

## 1 新教育理事会章程

为了进一步规范新教育理事会的工作，确保新教育共同体的事业健康发展和新教育实验的有序推进，特制定本规程：

### 一、组织定位

新教育理事会是新教育实验的最高领导和决策机构，但只议事决事，不执行事务，所决定的事务分别由其他新教育相关机构执行，和其他机构相当于董事会和法人企业的关系。

### 二、机构组成

新教育理事会目前由第三届理事会的正副理事长、第二届理事会的成员和目前新教育各实验机构的负责人（具体包括新教育研究院常务副院长、新教育基金会秘书长、新阅读研究所执行所长、新教育培训中心主任、新评价与考试研究所所长、新职业教育研究中心主任、“教育在线”网站负责人、《教育研究与评论》杂志执行主编等）组成。其中已经担任第二届理事会理事的同志，继续担任第三届新教育理事会理事。理事会理事任期三年，可以连选连任。

### 三、决策机制

1. 提案办法。

新教育正、副理事长均有资格递交提案，或递交其他人申请要求递交的提案。理事长有责任统筹考虑新教育全局事务。各副理事长有责任将自己分管工作范围内的大事主动提交理事长会议研究讨论。提案者、推荐提案的理事长须对提案负责，提供相关解释。若信息不实导致损失，应承担相关责任。提案应写明相关信息。若涉及须由其他人员承担的事务，一般情况下，提案者须事先与相关人员沟通并初步征得同意。若未沟通或不同意的，须说明。提案通过邮件群发的形式发至各正、副理事长电子邮箱。

2. 决策流程。

新教育重大事项的决策，由理事会全体会议投票共同决定，超过半数有效。在理事会休会期间，由理事长会议代行理事会职能，理事长对于全体会议的决策无决定权，但可以行使一票否决权。理事长会议投票时如出现得票数相同，理事长可以再投一票。

新教育各正、副理事长应该在规定时间内发表对提案的意见。依据事情缓急，一般在 2 天之内，最迟在 7 天之内发表意见。紧急情况下，由提案者或秘书长通过电话、短信等其他方式通知各正、副理事长参与议事。规定时间内未发表意见的正、副理事长，提案者、秘书长或理事长必须以群发邮件的方式公开催问意见。催问后仍未发表意见的正、副理事长，视为投弃权票。连续 3 次投弃权票或累积投弃权票 5 次，理事会必须追责，对是否取消弃权者的正、副理事长资格进行投票表决。新教育各正、副理事长有权对提案做询问、质疑与批评，补充意见与建议，表示赞同、反对或弃权。原则上，提案会议由秘书长主持，由理事长两次发表意见（一次陈述主要内容、一次补充其他内容），进行充分阐述。特殊情况下，可多次发表意见。最终由秘书长总结。

一般事务提案，由新教育理事长依据理事们的意见进行决议。特别重大事务，可先期由各正、副理事长或秘书长分头调研，征求各部门意见。必要时，由全体理事、各部门负责人集体投票决定。无论是理事长、副理事长，若提案投票结果与自己意见不合，可以保留个人意见，但不能阻挠决议执行。持反对意见者不能成为提案的执行者。

各正、副理事长对决议负责，承担相应的责任。对未经过理事长会议讨论、决定的人事，如机构成立、重大合作、需要重大资金支持的项目开辟等，擅自行动，各正、副理事长有权追责，要求相关人员做出解释、检讨，并重新进入议事程序。对于因擅自决策造成重大事故的责任人，建议理事会专题研究，做出撤销责任人有关资格的决定，并发布与新教育没有关联的声明，有必要的依法追究其法律责任。

对已经形成契约的事务，须按照契约执行。若是无益的、错误的、耗损的契约，可以随时提出中止执行的提案，进入议事程度；对因执行契约而造成损失的，可以按规定追责。

### ▶ 四、运行机制

新教育理事会成员每年 1 月 1 日前提交工作计划，12 月 31 日前提交工作总结。新教育理事会每年召开一次全体会议，一般在每年年会期间举行，特殊情况下可以由理事长临时召集。新教育理事长会议原则上每季度召开一次。特殊情况下可以由理事长召集会议。为提高工作效率，会议可以通过网络平台进行。理事会的所有会议，必须在会前一周将文字材料发送全体与会成员邮箱。会议不再宣读各种文本。

### ▶ 五、督评机制

新教育理事会每年向全体理事报告工作。理事对理事会的工作情况每年进行一次无记名投票，如不满意票数超过半数，可以提出罢免理事长动议。罢免票超过半数，理事长自然解除职务。对于不遵守新教育共同体规范、有损新教育形象的机构，理事会有权提出批评、警告，或宣布与新教育实验无关，甚至解散有关机构。

## 2 新教育研究院职能和架构

新教育研究院为新教育理事会决策的执行机构和全国新教育实验的管理机构。其职责是全面负责新教育实验区、实验学校、实验个体的审批、管理、指导与服务工作，负责新教育实验研究（培训）机构的协调、管理和服务工作。

新教育研究院院长全面负责研究院工作，统筹实验区（校）、研究（培训）机构的管理、指导和服务工作。常务副院长兼任理事会的秘书长，协助院长开展工作。

新教育研究院下设办公室、新教育教师成长学院（即新教育培训中心）、新教育研究中心、新教育网络师范学院、新阅读研究所、新评价与考试研究所、新职业教育研究中心、新教育书院、新教育发展中心、新家庭教育研究院、新生命教育研究所、新科学教育研究所、新艺术教育研究院、学校管理研究所、新教育研学中心等机构。办公室负责对实验区、实验学校、实验个体、研究（培训）机构等进行具体的管理与服务，负责新教育会议的协调与接待、部门的沟通与协调、对外宣传与沟通，负责《新教育》报的编辑、出版。新教育教师成长学院为全国新教育实验培训基地，为全国新教育实验区、校进行校长、教师培训。新教育研究中心是新教育实验学术研究的专门机构。新教育网络师范学院是一个基于网络的公益性质的教师专业发展共同体，是在“教育在线”网站“海拔五千——新教育教师读书会”的基础上发展起来的一个新型的新教育实验骨干教师培训的专门机构。新阅读研究所是新教育开展阅读研究和推广的专门机构。新评价与考试研究所是研究、建设并推广新教育学科综合评价与考试系统，为新教育研究院及其他研究机构提供评价与考试方面配套研究的专门机构。新职业教育研究中心是新教育开展职业教育研究和咨询的专门机构。新教育书院是在高等学院推广新教育实验的专门机构。新家庭教育研究院是家庭教育专业和新教育家校合作项目的研究机构。新生命教育研究所是新教育实验的生命教育研究机构和生命教育课程的研发机构。新科学教育研究所是新教育实验的科学教育研究机构和科学教育课程的研发机构。新艺术教育研究院是新教育实验的艺术教育研究机构和艺术教育课程的研发机构。学校管理研究所是新教育实验的学校管理研究机构。新教育研学中心致力于打造一所所没有围墙的学校、一间间可以行走的教室，服务全国新教育实验区校师生。

新教育研究院建有“教育在线”网站。“教育在线”是服务新教育实验，为新教育实验提供信息发布、实验研讨、成果展示等的网络平台。新教育研究院与超星公司合作，建有新教育 APP。新教育 APP 是新教育团队在移动信息化时代为广大新教育追随者、教育同仁们提供的一款移动学习、信息和资源分享和互动的平台。

# 3 新教育基金会章程

## 第一章 总 则

第一条 本基金会的名称是江苏昌明教育基金会。

第二条 本基金会的宗旨：发展素质教育，推进教育实验，促进教育事业发展。本基金会遵守宪法、法律、法规和国家政策，践行社会主义核心价值观，遵守社会道德风尚。

第三条 本基金会根据中国共产党章程规定，设立中国共产党的组织，开展党的活动，为党组织的活动提供必要条件。

第四条 本基金会的原始基金数额为人民币 200 万元，来源于王海波先生的捐赠，均为合法捐赠财产。

第五条 本基金会的登记管理机关是江苏省民政厅。

本基金会的业务主管单位是江苏省教育厅。

本基金会接受登记管理机关、业务主管单位和相关职能部门的监督管理。

第六条 本基金会的住所是江苏省苏州市工业园区独墅湖高教区若水路 1 号。

## 第二章 业务范围

第七条 本基金会的业务范围。

1. 慈善助学助教，重点资助苏北教育薄弱地区学生。
2. 教育教学科研。
3. 支持江苏教育事业发展。

## 第三章 组织机构

第八条 本基金会由 13 名理事组成理事会。

本基金会理事每届任期为 5 年，任期届满，可以连选连任。

第九条 理事的资格。

1. 具有完全民事行为能力。

2. 热心公益事业。

3. 遵纪守法，身体健康，自愿为教育事业和本会出力。

4. 在教育界有一定的影响力或具备一定的专业素养。

第十条　理事的产生和罢免。

1. 第一届理事由主要捐赠人和发起人提名确定。

2. 理事会换届改选时，由理事会、主要捐赠人共同提名候选人并组织换届领导小组，组织全部候选人共同选举产生新一届理事。

3. 相互间有近亲属关系的理事，总数不得超过理事总人数的 1/3。

4. 罢免、增补理事应当经理事会表决通过。

5. 理事的选举和罢免结果报登记管理机关备案。

第十一条　理事的权利和义务。

1. 选举权、被选举权和表决权。

2. 知情权、建议权和监督权。

3. 遵守基金会章程，执行理事会决议。

4. 参加本会活动。

第十二条　本基金会的决策机构是理事会。理事会行使下列职权。

1. 制定和修改章程。

2. 选举和罢免理事长、副理事长、秘书长。

3. 决定重大业务活动计划，包括资金的募集、管理和使用计划。

4. 审定年度收支预算及决算。

5. 制定内部管理制度。

6. 决定设立办事机构、分支机构和代表机构。

7. 决定由秘书长提名的副秘书长和各机构主要负责人的聘任。

8. 听取、审议秘书长的工作报告，并对其工作进行检查。

9. 决定基金会的分立、合并或终止。

10. 决定其他重大事项。

第十三条　理事会每年召开 2 次会议。理事会会议由理事长负责召集主持。

有 1/3 理事提议，必须召开理事会会议。如理事长不能召集，提议的理事可推选召集人。

第十四条　理事会会议须有 2/3 以上理事出席方能召开；理事因故不能出席，可以书面委托其他理事代为出席理事会，委托书必须载明授权范围。理事会决议须经出席理事过半数通过方为有效。

第十五条　下列重要事项的决议，须经出席理事表决，2/3 以上通过方为有效。

1. 章程的修改。

2. 选举或者罢免理事长、副理事长、秘书长。

3. 章程规定的重大募捐活动。

4. 章程规定的重大投资活动。

5. 开展重大慈善项目。

6. 基金会的分立、合并。

7. 基金会宗旨的修改。

第十六条　理事会会议应当制作会议记录。形成决议的，应当制作会议纪要，并由出席理事审阅、签名。理事会决议违反法律、法规或章程规定，致使基金会遭受损失的，参与决议的理事应承担责任。但经证明在表决时反对并记载于会议记录的，该理事可免除责任。

第十七条　本基金会设监事 3 名。监事任期与理事任期相同，期满可以连任。

第十八条　理事、理事的近亲属和基金会财会人员不得任监事。

第十九条　监事的产生和罢免。

1. 监事由主要捐赠人、业务主管单位分别选派。

2. 监事的变更依照产生程序进行。

第二十条　监事的权利和义务。

1. 依照章程规定的程序，检查基金会财务和会计资料，监督理事会遵守法律法规和章程的情况。

2. 列席理事会会议，向理事会提出质询和建议，并应当向登记管理机关、业务主管单位以及税务、会计主管部门反映情况。

3. 遵守有关法律法规和基金会章程，忠实履行职责。

第二十一条　在本基金会领取报酬的理事不得超过理事总人数的 1/3。监事和未在基金会担任专职工作的理事不得从基金会获取报酬。

第二十二条　本基金会理事遇有个人利益与基金会利益关联时，不得参与相关事宜的决策。

本基金会的发起人、主要捐赠人以及管理人员与本基金会发生交易行为的，不得参与本基金会有关该交易行为的决策，有关交易情况应当向社会公开。

第二十三条　理事会设理事长、副理事长和秘书长，从理事中选举产生。

第二十四条　本基金会理事长、副理事长和秘书长必须符合以下条件。

1. 在本基金会业务领域内有较大影响。

2. 理事长、副理事长和秘书长最高任职年龄不超过 70 周岁，秘书长为专职。

3. 身体健康，能坚持正常工作。

4. 具有完全民事行为能力。

第二十五条　有下列情形之一的人员，不能担任本基金会的理事长、副理事长、秘书长。

1. 属于现职国家工作人员的。

2. 因故意犯罪被判处刑罚，自刑期执行完毕之日起未逾 5 年的。

3. 因犯罪被判处剥夺政治权利正在执行期间或者曾经被判处剥夺政治权利的。

4. 在被吊销登记证书或者被取缔的组织担任负责人，自该组织被吊销登记证书或者被取缔之日起未逾 5 年的。

第二十六条　本基金会的理事长、副理事长、秘书长每届任期 5 年，连任一般不超过两届。因特殊情况需超届连任的，须经理事会特殊程序表决通过，报业务主管单位审查并经登记管理机关批准同意后，方可任职。

第二十七条　本基金会理事长为基金会法定代表人。本基金会法定代表人不兼任其他组织的法定代表人。

本基金会法定代表人应当由中国内地居民担任。

本基金会法定代表人在任期间，基金会发生违反《基金会管理条例》和本章程的行为，法定代表人应当承担相关责任。因法定代表人失职，导致基金会发生违法行为或基金会财产损失的，法定代表人应当承担个人责任。

第二十八条　本基金会理事长行使下列职权。

1. 召集和主持理事会会议。

2. 检查理事会决议的落实情况。

3. 代表基金会签署重要文件。

4. 拟订基金会的内部管理规章制度，报理事会审批。

5. 章程和理事会赋予的其他职权。

第二十九条　本基金会副理事长、秘书长在理事长领导下开展工作，秘书长行使下列职权。

1. 主持开展日常工作，组织实施理事会决议。
2. 组织实施基金会年度慈善活动计划。
3. 拟订资金的筹集、管理和使用计划。
4. 拟订基金会的内部管理规章制度，报理事会审批。
5. 协调各机构开展工作。
6. 提议聘任或解聘副秘书长以及财务负责人，由理事会决定。
7. 提议聘任或解聘各机构主要负责人，由理事会决定。
8. 决定各机构专职工作人员聘用。
9. 章程和理事会赋予的其他职权。

第三十条　担任本基金会副理事长、秘书长的香港居民、澳门居民、台湾居民以及外国人，每年在中国内地居留时间不得少于 3 个月。

## 第四章　财产的管理和使用

第三十一条　本基金会的收入来源。

1. 组织定向募捐的收入。
2. 政府资助。
3. 自然人、法人或其他组织自愿捐赠。
4. 投资收益。
5. 其他合法收入。

第三十二条　本基金会组织募捐、接受捐赠，应当遵守法律法规，符合章程规定的宗旨和慈善活动的业务范围。

第三十三条　本基金会组织开展定向募捐，应当在发起人、理事会成员和会员等特定对象的范围内进行，并向募捐对象说明募捐目的、募得款物用途等事项。

本基金会开展募捐活动，应当尊重和维护募捐对象的合法权益，保障募捐对象的知情权，不得通过虚构事实等方式欺骗、诱导募捐对象实施捐赠，不得摊派或变相摊派，不得妨碍公共秩序、企业生产经营和居民生活。

第三十四条　本基金会的财产及其他收入受法律保护，任何单位、个人不得侵占、私分、挪用。取得的收入除用于与该组织有关的合理的支出外，全部用于章程业务范围规定的慈善活动。

财产及其孳息不用于分配，但不包括合理的工资薪金支出。

捐赠人对投入基金会的财产不保留或享有任何财产权利。

第三十五条　本基金会根据章程规定的宗旨和慈善活动的业务范围使用财产；捐赠协议明确了具体使用方式的捐赠，根据捐赠协议的约定使用。

捐赠人捐赠的实物不易储存、运输或者难以直接用于慈善目的的，本基金会可以依法拍卖或者变卖，所得收入扣除必要费用后，全部用于慈善目的。

第三十六条　本基金会财产主要用于：

符合本基金会宗旨和章程规定业务范围的各项公益慈善事业支出。

第三十七条　本基金会的重大活动。

1. 一次性筹集超过100万元（含100万元）的活动为重大筹资活动。

2. 一次性超过30万元（含30万元）的投资项目或捐赠项目。

第三十八条　本基金会按照合法、安全、有效的原则实现基金的保值、增值。

第三十九条　本基金会每年用于从事章程规定的慈善事业的支出和管理费用，应当符合《中华人民共和国慈善法》以及《关于慈善组织开展慈善活动年度支出和管理费用的规定》要求的比例。

第四十条　本基金会根据宗旨和章程合理设计慈善项目，优化实施流程，降低运行成本，提高慈善财产使用效益。

本基金会建立健全慈善项目的决策、执行、监督机制，对慈善项目的立项、审查、执行、控制、评估、反馈等环节建立科学、规范、有效的要求，设立项目管理机构，配备专职人员，行使项目管理职责。

第四十一条　本基金会按照公开、公平、公正的原则，确定慈善受益人。本基金会管理人员的利害关系人不得作为受益人。

第四十二条　本基金会的重大慈善项目包括：

1. 年度慈善项目计划。

2. 超过50万元的慈善项目。

本基金会开展重大慈善项目之前，应当及时向业务主管单位报备。

第四十三条　本基金会项目资金的使用严格遵守国家财务会计制度的规定，按照捐赠协议或章程规定的业务范围全部用于慈善目的，不得在发起人、捐赠人以及慈善组织成员中分配。

本基金会慈善项目资金的管理使用自觉接受财政部门、审计机关、业务主管单位、登记管理机关和社会公众的监督。

本基金会加强慈善项目档案管理，保存慈善项目的完整信息，做好慈善项目的建档归档工作。

第四十四条　本基金会开展慈善资助项目，应当向社会公开所开展的慈善资助项目种类以及申请、评审程序。

第四十五条　捐赠人有权向本基金会查询捐赠财产的使用、管理情况，并提出意见和建议。对于捐赠人的查询，基金会应当及时如实答复。

本基金会违反捐赠协议使用捐赠财产的，捐赠人有权要求基金会遵守捐赠协议或者向人民法院申请撤销捐赠行为、解除捐赠协议。

第四十六条　本基金会可以与受助人签订协议，约定资助方式、资助数额、资金用途和使用方式。

本基金会有权对资助的使用情况进行监督。受助人未按协议约定使用资助或者有其他违反协议情形的，本基金会有权解除资助协议。

第四十七条　本基金会应当执行国家统一的《民间非营利组织会计制度》，依法进行会计核算、建立健全内部会计监督制度，保证会计资料合法、真实、准确、完整。

本基金会接受税务、会计主管部门依法实施的税务监督和会计监督。

第四十八条　本基金会配备具有专业资格的会计人员。会计不得兼出纳。会计人员调动工作或离职时，必须与接管人员办清交接手续。

第四十九条　本基金会每年 1 月 1 日至 12 月 31 日为业务及会计年度，每年 3 月 31 日前，理事会对下列事项进行审定。

1. 上年度业务报告及经费收支决算。
2. 本年度业务计划及经费收支预算。
3. 财产清册。

第五十条　本基金会进行换届、更换法定代表人以及清算，应当进行财务审计。

第五十一条　本基金会依法履行信息公开义务，通过统一的信息平台发布慈善信息，保证信息公开真实、完整、及时。按照《中华人民共和国慈善法》《基金会管理条例》的规定接受监督检查，每年向社会公开年度工作报告和财务会计报告，接受社会公众的查询、监督。

## 第五章　终止和剩余财产处理

第五十二条　本基金会有以下情形之一，应当终止。

1. 完成章程规定的宗旨的。

2. 无法按照章程规定的宗旨继续从事慈善活动的。

3. 基金会发生分立、合并的。

第五十三条　本基金会终止，应在理事会表决通过后，报业务主管单位审查同意，业务主管单位同意后，向登记管理机关申请注销登记。

第五十四条　本基金会办理注销登记前，应当在登记管理机关、业务主管单位的指导下成立清算组织，完成清算工作。

本基金会应当自清算结束之日起 15 日内向登记管理机关办理注销登记；在清算期间不开展清算以外的活动。

第五十五条　本基金会清算后的剩余财产，应当在业务主管单位和登记管理机关的监督下，转给宗旨相同或者相似的慈善组织。无法自行处理的，由民政部门转给相同或相近的慈善组织，并向社会公告。

## 第六章　章程修改

第五十六条　本章程的修改，须经理事会表决通过后 15 日内，报业务主管单位审查同意。经业务主管单位审查同意后，报登记管理机关核准。

## 第七章　附则

第五十七条　本章程经 2018 年 6 月 30 日江苏昌明教育基金会第二届理事会第五次会议表决通过。

第五十八条　本章程的解释权属于理事会。

第五十九条　本章程自登记管理机关核准之日起生效。

# 4　新教育研究会章程

## 第一章　总则

第一条　江苏省教育学会新教育实验研究专业委员会是群众性教育学术团体，面向全省基础教育，由单位会员和个人会员自愿组成，是非营利性社会组织，在业务上接受江苏省教育学会的指导。

第二条 本会的宗旨是以马列主义、毛泽东思想、邓小平理论、“三个代表”重要思想、科学发展观为指导，团结广大教育工作者，在新教育实验的基础理论和实践模式两个方面做进一步研究和探索，即以全面发展学说与行动哲学、和谐论等相关理论为指导，加强实验的基础性研究，推进素质教育深入实施，促进素质教育思想行动化、具体化、系列化，为我国的教育改革做出贡献。

第三条 本会的主要工作。

1. 在新教育研究院支持下，组织新教育课题的申报、立项、研究和总结等各项工作，开展新教育实验课题管理，推进新教育实验。

2. 开展群众性教育科学研究和教育教学改革实验，组织新教育实验研讨活动。

3. 介绍国内外新教育实验研究动向、优秀成果及教育教学改革经验。

4. 及时向有关主管部门反映会员的合理意见和要求，推荐会员的合理化建议。

5. 组织新教育实验科研成果和优秀论文、优质课等评奖活动，评选专业委员会先进集体和先进工作者。

## 第二章 会员

第四条 本会采取个人会员和单位会员制，以单位会员为主。

第五条 申请加入本会的会员，必须具备下列条件。

1. 有加入本会的意愿，拥护本会章程。

2. 热心支持并自愿参加新教育实验。

3. 在教育教学研究与实践领域中有一定影响。

第六条 会员入会的程序。

1. 个人会员须向本会提交入会申请书，填写会员登记表，经专业委员会批准，即为本会会员。所有会员证均由本会统一印制发放。

2. 各市、县的学校均可申请为本会的单位会员，须提出书面申请，填写会员登记表，经本会常务理事会讨论通过，即为本会单位会员。

第七条 会员的权利和义务。

会员的权利。

1. 有选举权、被选举权。

2. 对本会有建议权、批评权。

3. 优先参加本会组织的学术活动。

4. 优先取得本会的有关资料。

会员的义务。

1. 遵守本会章程。

2. 执行本会决议和完成本会所委托的工作。

3. 积极开展课题研究，及时参加研讨活动。

4. 按规定交纳会费。

5. 向本会提交学术研究论文，提供有关学术资料。

第八条　会员退会应书面通知本会，并交回会员证。一年不经同意不交纳会费或无故不参加本会组织的活动者，视为自动退会。

第九条　会员如有严重违反本章程的行为，经常务理事会讨论并表决通过，予以除名。

第十条　会员退会自由。

## 第三章　组织

第十一条　本会的最高领导机构是会员大会或会员代表大会。大会闭幕期间，理事会是执行机构，理事由会员大会或会员代表大会选举产生，任期五年。

第十二条　理事会职权。

1. 执行会员代表大会的决议。

2. 选举和罢免正、副理事长，常务理事，秘书长，选举名誉理事长，聘请顾问。

3. 筹备会员代表大会。

4. 向会员代表大会报告工作和财务状况。

5. 决定会员的吸收或除名。

6. 决定其他重大事项。

第十三条　理事会选举理事长 1 名、副理事长及常务理事若干名和秘书长。

第十四条　理事长、副理事长、秘书长组成理事长会议，处理常务理事会的重要日常工作。理事长主持常务理事会的日常工作，召集常务理事会议和理事长会议。理事长会议、常务理事会议有超过半数的组成人员参加即可召开，理事长会议每年至少召开 4 次，常务理事会议每年至少召开 1 次。副理事长协助理事长工作，正、副秘书长协助理事长和副理事长工作。

第十五条　理事会设名誉理事长 1 名，顾问若干名。名誉理事长、顾问列席理事长会议和常务理事会议。

第十六条　每个基层单位的理事一般为 1 名。

## 第四章　经费

第十七条　本会经费来源。

1. 会费。
2. 捐赠。
3. 政府资助。
4. 在核准的业务范围内开展活动或服务的收入。
5. 其他合法收入。

第十八条　本会按照国家有关规定收取会员会费。

第十九条　本会设一名账目主管和一名现金会计，每年向理事长会议汇报经费收支情况 2 次，向常务理事会议汇报经费收支情况 1 次。

## 第五章　附则

第二十条　本章程的解释权属理事会。

第二十一条　本章程自社团登记机关核准之日起生效。

# 5　新教育实验学术委员会章程

（试行稿）

## 第一章　总则

第一条　为规范新教育实验学术委员会（以下简称学术委员会）的组织和行为，参照教育部《高校学术委员会规程》的精神，特制定本章程。

第二条　新教育实验学术委员会是由新教育研究专家学者代表组成的学术研究、项目审议、评定和咨询团体，在新教育理事会领导下开展新教育实验重点项目研究，审议新教育实验项目的设置、新教育实验研究方案、新教育年会主报告，评定新教育实验成果等有关学术事项。

第三条　学术委员会致力于发扬学术民主，弘扬学术道德，开展学术交流，提高学术水平，促进新教育实验持续发展。

第四条　学术委员会各项活动遵循的根本理念是坚守新教育理想，遵循学术规律，促进学术繁荣，追求学术卓越。

第五条　学术委员会的各项审议工作必须坚持公开、公正、公平的原则，倡导学术自由，遵守学术规范，鼓励学术创新，维护新教育实验的学术声誉。

## 第二章　组成

第六条　学术委员会由学术造诣高、为人正派、学风严谨、坚持原则的新教育研究专家学者组成，委员由新教育理事会、新教育研究院、各新教育研究（培训）机构及新教育实验区、实验学校等推荐产生。

新教育理事会可以根据需要聘请全国新教育共同体以外的关注新教育实验的专家学者，担任特聘委员。

第七条　学术委员会设主任委员 1 人，副主任委员若干人，秘书长 1 人，副秘书长若干人。主任、副主任组成学术委员会主任会议，秘书长和副秘书长列席会议。

第八条　学术委员会委员数控制在 25 人至 45 人之间，人数为奇数。

第九条　学术委员会委员每届任期四年，原则上连任不超过两届。每届新委员人数一般不少于 1/3。委员（不包括特聘委员）在任期间脱离新教育实验连续一年以上者或因其他原因不再适合担任委员的，经学术委员会主任会议研究，予以替换。

第十条　学术委员会下设秘书处，负责处理日常事务。

## 第三章　职责

第十一条　组建项目团队开展新教育实验重大项目研究，审议新教育实验项目的设置、新教育实验研究方案、新教育年会主报告等有关学术事项。

第十二条　指导新教育研究机构的建设，咨询重大研究领域、研究方向的确定。

第十三条　指导新教育实验区、实验学校开展实验工作。

第十四条　审议、评定新教育研究机构、实验区、实验学校的实验成果。

第十五条　审议推荐申报的新教育实验项目和成果奖项的重大问题。

第十六条　评议、处理新教育实验内部有关学术纠纷和学术失范行为。

第十七条　指导全国新教育实验重大学术交流活动。

第十八条　咨询新教育实验其他学术方面的重大决策。

## 第四章　议事规程

第十九条　学术委员会一般每年举行一次全体会议。根据工作需要，可以随时举行学术委员会主任会议，亦可临时召开学术委员会全体会议。

第二十条　学术委员会讨论通过方案，需要投票方式做出决定时，须有1/2以上委员出席，实到人数的2/3以上赞同方为有效。

第二十一条　提交学术委员会的议案一般由秘书处负责汇总整理，报主任会议讨论后，提交全体会议审议或表决。

第二十二条　根据需要，有关研究机构负责人，如果不是学术委员会委员，也可列席学术委员会会议并参与讨论，但不参加表决。

第二十三条　学术委员会在讨论、评定、审议与委员本人有关的事项时，该委员应回避。

## 第五章　附则

第二十四条　修改本章程，须经学术委员会主任会议同意，并经学术委员会2/3委员审议通过方为有效。

第二十五条　本章程由学术委员会秘书处负责解释。

第二十六条　本章程自发布之日起实行。

## 6　中国陶行知研究会新教育分会管理规程

（试行稿）

中国陶行知研究会新教育分会是中国陶行知研究会的分支机构，在中国陶行知研究会授权下，组织和开展有关新教育实验研究和学术交流等活动，并在中国陶行知研究会的领导、管理和监督下开展工作。为顺利开展和协调新教育分会的工作，根据国家有关法律、法规和中国陶行知研究会有关规章，特制定本规程。

### 一、宗旨

本分会以帮助新教育共同体成员过一种幸福完整的教育生活为行动宗旨。

### 二、会员

1. 会员种类。

本分会的会员包括团体会员和个人会员。

2. 会员资格。

凡正式加入新教育实验的实验区、实验机构、实验学校或个人，拥护本规程，自愿、自觉、积极参加新教育分会活动的，由单位代表或者个人提出正式书面申请，经本分会秘书处审查并批准，即可成为正式会员。

如本分会会员在分会内外的活动中违反国家法律，或做出有违中国陶行知研究会和新教育实验精神的行为，造成一定负面影响的，经本分会理事会研究决定，可以取消其会员资格。

3. 会员的权利。

（1）本分会的选举权、被选举权。

（2）有权参加本分会的学术活动。

（3）有权在本分会的学术活动中自由发表自己的意见。

（4）有权对理事会的工作进行监督、批评和提出建议，并有权要求做出答复。

（5）有权退出本分会的活动。

4. 会员的义务。

（1）自觉遵守本分会的章程和有关规定，执行会员大会和理事会的决议。

（2）自觉维护本分会的信誉和合法权益。

（3）积极参加本分会的活动，在有条件的情况下为本分会的活动提供配合与方便。

（4）按本分会的要求提交学术交流会议的论文或有关资料。

（5）根据《中国陶行知研究会会员管理办法》的规定交纳会费，团体会员每年1000元，个人会员每年100元。

## ▶ 三、 组织机构

1. 本分会设理事会，作为常设领导机构。由理事会推选正、副理事长，正、副秘书长，常务理事。正、副秘书长协助正、副理事长处理日常工作。常务理事会在会员代表大会或理事会闭会期间行使代表大会和理事会职责。理事会设理事长1人，副理事长5人，常务理事、理事若干人。理事会设秘书处。秘书处设秘书长1人，副秘书长2人，秘书若干人。

2. 理事会由全体会员大会选举产生。理事会每届任期5年。选举理事会须向中国陶行知研究会提交书面报告。正、副理事长和秘书长候选人名单须征得中国陶行知研究会同意，选举后须报中国陶行知研究会批准。

## ▶ 四、 活动内容与形式

1. 组织会员申请科研项目并协调开展下列内容的研究工作：

（1）开展新教育实验促进师生成长的文献和理论研究。

（2）开展新教育实验促进师生成长的策略和模式研究。

①开展以“行动”为抓手，通过新教育实验促进师生成长的项目推动策略研究。

②开展以学校为平台，通过新教育实验促进师生成长的学校建设路径研究。

③开展以实验区为主体，通过新教育实验促进师生成长的区域推进模式研究。

（3）开展新教育实验促进师生成长的典型和个案研究。

2. 组织、推动新教育共同体内及新教育共同体与国内外同行的实验推广工作研讨和学术交流。定期召开学术年会（每年一次），不定期举办专题学术研讨会。学术年会与新教育实验区工作会议结合进行，专题学术研讨会与新教育实验示范学校联盟活动结合举行。

本分会应邀参加国际性和港、澳、台地区会议，对外和对港、澳、台地区的学术交流等活动，需提前上报中国陶行知研究会审批并办理有关手续。

3. 不定期编辑出版本分会通讯，条件成熟时出版以新教育实验为主题的正式学术刊物。本分会出版的刊物、书籍等须报中国陶行知研究会备案。

4. 开展本分会优秀学术论文评选和奖励工作。

### 五、附则

1. 本规程的解释权属中国陶行知研究会新教育分会理事会。

2. 本规程自发布之日起生效。

## 7 新教育培训中心组织框架

新教育培训中心即海门市新教育培训中心，新教育教师成长学院。

海门市新教育培训中心为海门市人民政府批准成立的正科级事业单位、全国新教育实验培训基地，主要承担播种新教育愿景、传播新教育理念、宣传新教育榜样、推广新教育项目的任务，为全国新教育实验区、校进行校长、教师培训。新教育培训中心设主任室及办公室、培训科、研究科、后勤科和项目开发部。

主任室：全面负责统筹全国各地新教育考察团来海门学习、考察、培训等事宜；负责海门市内新教育培训；协助新教育研究院进行全国新教育实验的管理和协调工作；承担中国陶行知研究会新教育分会、新教育学术委员会、专家委员会的日常工作。

办公室：负责安排有关会务和员工的政治学习，组织中心内各项规章制度拟订和落实工作；负责文书、印章、档案的管理工作，做好有关资料的收集保管；负责考勤管理，做好日常接待和培训中心事务管理工作；负责安全保卫、综合治理、环境卫生等工作。

培训科：负责市内外新教育实验培训项目宣传、咨询工作；负责培训者和被培训者的组织、落实、协调工作；积极开拓省内外新教育团队来海门培训的渠道，加强对外联络。

研究科：负责承担对新教育实验学校教育科研的组织协调工作，制定新教育实验研究的整体发展规划和实施意见，做好教育科研的课题申报、管理、评审及科研成果的表彰和推广工作；定期做好新教育培训中心的宣传报道工作，组织交流新教育实验研究的经验；负责定期定量为《教育研究与评论》等报刊组稿；加强与全国、省、市教育科研规划办、中国陶研会、教育学会以及各类专业委员会的联系与配合，做好新教育研究会的日常组织管理工作；负责全国新教育实验区（校）申报、联络、管理及基础信息统计与发布。

后勤科：负责确定后勤管理的目标、计划、细则，为培训中心基础建设、中心成员的工作生活和来海门培训人员的生活提供后勤服务；负责培训中心和新教育家园财务管理工作，制定年度财务预算，规范财务收支管理，做好年终财务决算；负责培训中心基础设施建设工程的项目论证、报批、建设；负责各类基础设施的维修工作，对培训中心零星维修工作进行监管与指导；负责制定培训等服务项目的质量及收费标准，建立健全服务质量监控体系。

项目开发部：负责做好市内外新教育实验学校干训、师训项目开发的调查、研究，提出合理化建议；负责市内外新教育实验学校干训、师训项目的申报工作；负责与项目开发有关的各类材料的整理、归档工作。

## 8　新教育研究中心职能

新教育研究中心为新教育研究院下设的新教育实验学术研究的专门机

构。其主要职能：

1. 开展新教育项目研究，推动新教育实验已有行动项目的深入研究，拓展新教育实验的行动项目。

2. 参与新教育实验研究总方案的拟订和实施。

3. 参与每年一度的全国新教育实验研讨会（新教育年会）主报告的起草、修改和完善。

4. 参与对新教育实验区（校）实验工作的调研和指导。

5. 参与新教育实验区（校）骨干校长和教师的培训。

6. 参与新教育年会、国际高峰论坛、实验区工作会议等新教育重大会议的筹备和组织，主要承担学术上的指导和引领。

## 9 新教育实验网络师范学院简介

新教育实验网络师范学院（简称“新网师”）以全国政协副秘书长、民进中央副主席、苏州大学博士生导师朱永新教授发起的新教育实验理念为指导，以“过一种幸福完整的教育生活”为理想追求，以新教育实验项目为主要课程内容，是面向全国所有教育工作者的网络在线公益性专业学习共同体。

新网师是一个开放、自由、多元、丰富的教育思想交流和学习平台，以促进教师专业发展，培养卓越教师为宗旨，通过研读经典、研讨案例分析等方式，探究教育教学理论，传授教育教学技术，破解教育教学难题，贯通教育理论与实践，引领学员达到高度的教师职业认同，实现完整的专业发展，最终朝向过一种幸福完整的教育生活。

新网师是基于网络的虚拟性公益性学习共同体，秉承新教育的公益精神，免费开放。面向所有教育工作者（一线教师、教研员、教育研究者、教育管理者），包括有志于教育的师范生、有心于家庭教育的父母们招生。

新教育实验网络师范学院的课程分为必修课程、选修课程以及毕业课程。必修课程分为公共必修课程和学科必修课程。公共必修课程以根本书籍研读为主，也包括一些实践类书籍研读，涵盖哲学、心理学、教育学、课程理论及实践等领域。学科必修课程主要包括本学科的根本书籍、实践类书籍研读以及课例研讨等。选修课程视具体情况开设。毕业课程，是指学员在完成其他课程后，必须在自己的班级或岗位上设计并实践一个新教育课程，并撰写完整的课程研发叙事。

新网师希望通过丰富多样的课程、深入持久的努力，帮助学员达成如下目标：1. 达到高度的职业认同。消除职业倦怠，热爱教育，热爱生活，懂得积极调适，勤于教育创造。2. 实现完整的专业发展。养成深度阅读与专业写作能力，准确理解新教育理念，建构合理的知识体系，不断反思和提升自我。3. 拥有幸福的教育实践。在生活中积极运用新教育相关理念与课程，进而设计相关课程，成为勇于探索、乐于践行的新教育实验者。

## 10　新阅读研究所简介

新阅读研究所主要致力于阅读研究与推广、种子教师发现与培养、亲子共读研究与推动，为推动全民阅读、促进新教育事业的发展做出贡献。

新阅读研究所的主要工作：

1. 研制“中国人基础阅读书目”，在研制了幼儿、小学生、中学生（初中、高中生）、教师、父母等系列书目的基础上，研制各学科基础阅读书目、大学生基础阅读书目、公务员基础阅读书目，使之成为倡导全民阅读的切入口和重要抓手。

2. 进行年度“中国童书榜”评选，打造国内最具公信力、专业化和传播效果的年度童书评选活动。

3. 组织年度领读者大会。

4. 组织开展领读者联盟工作。

5. 组织开展父母读书会、新阅读读书会、幼儿读书会、低年级读书会、中年级读书会、高年级读书会等读书会的工作。

6. 负责种子教师计划的执行，通过建立种子教师基地学校、网络培训、线下专题培训、编辑《种子简报》等方式，培养种子教师。

7. 负责萤火虫亲子共读工作站工作，通过义工培训、分站活动、网络活动、萤火虫全国共读等途径，促进萤火虫工作站的发展，推动亲子共读。

8. 运营新阅读研究所公众号、新阅读读书会公众号、新教育智库公众号、新阅读微博。

9. 参与年度主报告撰写、《教育·读写生活》编辑、新教育书系出版等工作。

# 11　新家庭教育研究院章程

## 一、宗旨

新家庭教育研究院以家庭教育研究为根本使命，组织家庭教育、家校合作方向及相关的课题研究，举办系列研讨会、组织培训，推出家庭教育学术著作和教材，组建家校合作联盟等，创新家庭教育研究理念，提升家庭教育工作者的专业化水平，服务好家庭、学校和社会，尤其服务好新教育实验区校的相关工作，逐步改变父母的教养观念，提升父母教养素质，助推和谐社会发展。

## 二、组织架构

（一）本院设置理事会，由理事会行使决策权，院长对理事会负责，设名誉院长 1 名、执行院长 1 名、常务副院长 1 名。主要职权：

1. 定期召开院长办公会议。

2. 组织实施年度业务工作计划。

3. 制定内部管理制度。

4. 进行财务管理。

5. 聘任或解聘内设机构负责人。

6. 其他。

（二）办公室组成：设办公室主任 1 名、财务人员 1 名、助理若干名。主要职能：

1. 负责管理本院日常工作。

2. 筹备相关会议。

3. 执行院长办公会议的决议。

4. 负责财务日常管理。

（三）研究队伍构成：研究队伍由专职和兼职人员共同组成。主要职能：

1. 开展相关项目学术研究。

2. 参与相关项目学术讨论。

3. 推广项目研究成果。

## ▶ 三、 工作职能

（一）搭建平台，整合资源。搭建家庭教育及家校合作等研究平台，整合全国现有与家庭教育研究相关机构和人员的力量，使其发挥合力效应，做大做强家庭教育研究。

（二）注重科研，推出成果。围绕家庭教育推进和发展中的重点、热点和难点问题开展研究，编写、出版家庭教育丛书，开展相关课题研究。通过整合全国现有与家庭教育研究相关机构和人员的力量，使其发挥合力效应，服务社会和谐发展。

（三）专业培训，提升水平。家庭教育是一个科学性和应用性都很强的专业领域。本院将整合专家开发课程，面向全国的家庭教育工作者提供专业化培训服务，努力提升家庭教育工作者的专业化水平。

（四）学术引领，传承创新。通过学术研讨、交流活动，不断探究新的家庭教育理念和方法，弘扬传统家庭教育文化中的先进与精华，借鉴西方家庭教育的理论和方法为我所用。

（五）服务基层，打牢根基。通过服务家庭、学校和社会，逐步改变父母的教养观念，提升父母的教养素质，助推和谐社会发展。

# 新教育家校合作委员会章程

## 第一章　总则

第一条　为进一步密切家庭、社区和学校的沟通协作，组织学生父母和社区群众充分参与学校民主管理和教育工作，提高家庭教育水平，努力构建和完善学校、家庭与社会有机结合的教育体系，特设立家校合作委员会（简称“家委会”），并根据有关法规和文件精神，结合本校实际，制定本章程。

第二条　家校合作委员会是接受上级教育主管部门和学校指导的学生父母、社区群众、教职工代表共同参与的群众性自治组织。

第三条　家校合作委员会的宗旨是组织学生父母和社区群众参与学校管理，支持和监督学校做好教育教学工作，促进学校治理的民主化和现代学校制度建设；提高父母教育素养，提升家庭教育水平；加强家庭、社区与学校的互助和合作，完善学校、家庭、社会三位一体的教育体系，营造良好的教育环境，深入推进素质教育，共同促进学生的全面发展，帮助师生及学生父母过一种幸福完整的教育生活。

## 第二章　组成

第四条　家校合作委员会由本校学生父母代表（留守儿童可以由监护人代表）、学区内社区代表（包括政府及部门和群众代表）、学校教职工代表和学生代表等组成。

第五条　家校合作委员会委员中的学生父母代表、学生代表由各班班主任、科任教师与学生共同推荐，社区群众代表由施教区内的街道居民委员会、村民委员会或企事业单位推荐，教职工代表由教职工代表会议推荐。学校校长、分管家校合作副校长，有设父母委员会或新父母学校的会长或校长为家校合作委员会的当然成员。所推荐名单经学校党组织、校长室研究确认，在家校合作委员会等额或者差额选举（由家校社三方协商决定）后，由学校颁发聘书。委员人数原则上控制在 15 至 25 人之间。规模较大的学校，委员人数控制在班级数的 1.2 倍以内。

第六条　委员任期一般为三年，每学年适当改选，可连选连任。学生毕业、转学等离校的学生及父母代表，工作调离学校施教区内的企事业单位或户口迁出本施教区的社区群众代表，工作调离学校或退休的教职工代表，其委员资格自动辞去。连续六个月不参与家校合作委员会工作的，其委员资格也视为自动辞去。

第七条　家校合作委员会设常务委员会，处理日常事务。常务委员会成员由学校党组织、校长室在家校合作委员会中提名，委员大会表决确认，设主任委员1名、副主任委员若干名，秘书长1名。常务委员会委员应包括学校校长、分管家校合作副校长和父母委员会会长、新父母学校校长。

第八条　家校合作委员会主任和常务委员会主任委员，一般由德高望重、热心教育的人士担任，学校领导原则上不兼任。

第九条　家校合作委员会设行动小组。行动小组可按活动类型设课程指导、安全防卫、社会实践、家庭教育、咨询宣传等行动小组，或者根据学校重大工作的需要设立附属的家校协调工作小组，小组名称根据实际需要确定。每个行动小组通常应围绕目标制订学年（或学期）工作计划，并开展系列活动来达成目标。行动小组组长、副组长在家校合作委员会委员中推选，组员由本校学生父母、教职员工和社区群众组成，必要时可招募学生父母和社区志愿者。常务委员会委员一般不担任行动小组组长。

## 第三章　权利和义务

第十条　家校合作委员会委员享有以下权利：

1. 获知学校的办学目标、工作计划和相关政策，提出改进意见。

2. 作为学生父母、社区群众或教职工的代言人，发挥对学校工作的支持、督促和协调作用，参与学校各类重大教育、教学活动，参与学校工作及教职员工的监督和评议，收集和向学校反馈意见和要求，学校应在合理期限内答复。

3. 反馈学生父母、社区群众对学校教育教学工作和日常管理的批评或表扬意见，学校应在合理期限内答复。

4. 在家校合作委员会换届时，有推举权和被推举权。

5. 参与、监督和评议家校合作委员会及下设行动小组的各项工作，研讨有关事宜，提出议题，并做出相应的决议。

6. 对家校合作委员会工作进行监督。

7. 相关法律法规所规定的其他权利。

第十一条　家校合作委员会委员须履行以下义务：

1. 努力提升自身素养，共同促进形成学生全面健康成长的良好环境和社会氛围。

2. 理解学校的办学理念、发展目标和培养目标，宣传学校办学成果，参与、协助和支持学校教育教学及管理工作，并提出改进建议。

3. 沟通学校、社区与家庭，促进学生父母家庭教育水平的提高。

4. 就学校管理工作和教育教学工作提出意见和建议，并执行家校合作委员会的决议。

5. 收集学生父母和学区的信息和资源，引导父母和社区人士关心和关注学校教育，支持和参加各项活动。

6. 协助学校处理重大偶发事件。

7. 执行有关家校合作委员会提出的其他事项。

## 第四章　职责

第十二条　家校合作委员会职责如下：

1. 参与学校管理。听取学校关于发展规划、教育教学工作安排等方面的工作情况介绍，就学校发展中的重大问题进行研究，为学校的发展献计献策；选派学生父母和社区群众委员列席学校校务、教务等会议；主动为学校的公益建设和事业发展提供精神或物力上的帮助和支持，发动学生父母和社区群众共同解决办学中的困难；协助学校处理重大偶发事件；参与对学生和教师的评价，配合学校开展各种评选、表彰活动；尊重教师劳动，在精神上关心、鼓励、支持教师依法履行教育管理职责；宣传榜样教师和完美教室的故事，宣传学生父母、社区群众和企事业单位尊师重教典型事例，弘扬正能量。

2. 支持学校开展教育教学活动。联合家庭和社区的人力和资源，帮助和支持学校改进教育教学工作，参与和配合学校举行的重大教育教学活动；与学校一起组织学生父母和社区群众参与“聆听窗外声音”“推进‘每月一事’”“研发卓越课程”“缔造完美教室”校园开放日、父母进课堂等家校合作活动；对学校的安全和健康教育工作进行监督，与学校共同做好保障学生安全工作，避免发生伤害事故；促进社区教育，支持和帮助学校的校外实践活动，为学校开展社会实践活动创设条件。

3. 做家庭、学校和社区沟通的桥梁。及时了解反馈学生在校外的表现，收集学生父母和社区群众对学校的意见和建议，协调彼此联系，增进了解和交流；经常向父母等了解学生在家庭的表现和对学校、教师的看法，与学校和教师一起肯定和勉励学生的进步，解决和化解学生遇到的困难和烦恼，做好思想工作；向学生父母、社区群众和学校师生公开个人联系方式，接受他们的咨询和求助。

4. 为学校发展和学生成长创设有利环境。积极挖掘和发挥学生父母、社区群众和企事业单位的优势，与学校紧密协作，在依法治校、校园文化建设、校园周边环境治理、开展校外实践活动等方面，为学校办实事、办好事，努力帮助学校解决办学过程中遇到的实际问题和困难。

5. 帮助学校开展并指导家庭教育。引导学生父母履行监护人责任，交流宣传正确的教育理念和科学的教育方法，帮助、指导学生父母提高教育素养，落实学生父母在家庭教育中的主体责任；协助学校开展父母教育指导，动员和组织学生父母参与学校组织的新父母培训及其他活动，促进各学生家庭的亲子共读等活动；协助学校做好学生父母的思想工作，增进学生父母对学校工作的理解和支持，促进家庭教育与学校教育协调一致。

6. 建立家校合作委员会议事与沟通机制。家校合作委员会会议每学期至少召开 1 次，必要时邀请学校校长、书记列席；提出议案并研究家校合作委员会、行动小组的年度或学期工作计划，进行工作总结和评议；建立家校合作委员会与学校定期沟通的议事机制，就学生及其父母和社区群众所反映的问题和建议与学校进行沟通协商；讨论、落实家校合作委员会其他各项工作。家校合作委员会常务委员会原则上每月召开一次会议（可以线上线下结合）。

7. 家校合作委员会开展活动应当遵守法律法规和相关政策规定。严禁聚众闹事、违规收费以及要求学校开展违背法律法规、政策和教育教学规律的活动。

## 第五章　附则

第十三条　家校合作委员会下设年级、班级的家委会。年级、班级家委会的设立与运行参照本章程。

第十四条　家校合作委员会年度或学期工作计划起草过程中应主动征求学校意见，所安排重大活动不得与学校重大活动冲突。

第十五条　学校须为家校合作委员会提供办公场所、设备等必要的办公条件，须关心、支持、协调、指导家校合作委员会开展工作。

第十六条　学校须在校报校刊、学校网站、学校微信公众号等平台及时公示和报道家校合作委员会工作信息。

第十七条　本章程修改，须由半数以上委员表决，并经学校校务委员会审议通过方能生效。

第十八条　本章程解释权归学校家校合作委员会。

第十九条　本章程自公布之日起生效。

## 新父母学校章程

### 第一章　总则

第一条　［制定依据］为推动构建完善、专业的家庭教育指导体系，进一步发挥学校在家庭教育指导中的重要作用，提高家庭教育水平，促进家校形成合力，特设立新父母学校，并根据有关法规和文件精神，结合本校实际，制定本章程。

第二条　［学校性质］新父母学校是接受所在学校及其家校合作委员会的监督管理，接受上级教育主管部门和妇女联合会共同指导的非正式社会组织。由本校教师和教育界及社会各界专家担任讲师，施教本校学生父母。

第三条　［办学宗旨］新父母学校的宗旨是，严格遵守国家法律法规的相关规定，贯彻国家教育方针，组织学生父母接受系统、专业的家庭教育培训学习，从而提高其教育素养，使之成为“家校合作共育”的有力支点，共同营造良好的育人环境，让师生及学生父母都能过一种幸福完整的教育生活。

### 第二章　组织机构与运行机制

第四条　［校长负责制］新父母学校实行校长负责制。校长由举办学校校长兼任或者由举办学校推荐，负责主持全面工作，按照本章程自主管理学校。

副校长对校长负责，原则上由举办校分管副校长和其家校合作委员会主任担任，协助校长分管课程设置、实施、检查、评价、反馈、宣传等具体工作。

第五条　［校长职权］新父母学校校长依法履行下列主要职责：

1. 组织制订新父母学校发展规划和工作计划，并负责组织实施、检查和评价。

2. 领导新父母学校各职能部门及常设机构，完善运行机制，进行新父母学校师资队伍及课程建设。

3. 负责新父母学校财务及重要设施设备购置的审批，不断改善办学条件，提升办学质量。

4. 负责新父母学校安全工作，自觉接受监督，充分调动团队工作的积极性。

5. 组织协调新父母学校与政府、社区、家庭等方面关系，创造良好共育环境。

第六条　［机构设置、职责］新父母学校内设机构由办公室和课程处组成。办公室属于事务类机构，承担学校运行中具体事务的协调和处理；课程处相对独立地承担新父母学校课程设置、调整改进、讲师团队建设等职能。两职能部门须各司其职、团结合作，确保各项工作任务圆满完成。

1. 办公室主任1名，负责新父母学校后勤保障、设备购置、场地安排、宣传等具体事务。

2. 课程处主任1名，根据学校规模可增加副主任若干名。负责新父母学校课程计划的落实、档案管理、讲师安排、新父母学校叙事撰写与提交等相关工作。

3. 讲师专家团队成员若干名。根据课程设置需要，吸纳社会上各界专家包括新教育实验专家、本校不同学科教师、父母群体中有某方面特长的专业人士等组成。同时，小学高年级或中学阶段，也可适当选择优秀学生代表担任课程指导。

第七条　［学校重大决策制度］新父母学校建立健全重大事项决策制度。学校重大事项由新父母学校校长或副校长等主管领导酝酿提议，在充分调研与征求意见的基础上，由校长召集并主持召开校务会议审议，经集体讨论，由校长做出决定并组织实施。

第八条　［信息公开制度］新父母学校建立健全信息公开制度。新父母学校的组织架构、课程设置、管理运行等信息，均保证公开透明，接受社会及相关部门的监督；新父母学校所在学校的教师、父母学员们，都有知情权、参与权和监督权。

第九条　［档案管理制度］新父母学校建立健全档案管理制度。学校建立档案室，由新父母学校办公室负责做好各类资料的收集、整理和归档工作，同时提交新教育研究院相关部门备份。新父母学校应重视授课讲师、专家等历史物证保护。

第十条　［网络管理］新父母学校建立健全网络管理制度。新父母学校对所公开的视频资料、讲师信息等，均保证遵守相关知识产权保护等法律法规，严格执行有关校园网、国际互联网的使用和管理规定。

第十一条　［法律顾问制度］新父母学校根据举办学校实际情况建立健全法律顾问制度。学校可聘请法律顾问，积极发挥法律顾问在学校处理法律事务工作中的作用。

第十二条　［办学监督］新父母学校接受政府以及教育、登记管理和审计等管理部门的监督，接受社会、家长的监督，听取社会各界对学校工作的意见和建议。

## 第三章　课程管理

第十三条　［课程体系］新父母学校在相关政策法规指导下，在进行充分调研的基础上，在尊重人的成长规律和教育特殊规律的前提下进行课程设置，结合举办校新教育实验开展情况，推进面向父母的新教育课程，并积极开发契合举办学校校园文化及所在地地方文化的校本课程，形成举办校新父母学校特色课程体系，促进和提高新父母学校父母学员们的教育素养。

1. 基本课程：基本课程由儿童身心发展、家庭建设、亲子互动等家庭教育相关领域的专题组成，旨在引导父母重视家庭教育、提升教育素养、真正了解孩子、与孩子一起成长。

2. 主题课程：主题课程设置是根据新父母学校举办学校的理念、文化、发展目标及地域特点，发掘所在区域的资源优势，发掘学员父母的资源优势，围绕包括新教育儿童阅读、亲子共读、新教育童书电影课、新公民课程、新艺术教育、新生命教育、新家庭教育等主题开设的课程。

3. 实践课程：实践课程可参考新教育萤火虫家校工作站的研学、拓展、研训等课程设置，是增进家校、亲子、家庭之间关系的一个重要通道。

第十四条　［实施方式］新父母学校课程实施方式包括授课式、研讨式、专题活动式。授课式分集体授课、分级授课、分类授课三种。每种方式都可线上线下相结合进行。考核监督采取学分制。

## 第四章　考核评价

第十五条　［入学管理］新父母学校参与学习的对象是举办学校所有学生的父母（或监护人），学校按照学生所在年级，为父母学员设立学习档案，并根据学生学段为学员父母设计学分。

第十六条　［学员权利］新父母学校学员享有以下权利：

1. 参与新父母学校组织的各种教育教学及讲座培训等活动，使用学校提供的学习资源。

2. 获得考核过程中的公正评价，完成规定的课时后获得相应的学分及证书。

第十七条 ［学员义务］新父母学校学员需履行以下义务：

1. 参与新父母学校学习和活动过程中，遵守法律法规，遵守新父母学校章程及规章制度，遵守公共秩序和公共行为规范要求，爱护和珍惜学校提供的教育教学资源。

2. 努力学习，更新理念，完成规定的学习任务，并承担在学习过程中所参与事务工作等的相应职责。

3. 新父母学校父母学员进行学期学习叙事总结活动。

第十八条 ［权益维护］为保障新父母学校相关方的权益，应做到：

1. 新父母学校管理人员和父母学员之间要建立平等、尊重、合作、共赢的关系。

2. 尊重和保护隐私。新父母学校应保护父母学员的个人信息，未经同意不得随意使用、披露其个人隐私；新父母学员也应尊重和保护新父母学校的权益。

## 第五章 资产管理

第十九条 ［经费来源］新父母学校活动经费原则上由举办学校保障，同时鼓励并接受学生父母及社会的捐赠。

第二十条 ［经费管理］新父母学校活动经费纳入学校行政账，实行“收支两条线”进行规范管理并自觉接受社会监督。

第二十一条 ［设备管理与应用］新父母学校举办校可根据自身条件，提供相应的学习场地、设施、设备，并做好日常维护、定期检查、及时修缮工作。学校可根据实际情况，酌情对父母学员开放科学馆、图书馆、实验室、机房等专业设施，充分发挥其使用效益。

## 第六章 辐射功能

新父母学校负责人及父母学员，均可主动与社会、举办校之外的家庭联系沟通，推动新父母学校的功能多方辐射，形成更大范围内的教育合力。

新父母学校应与社区建立良好关系，依托社区开展社会实践活动，为学员父母和举办校学生创造服务社区和实践体验的机会。

新父母学校可开展新教育实验学校之间的校际合作，并不断扩大对外交流，拓宽教育视野，提升品质。

## 第七章　附则

第二十二条　［章程解释］本章程由学校负责解释。

第二十三条　［法制统一原则］本章程未尽事宜按照法律法规及举办校或举办校上级主管部门规范性文件执行。如有抵触处，以各级法律法规及上级规范性文件为准。

第二十四条　［生效程序］本章程在制定过程中广泛征求、吸纳各方意见，进行公示，经举办校相关部门及举办校家校合作委员会全体成员会议审定后，自公布之日起施行。

第二十五条　［章程修订］新父母学校应保持章程的稳定，但有下列情形之一的，应修改章程：

1. 国家有关法律、法规进行修改，本章程与之发生抵触时。
2. 新父母学校举办校发生分立、合并时。
3. 学校实际事项发生变化，与原有章程不符时。
4. 因其他确实需要做出修改章程决定时。

学校章程修改的程序和内容，原则上由举办校组建包括本校家校合作委员会父母代表在内的专门团队完成。

# 新教育萤火虫亲子共读工作站章程

一、新教育萤火虫亲子共读分站成立标准。

1. 至少有两名以上积极热情、认可新教育的教师（父母也可，但要求具备较深厚的教育素养）作为分站的站长和负责人（站长和负责人分别负责线下和线上的活动事宜）。要求这两位老师（或父母）要有一定的号召力和凝聚力，更重要的是要具备一定的管理能力，能保证分站持续、有序发展。

有若干名（5 人以上）积极的、认可新教育理念的新父母，作为分站的骨干力量，并能积极带动身边的其他父母。

2. 要求以上人员中至少有两人已经是萤火虫正式义工，或者是已经在萤火虫分站待够半年，对萤火虫群内事务有了一定了解。

3. 当地须有以新教育理念为主的阅读人群（人数200人以上）。

4. 至少举办过1次以阅读为主要内容的线下或线上活动；能保证至少每月一次的线上分享和线下阅读推广活动。

5. 能针对本站发展建立大体规划，保证义工们长期、积极参与义工培训和日常工作。

萤火虫分站建立快速绿色通道：若本地有卓越人士或团队欲建分站，可经委员会投票特批通过，快速建站。（新教育种子教师的春季种子可无条件建站。新教育冬季种子教师两名或两名以上者可申请建站）

分站名称必须以县级以上区域名称命名，乡镇、村级名称命名申请的分站原则上不予通过。

符合以上条件者，按照上述情况写一份情况简介，并向总部（邮箱：xjyyhc@126.com）提交一份正式申请书。附上一份表格，列出主要成员姓名与工作单位等基本信息。

二、萤火虫分站事务管理。

1. 申请通过后，统一群名称“新教育萤火虫××预备分站”、群图标（新教育萤火虫logo），并将《新教育萤火虫群规》传到群共享让大家学习。

2. 发放萤火虫义工申请表，分站站长、负责人及几位骨干成员，若不是萤火虫义工，需要申请义工并接受新义工培训。萤火虫负责人须是资深义工，若分站内没有合适人选，需要由总部派遣临时负责人一名协助管理。

3. 群主及管理员（管理员必须是正式义工，若分站义工人数不足，则需要总部派遣临时管理员）需要认真学习《萤火虫管理员细则》。

另外，萤火虫总部人事部将设置一个流动小组，协助新分站的工作。

三、萤火虫分站的发展。

1. 分站的发展。结合分站发放的《萤火虫分站发展规划》，提交比较具体的工作计划，按照计划开展工作，年底提交总结和线上、线下活动记录。

2. 分站的考核。新分站成立一年后进行考核，通过后正式更名为“新教育萤火虫××分站”。所有分站都要每年考核。根据《萤火虫分站考核标准》，不符合标准的分站将给予提醒，制定整改措施限期整改，若下次考核还不能通过则撤销分站。

3. 义工的发展。萤火虫义工要遵守《义工手册》，并可通过以下途径提升自己：

（1）教师义工。可申请加入新教育实验网络师范学院学习。

（2）父母义工。可申请加入萤火共读读书会。

父母在参与萤火共读期间，为群里有困惑的爸爸妈妈们解答家庭教育中遇到的问题，那么，您是我们要寻找的萤火虫义工！

如果您拥有某项特长，如唱歌、跳舞、运动、科技、剪纸、组织孩子社会实践活动等，能够利用业余时间，在我们组织的线下活动中，带领孩子们享受各种有趣的活动，那么您是我们要寻找的萤火虫义工！

# 12　新生命教育研究所职能

新生命教育研究所（以下称研究所）是新教育研究院下属机构，由新教育研究院和山西教育出版社联合发起成立，是专门负责新生命教育研究、咨询和服务的机构。

## 一、宗旨和使命

1. 积极研究生命教育理论和实践，始终占据生命教育研究前沿，做好新生命教育先进理论和实践成果的提炼和开发。

2. 不断研发、优化和创新新生命教育成果，并积极推广辐射。

3. 制定有利于先进成果开发、推广和应用的人员优化激励机制。

4. 为新教育实验提供各类智力支持、资源服务。

5. 为全社会提供生命教育相关咨询、培训、指导和开发服务。

## 二、理念和目标

新生命教育是新教育视阈下的生命教育，它以“过一种幸福完整的教育生活”为核心理念，以人的生命成长为主线，围绕人的自然生命、社会生命和精神生命展开的专门化的教育，旨在引导学生珍爱生命、积极生活、幸福一生，拓展生命的长宽高，让有限生命实现最大的价值，让每个生命成为最好的自己。

## ▶ 三、工作范围

研究所以新生命教育课程研发与建设为抓手，以新生命教育实验校为依托，以全国新生命教育基地学校为重点，以生命教育种子教师、种子校长为突破，全面开展生命教育的教学实践、课题研究、师资培训、数字资源库建设、线上教育、场馆教育和游戏动漫等衍生产品开发、终端产品开发等工作。

具体重点工作：

1. 不断优化和创新新生命教育成果。以《新生命教育》实验用书为抓手，不断修订和完善，同时加快推进新生命教育数字资源库的开发。

2. 做好相关培训，如新生命教育种子教师、种子校长、种子父母培训，开展青少年生命成长训练营活动等；每年举办全国性和区域性生命教育论坛，探索生命教育区域定制培训服务。

3. 做好相关评选活动。要发现和培养一批对生命教育有突出贡献的人、项目。做好全国新生命教育基地学校的管理和服务工作，通过评比表彰，促进新生命教育基地学校的先进经验交流，总结成果并积极辐射。

4. 建立优秀的新生命教育工作团队，包括全国新生命教育专家库、专职研究团队、兼职研究团队。

## ▶ 四、组织管理

1. 研究所实行所长负责制，在执行所长主持下工作。

2. 研究所配备若干副所长、所长助理以及日常办公人员。

3. 研究所组建专兼职研究团队，建设高水平知名学者专家库。

4. 研究所聘任若干业务员，负责相关产品和服务的宣传、推广、销售和维护。

# 13 新科学教育研究所章程

## 一、宗旨

新科学教育研究所以帮助师生“过一种幸福完整的教育生活”为使命，致力打造科学教育研究的重镇，成为国内科学教育研究的品牌。研究所的工作主要围绕基础教育阶段提高学生的科学素养和促进科学教师的专业发展进行。

## 二、机构性质

新科学教育研究所是由苏州新教育研究院（甲）与悦读名品文化传播（北京）有限公司（乙）、北京触动文化科技发展研究中心（丙）合作成立的机构，在丙方机构内设立。

## 三、运行机制

研究所研究业务和方向由甲方领导，同时研究所作为甲方的直属机构应按期向甲方报告工作，研究所的日常工作由甲方和丙方共同管理。

丙方负责人员聘请，包括聘请研究所所长、副所长和专职人员，由聘任的研究所所长出面与丙方签订协议，约定研究所年度工作计划和有关分配原则。

## 四、工作职责

新科学教育研究所的工作将在三方面展开：一是研究开发工作，二是出版工作，三是科学教育品牌建设。研究所的出版工作要建立在研究的基础上，出精品，求精求尖。

1. 课程开发，学术研究。

针对学生，在新科学教育理念下，从科学课的课内、课外教育，即学校教育、社会资源、家庭教育三个角度切入，研发相应的课程，编写相应的教材和读本，形成科学教育的合力，真正帮助培养学生的科学素养，提高学生的创新实践能力。

针对教师，搭建一线教师和研究人员沟通对话的平台，进行科学教育的课题研究，编写科学教育书籍。包括指导教师进行科学教育实践，指导教师进行教材的二次开发（实施层面、指导层面），指导教师进行科学教育科研。

2. 出版书籍，建设平台。

在研究的基础上出版科学教育系列书籍，包括学习世界先进科学教育理论和经验，出版科学教育名著译丛；在课题研究和课程开发的基础上，出版科学教师系列读物；在研发课程的基础上，出版科学教育读本（学材）。同时，协助建设新科学教育的学习和教学的智能平台。

3. 课程推广，教师培训。

对开发的课程在新教育实验区（校）进行推广，并开展相应的活动。以招募的形式进行新科学教育种子教师的筛选和培训，进而对广大的教师进行传帮带。也可以以网络学院的形式对广大教师进行新科学教育培训。远期计划辐射至全国，实现公益化和市场化结合的教师培训目标。

# 14 新艺术教育研究院章程

## 一、 宗旨和使命

新艺术教育研究院以“过一种幸福完整的教育生活”为宗旨，以培育面向未来的“完整的人”为目标，力图创建新教育理念指导下的“新艺术教育”理论，重构中国基础教育的艺术教育课程体系，并创造适合中国实际情况的艺术课程实施范式，为让每个中国孩子都能在基础教育阶段受到良好的艺术教育贡献力量。

## 二、 性质与归属

新艺术教育研究院是新教育研究院与新图画（北京）教育科技有限公

司（致力于艺术素养课程开发和教学平台建设的研究型公司）联合创立，由民进中央副主席、新教育实验发起人、著名教育家朱永新和新图画创始人、著名设计师王庚飞共同发起。新艺术教育研究院是隶属新教育研究院的非营利艺术教育专业研究机构。

## 三、工作范围

1. 团结国内外基础艺术教育领域的优秀学者、教师，以及有志推动中国艺术教育良性发展的艺术教育机构共同建构中国的“新艺术教育”体系。

2. 以“感性教育、重构思维”为目标，研究、实验一套整合所有艺术门类的通识艺术教育课程系统。

3. 在朱永新先生未来学校思想的指导下，研究、实验“新艺术学习中心”教学系统，为中国学校、校外和社会艺术教育提供一个可行的学习模式。

4. 组织“新少年国际艺术教育节”，为新艺术教育成果提供一个展示和分享平台。

5. 组织“国际艺术教育论坛”，力争成为国际一流的非专业艺术教育成果发表和学术交流平台，使“艺术教育国际论坛”论文集成为重要的行业文献。

## 四、组织架构

1. 新艺术教育研究院设名誉院长、院长各 1 名，副院长若干名，院长助理 1 名、秘书 1 名。院长办公会议是新艺术教育研究院的最高决策机构。

2. 新艺术教育研究院设专家委员会。专家委员会委员邀请国内外知名专家担任，名额不限，每年聘任一次。

3. 新艺术教育研究院研究队伍由特聘研究员构成。聘请国内外基础艺术教育领域的优秀专家学者、教师和有志于基础艺术教育的艺术家、专家担任研究员，每年聘任一次。

# 15　新公民教育研究所章程

## 一、总则

新公民教育研究所（Institute of New Civic Education，简称 INCE），是由新教育研究院与商务印书馆联合成立的，从事公民教育研究活动的民办非企业单位，也是新教育研究院的二级机构。

本机构以“过一种幸福完整的教育生活”为宗旨，在宪法和法律许可的范围内，开展公民教育研究与公民教育实践活动。

本机构的住所为北京市海淀区学清路8号，科技财富中心B座701室。

## 二、业务范围

1. 公民教育课内外课程实践活动指导和研究。
2. 公民教育国内外优质图书遴选与阅读基础书目研制。
3. 公民教育课程资源开发与教材编制。
4. 公民教育数字资源库筹划与建设。
5. 公民教育学术交流会议的策划与组织。
6. 公民教育实践赛事活动的策划与组织。
7. 公民教育师资培训和学校、社区、家庭教育指导。
8. 公民教育精品课程建设与优秀教学案例评选。
9. 公民教育实践基地的选取、建设和评价。
10. 公民教育优秀课题征集、选拔与立项等。
11. “新教育实验”公民教育年度主报告撰写。
12. 法律法规和教育政策支持下的其他公民教育相关工作。

## 三、组织管理制度

本机构设立理事会，成员由5人组成，理事会具有决策权。研究所设所长1名、首席专家顾问1名、执行所长1名、副所长若干名。所长对理事会负责，理事由举办者、主管机构和本机构人员代表推选产生。理事任期3年，任期届满，可以连选连任。

理事会具有以下权力：

1. 修改章程。
2. 制订并组织实施业务活动计划。
3. 审议理事会工作报告和财务预算、决算方案。
4. 聘任或解聘本机构所长、副所长及财务负责人。
5. 设立内部机构，制定内部管理制度。
6. 决定本机构的其他重大事宜。

本机构办公室设办公室主任 1 名、财务人员 1 名、助理若干名。主要职责：

1. 本机构日常工作。
2. 筹备本机构相关会议。
3. 执行理事会决议。
4. 日常财务管理。
5. 本机构的其他相关工作。

本机构研究队伍由专职和兼职人员共同组成，主要职责为：

1. 开展公民教育相关项目的学术研究。
2. 参与公民教育相关项目的学术研讨。
3. 推广公民教育相关项目的研究成果等。

## ▶ 四、 工作职责

1. 学术研究：指公民教育的理论研究、实证研究及学术研讨等。
2. 课程开发：指公民教育理论课程与实践课程的资源开发和应用等。
3. 编制书目：指公民教育基础阅读书目、公民教育读本等书目的研制等。
4. 出版书目：指公民教育自主研发的相关书目的策划与出版等。
5. 课程推广：指公民教育卓越课程的研究论证与普及推广等。
6. 师资培训：指公民教育所需师资力量的培训与指导等。

## ▶ 五、 附则

1. 本章程的解释权属于理事会。
2. 本章程自理事会表决通过之日起生效。

2019 年 2 月

# 16　新教育学校管理研究所章程

## 第一章　总则

第一条　新教育学校管理研究所（以下简称管理研究所）是在新教育研究院指导与管理下，以研究学校教育管理，并促进学校管理改进、推动教育改善为主要工作内容的研究机构。

第二条　管理研究所坚持党的领导，全面贯彻党的教育方针，以新教育实验“过一种幸福完整的教育生活”为指导，开展各类研究、转化、实践工作，以期为新教育实验学校及其他各级各类学校提供专业、科学的学校管理支持，为我国学校管理的现代化进程贡献应有的力量。

## 第二章　任务

第三条　对当前国内外学校管理的理论研究与实践探索做深度的资料收集与全面学习。

第四条　建立符合当今学校管理要求，具有新教育理念特色的学校管理基本理论体系。

第五条　建立具有可操作性、易实践性、高适应性、强模块性的学校管理操作体系。

第六条　为新教育实验学校及我国各级各类学校提供学校管理的意见、建议等各类指导。

第七条　为新教育实验学校及我国各级各类学校提供多方位的管理支持。

## 第三章　组织

第八条　管理研究所设所长 1 名、副所长 2 至 3 名。首届所长、副所长由个人自主申报，新教育研究院聘任。所长、副所长续聘、改选，采用全体投票的方式进行，一般为 3 年一次。

第九条　管理研究所设秘书处，负责日常工作。由所长聘任秘书长 1 名、秘书若干名，另外聘请工作人员若干名。

第十条　参与管理研究所各项工作的单位，自动成为会员单位，由会员单位指派本单位人员，作为会员单位代表，参与管理研究所的相关工作。

## 第四章　工作制度

第十一条　建立联席会议制度。联席会议由秘书处组织召开，必要时可召开临时会议。参与人员包括所长、副所长、秘书处人员。

第十二条　建立全体会员会议制度。管理研究所原则上每年至少召开一次全体会议，所长或副所长负责召集。会议结束后，应及时向新教育研究院报告会议召开情况。

第十三条　需要由管理研究所全体会员会议议决的事项，须有不少于2/3组成人员出席会议，并经出席会议全体成员充分酝酿讨论后，采取无记名投票方式进行，由出席会议人员4/5及以上表决同意方可认为通过。

第十四条　各会员应至少每年一次将工作计划、工作总结、委员参加工作情况等报管理研究所，由管理研究所组织工作交流和展示活动。

第十五条　管理研究所研究形成的各种标准、规范、报告、政策建议等指导性文件，需报新教育研究院审核。

## 第五章　工作支持

第十六条　管理研究所的日常运营经费自筹完成。各会员单位对管理研究所的运营提供资金、场地、人员等方面的支持。

第十七条　管理研究所及研究所内个人接受社会各界的赞助应遵守国家的有关规定，并不得影响公正履行职责。

## 第六章　附则

第十八条　管理研究所的各项具体工作，可另行制定详细制度加以规范。

第十九条　本章程自公布之日起施行，由管理研究所秘书处负责解释。

2019年2月

# 17　新教育研学中心简介

新教育研学中心（又名一道研学），成立于 2018 年 4 月，是新教育研究院下属机构。以“过一种幸福完整的教育生活”为核心价值，全面践行新教育理念，致力于新教育实验成果的推广，致力打造一间可以行走的教室、一所没有围墙的学校。倡导生活即教育、世界即课堂、经历即成长。以融学科、无边界的课程体系和项目制、体验式的学习方式，为儿童创造灵活、智慧、可重组的线上与线下的学习空间，使之成为读万卷书、行万里路，根植传统文化，兼具全球视野的世界公民。

新教育研学中心以新教育的“成为中国素质教育的一面旗帜”为使命，将学、研、读、思、行结合，在玩中学，在学中思，在思中行；将晨诵午读暮省的生活方式融入其中，通过开展系列主题研学活动，贯彻落实新教育理念，积极拓展新教育课程，将新教育的教育理念在更大范围化为行动，实现师生与父母的共同生活与共同成长。

新教育研学中心主要工作：研发新教育研学线路，开展新教育特色营地培训；开展一道共读活动，汇聚中国最有温度的阅读教室，把最美好的童书给最美丽的童年，培育专业的儿童阅读推广人。目前已推出四期共读课程，并成功策划了一道共读寒假阅读嘉年华活动；启动一道共读未来阅读教师培养计划，提升一线教师阅读素养，更好地实施新教育阅读课程。

# 18　教育在线

## 一、简介

“教育在线”网站（http：//www. eduol. cn/）是由民进中央副主席、苏州大学教授、博士生导师朱永新于 2002 年 6 月发起创建的。该网站自诞生之日起，就以“自由表达、开放宽容、张扬个性、专业发展”为原则，以服务一线教师专业成长为宗旨，以为教师营造网络精神家园为要义，显示出了它的勃勃的生机与旺盛的活力，一跃成为全国教育类网站中的佼佼者，深受教育一线教师的喜爱。网站创建十多年来，凝聚了全国一大批优秀的教育教学骨干，注册会员已达到655640个，是目前在全国范围内影响较大的教育网站。

“教育在线”网站基本构成：

首　　　页：http://www.eduol.cn/

教育在线论坛：http://bbs.eduol.cn/

## 二、教育在线论坛

（一）总论。

1. 论坛宗旨。

（1）服务新教育实验，为新教育实验提供一个信息发布、实验研讨、成果展示等的平台。

（2）及时关注最新教育热点问题及与教育关系密切的社会热点问题。

（3）切实组织教育教学研讨。

（4）激励在线网友获得专业发展。

2. 论坛定位。

（1）有效推动新教育实验的发展。

（2）有效促进教师专业发展。

（3）教师成长的网络培训学院与精神家园。

3. 论坛坛风。

真诚尊重、自由平等、文明健康、有效实用。

（二）结构。

1. 新教育实验区。

（1）新教育实验发布及榜样实践汇聚地。

（2）新教育闲话吧。

（3）毛虫与蝴蝶——新教育儿童阶梯阅读。

（4）“构筑理想课堂”。

（5）新教育实验网络师范学院。

（6）新教育实验区、校、个体。

（7）“师生共写随笔”。

（8）新教育动态。

（9）新教育研究院工作区。

2. 新教育基金会。

（1）新教育基金会动态。

（2）新教育基金会赞助项目。

3. 新阅读研究所。

（1）新阅读研究所动态。

（2）新阅读读书会。

（3）新父母论坛。

4. 研讨区。

（1）教育评论。

（2）教育管理论坛——卢志文在线。

（3）班主任论坛——红霞在线。

（4）教育杂志论坛。

（5）学生论坛。

（6）特教论坛——守护者在线。

（7）书香论坛。

（8）语文沙龙。

（9）小学教育论坛。

（10）综合论坛。

5. 服务区。

（1）教育在线会客厅。

（2）教师心灵港湾。

（三）版主义务和权利。

1. 义务。

（1）根据网友基本规则和帖子管理规则维护管理所负责的版块：有义务及时整理相应版块的优秀原创作品并将文章转移到论坛精品区；有义务及时整理相应版块的广告帖等垃圾帖并将帖子作删除或转移处理。

（2）维持相应版块平和、活跃的氛围。

（3）组织版内活动；有义务积极引导论坛网友进行讨论并参与活动。

（4）在网友对论坛事务有疑问或需要帮助的时候给予解答和帮助。

（5）在删除有争议性的主题或帖子的同时做好存档工作。

（6）向热线论坛推荐优秀的网络写手或人才。

（7）非特殊原因，须参加论坛组织的各项活动（如由管理员主持的版主网上聚会）。

2. 权利。

（1）对对应版块进行直接管理。有权根据网友基本规则和帖子管理规则管理相应的版块并对相关的帖子进行编辑、删除、修改、转移等处理。

（2）在自己的版块发布相关公告。

（3）在自己的版块组织各种有益活动。

（4）优先被邀请参加论坛组织的活动并且获得论坛推出的其他福利。

## 19 新教育 APP 简介

新教育 APP 是新教育团队在移动信息化时代为广大新教育追随者、教育同仁们提供的一款移动学习及信息资源分享互动平台，主要具备两点优势：第一是资源优势，主要包括新教育的资源和超星公司的资源；第二是使用优势，老师们能在上面自己进行资源的创作，线上社区的建设和多种形式的交流互动。

新教育 APP 总共分为四个版块：首页、消息、笔记、“我”。其中首页是对新教育各方面内容和动态的展示，主要包括以下几个模块：

[资源] 超星二十多年积累的资源和新教育优质资源的集合，包括图书馆、推荐书目、优质课程和新教育资讯等内容。

[书香] 超星校园阅读系统，面向中小学教师和学生的校园阅读平台。

[课程] 全国新教育的优质课程分享，包含新生命、新艺术和新公民课程。

[论坛] 全国新教育老师在论坛内进行交流探讨。

[教室] 各个实验区的完美教室的展示。

[网师] 新教育实验网络师范学院课程学习平台。

[公益] 新教育基金会各项目的开展情况。

[活动大赛] 新教育举办的各项活动，包含各类叙事大赛、年度评选等。

除了以上栏目，新教育 APP 每天也会在首页上同步更新朱永新老师、李镇西老师、陈东强院长等新教育名师在微博、微信公众号等其他平台发表的内容，如新父母晨诵、新教育晨诵、天天喜阅、新教育小语等栏目内容。新教育年会等新教育的主要会议及项目，都会及时在平台上进行报道，方便各个实验区老师们的资讯阅读。

同时，对于喜欢创作的老师，也可利用新教育平台的专题编辑器自己进行内容的创作和编辑。新教育平台支持的编辑器，可支持编辑目录、图文混排、音视频混排、多种附件格式，包括一些占内存较大的视频资源等，都可以进行添加组合。

新教育平台的专题创作过程，类似于传统的创作出版，但大大缩短了创作周期，而且应用场景十分丰富，可以用来进行原创内容的整理，也可以用来做教学成果的展示、活动的记录等。除了专题创作过程简单、使用场景丰富之外，还有一个最大的优势就是收藏分享方便，在此平台上创作的专题，包括大家看到的新教育资源，都可以在专题的右上角点击收藏，整理到平台里的知识储存空间——书房，而且通过专题右下角的转发按钮，可将专题分享至平台上各处及微信、QQ 好友、微信朋友圈等，方便您与他人交流探讨。

关于专题创作，电脑端可登录 www.chaoxing.com，进入专题创作，手机端则可以在书房模块右上角点击新建专题，进行专题的创作。

新教育以阅读推广作为基石，新教育平台也积极开展各项共读活动和专题创作大赛。除了共读活动外，根据新教育的理念在海门实验区拍摄制作的晨诵、整本书阅读等精品课程内容也在新教育 APP 上进行定期的推送。

除了有丰富的资源和活动，新教育 APP 平台还可以作为日常办公的辅助工具。新教育 APP 平台的消息版块包含有通知功能，它可作为一种高效的办公工具，可以使用通知系统进行含有多种附件的通知发放，而且有很精准的数据回馈，已接收和未接收人员名单，方便了解通知被接收的具体情况，而且支持通知下的直接回复。在消息里还可建群聊，里面可以进行签到、投票、直播、发放红包等互动。

新教育 APP 的笔记功能也是老师们日常办公和教学中的得力助手。除了文字笔记外，还支持语音记录、视频记录，方便快捷地进行记录。

个人云盘也是新教育 APP 的一个亮点。老师们可以从手机、电脑将文件储存在云盘中，不仅不占用手机的内存，还方便了实时调取。

# 20 其 他

## ▶ 一、 新评价与考试研究所

由新教育研究院联合北京市公众教育科学研究院创办成立，其基本职能是开展符合新教育宗旨、理念及标准的评价与考试研究；研究、建设并推广新教育学业评价、综合素质评价与考试；为新教育研究院及其他研究机构提供评价与考试方面的配套研究；通过研究和倡导新评价思想、标准和方法，更加深入地推广和普及新教育；研究和推广教育科学化、国际化。

## ▶ 二、 新职业教育研究中心

直属于新教育研究院，是职业教育的研究和咨询机构。它以“过一种幸福完整的教育生活”为愿景，旨在深入研究与探索中国特色职业教育发展规律，尤其是将全国新教育实验的理论与实践同中国职业教育具体实际相结合，创造性地解决职业教育改革和发展中的问题，不断推进职业教育科学发展、和谐发展。

## ▶ 三、 新教育书院

是一个在其所属高校统一领导下，指导学生专业以外自主学习、提高素质、锻炼能力、丰盈精神，促进师生共同成长的机构。它以新教育理念为指导，以“过一种幸福完整的教育生活”为宗旨，以“营造书香校园”“师生共写随笔”“聆听窗外声音”“培养卓越口才”“建设数码社区”“开展志工实践”“开设创业工坊”“推进‘每月一事’”等“八大行动”为项目，以“共读共写共同生活”为行动方式，以人才培养和教育创新为根本任务。

# 21　苏州大学新教育研究院简介

苏州大学新教育研究院成立于 2014 年 3 月 11 日，苏州大学批文“2014 年第 61 号”文。

苏州大学新教育研究院现任院长为冯成志教授。

新教育研究院的主要工作职责是开展新教育实验研究，发动和组织苏州大学教育学院教师和学生参与新教育实验研究，完成新教育实验发起人朱永新布置的相关任务。

新教育研究院成立以来，组织承办了“新教育实验国际艺术教育高峰论坛”，协助完成了 2012 年至 2018 年新教育实验年度主报告，2015 年至 2016 年期间，率先开展了新教育量化研究，出版了《行动的力量》专著和专题量化研究报告。2017 年至 2018 年期间，继续开展新教育实验量化研究，形成了“新教育实验霍邱调研报告”等研究报告。

近年来，苏州大学新教育研究院承办每年新教育实验元旦讲坛。

2016 年至 2018 年，苏州大学新教育研究院具体完成了“新教育实验的教学改革”教学成果奖申报工作，2017 年，成功获得江苏省基础教育教学成果特等奖。2018 年，成功获得国家级基础教育教学成果一等奖。

2018 年，依托苏州大学新教育研究院，成立了“苏州大学新教育研究院新教育写作研究中心”。

苏州大学新教育研究院成立后，先后制定了《新教育实验教学项目资助办法》《新教育实验科研课题资助办法》《新教育实验学位论文资助办法》，旨在鼓励更多的参与者实际地参与新教育实验，并做出贡献。

# 案例篇

ANLIPIAN

# 一　新教育实验区叙事

## 1　汇聚美好，新教育播种乡村原野

——随县新教育实验叙事

湖北省随县是典型的农村县，所辖中小学校108所，全部分布在乡村。随县教育克难奋进，筚路蓝缕，努力实现着乡村教育的发展和蜕变。2011年，随县整体加入新教育实验，搭建（特色）项目平台，驱动“三驾马车”，构建“三大校园”，努力追寻着随县师生幸福完整的教育生活。

### ▶ 一、追寻：擦亮生命，新教育点燃师生心灵

1. 专业协同，建构协作区域的教师专业成长共同体。

创建教学教研协作区，组建“教师专业成长”网络平台，助推新教育实验深入开展。我们将全县18个镇（场）划分为随北、随中、随南三个教学教研协作区，整合各协作区优势资源，使之产生合力，促进区域内新教育活动的开展。我们组建了学校文化建设、教师专业发展、“研发卓越课程”“构筑理想课堂”等十个项目推动（研究）共同体；组建了随县教育协作区（体）活动研训、随县新教育追梦人、随县中小学校长QQ群、随县新教育“点亮心灯”主题沙龙等四大线上线下平台（学习）共同体；构筑教学、教研的“互联网＋研修”的网络研究体和“名师＋团队”的实体工作室，使教研的触角更接地气和灵气；和专家零距离对话，和相同尺码的人零距离研讨，达成专业共识，实现专业成长。

2. 阅读滋养，润泽学生成长的思想灵光。

阅读，让乡村儿童与崇高精神对话。为破解随县108所农村学校教育发展的难题，随县历经多年的探路实践，走出了一条乡村教育发展之路。全县以新教育实验为杠杆撬动乡村素质教育，以“营造书香校园”为突破口，将阅读与课程、校园文化和乡村师生成长深度融合，取得了显著成效。2014年，我县两名学生参加央视科教频道“我的一本课外书”读书栏

目选拔，分获“全国读书少年”前18强和35强。

3. 文化提炼，构筑蓊郁多元的提升工程。

校园文化建设是学校软实力的体现。以阅读为文化植根，让文化为学校立魂，这是随县新教育实验的文化密码。厉山三中的“和”文化，和美、和睦、和气、和谐是“和合天下”，“立体合作”课堂模式是“教”与“学”的和谐，“穿越一本书”是阅读“身”与“心”的和谐。殷店东坡中学的“墨香”文化，把书法与育人高度融合，从汉字的形体和结构中培育做人的“方正”和“严谨”，从汉字的线条中培植做人的“洒脱”和“豁达”，从汉字的章法中培养做人“灵动”和“气韵”。古今中外，体现“和”“墨香”“阳光”“和雅”“尝试”等的文化观念在随县中小学的“一训一风”沉淀中不断涌动和显现，以文化来引领，使学校的办学思想更为明晰。

## 二、课改：在构筑与研发中实现理想朝向

1. 理想课堂，在重建和架构中让生命个性飞扬。

2011年，我们巧借湖北省教育厅“课内比教学”政策之力，以当年为课堂效率年，共度课堂教学改革的峥嵘岁月。我们循序渐进引领课堂教学改革步入深水区，适时举办“学习型理想课堂校长论坛”，去伪存真，谋求合力，实现课改突围。

我们建立了课堂教学模式的展评机制，实现课堂的深度开放。2012年，我们的新教育开放周就以“构筑理想课堂”为展示主题。自此，每年不定期的开放周活动，成了课堂最为盛大的庆典。我们还在随州神农大剧院举行了以“构筑理想课堂缔造完美教室”为主题的第二届校长论坛，吸引了周边县市区的领导、专家、教师前来观摩。

2014年，我们制定了《关于深入推进课堂教学改革的指导意见》，课堂教学改革有了指导依据和方向路径。我们春季一轮督导，秋季一次全面评估，评选出了随县“十大课堂教学改革模式”的学校典型。

在理想课堂的“六度三境界”的辉映下，我们初步形成了随县三个学段课堂教学的有效框架。自此，小学的快乐课堂、初中的智慧课堂、高中的高效课堂，成为随县新教育朴素而幸福的追寻见证，成了师生生命个性绽放的舞台。

2. 认同地域文化，培植教育情怀，涵养乡土情结。

我们实现着卓越课程的研发与地域文化的深度融合，让课程生根，使之进入学生的生命体验。我们开展了随县优秀校本课程的评选，“研发卓越课程”行动取得了显著成绩。炎帝神农课程，以炎帝历史功绩的课程化呈现来实现地域文化的价值认同。义阳大鼓、农村少儿传统游戏、板凳龙、楹联等地方文化传承课程，在体育与艺术、文化与教育、乡土与特色的融合中生发课程的功能，实现故土情结的精神皈依。亲近种子、农耕体验、石头拼画、泥塑、树叶拼图、剪纸、走进昆虫等生命课程，把艺术培植和乡土资源结合，生命体验与实践运用结合，实现了课程在乡村教育的落地生根。我县《炎帝文化课程的探索与思考》在新教育郑州国际高峰论坛上交流。我县选送的优秀课程在随州市的评选中，获奖率达到了 70%，当之无愧地成为了随州最具特色、最富内涵的卓越课程，受到评委专家的好评。

## ▶ 三、 绽放： 守望乡村，新教育创生教育特色

1. 编织乡村完美教室的梦想。

朱永新教授说：“中国文化能否再度复兴，能否迎来它再度令世界起敬的成就，一切有赖我们每一间教室的努力。这就是新教育实验的文化使命。”随县以乡村为背景实现卓越课程的研发，为完美教室植根。2015 年全国新教育十大完美教室缔造者之一的王从伦老师的“阳光班”，用河边滩头的石头拼画，在拼接和组合中，因势象形，赋予想象，拼出了石头的“生命”，一块块石头在儿童想象的世界里变得奇妙而有韵味。支咏梅老师的“四叶草”班，用第四片叶的幸福守望，成就完美教室的生命朝向。刘金超老师的“追梦班”，在朱老师题写的“追梦”引领下，秉承山水间“空谷幽兰”的谦谦意韵，用一间教室书写着师生共读、共写、共同生活的教育生活历程。

2. 吟咏生命种子成长的歌唱。

“晨诵、午读、暮省”已成随县校园内外最常态的风景，配上曲调，和着声韵，不拘形式，不囿地方，在图书吧、茶歇室，在楼梯间、回廊处，在草地上、柳树旁，幕天席地，或坐、或躺，吟唱诵读《新教育的种子》《向着明亮那方》《春天写给我们的诗》《爱的交响曲》《小路》……声浪在唐诗宋词里，音韵在蓝天白云间，师生共读在盈盈水流、隐隐青山间。“晨诵、午读、暮省”成了乡村孩子们最为幸福的向往。

3. 描绘家乡风物景致的馨香。

我们用读写绘来实现阅读、书写、绘画融为一体的思想架构。以绘本、童书、儿歌、风物作为读写绘的题材，用色彩、线条、构图表现形象思维的过程和抽象思维的意识。我县先后举办了“绘图吧”“纸盘中的世界”“青花瓷之歌”“涂鸦的童谣”“色彩上的家乡”“漂浮的画”等校园美术节，快乐的描绘、创意的勾画、抽象的想象，生命在缤纷的色彩中呈现出勃勃生机。

4. 奏响家校共建的教育交响。

家校合作共建是家庭教育与学校教育的深度融合。我们要求各校成立家长委员会，定期组织亲子活动。“小猫钓鱼”“我们的野炊”“亲子对对碰阅读活动”等，让家长、孩子、老师感受亲如一家人的温情。我们要求班级组建班级QQ群，方便家长随时交流。结合“推进‘每月一事’”，开展“月德育主体”活动，多次针对家长孩子进行专题讲座，举办家长孩子“心手相牵”活动。各校还定期评选爱心妈妈、书香家庭、爱心爸爸、榜样家长、坚守爷爷……

新教育如花绽放在了随县的乡村原野，香远益清，朴素动人。随县新教育人正行走在汇聚美好、擦亮日子的路上，相信种子，相信岁月，且歌且行。

（注：本文为湖北省随县教育局局长杨光明在2016年新教育实验区工作会议上的主题报告。）

## 2 守望新教育，追寻真教育
——石家庄市桥西区新教育实验叙事

桥西作为全国第一个新教育实验区，自2004年启动实验以来，通过新教育实验的项目研究与学校文化建设，以项目推动发展，用文化润泽教育，让生命点亮桥西，为构建一种幸福完整的教育生活、成就每位师生的精彩幸福而执着前行。其间，我们不仅看到了一所所学校魂聚神安后的陡然发力，一个个教师和学生重新焕发活力、丰盈生命后的笑靥绽放，更看到了整个区域因为新教育而找准了未来发展的方向，更加坚定了脚下的步伐。如今，新教育已经和桥西教育融为一体，共同生长。

多年来，桥西新教育走过了四个阶段：

第一阶段（2004 年 6 月－2008 年 4 月）：梦之缘起——结缘新教育，“营造书香校园”。

2004 年 6 月，桥西区教育局组织部分学校领导到苏州等地的新教育实验学校进行学习考察。中山路小学、维明路小学、草场街小学、友谊大街小学、红星小学、八一小学和西里小学成为桥西首批新教育实验学校。实验学校开展“营造书香校园”“师生共写随笔”两大行动，通过营造浓郁的阅读氛围，开展丰富多彩的读书活动，撰写教育日记和故事，促进教师专业发展和学生自主成长。

第二阶段（2008 年 5 月－2009 年 7 月）：梦之启航——完善机构制度，推进项目研究。

桥西区教育局成立了新教育实验领导小组和新教育工作室，制定出台了《桥西区教育局关于进一步推进新教育实验工作的实施意见（讨论稿）》。桥西新教育小学成立，桥西新教育网站建成，《桥西新教育》杂志创刊。在新教育研究院专家团队深入指导和桥西新教育工作室及学校的积极探索中，全面实施新教育“三叶草”项目（儿童课程、理想课堂和“专业阅读＋专业写作＋专业发展共同体”的教师三专发展）。

第三阶段（2009 年 8 月－2010 年 7 月）：梦之扬帆——启动学校文化，承办十次年会。

2009 年 7 月，新教育研究院确定桥西实验区承办主题为“新教育学校文化”的全国新教育实验第十届研讨会，即 2010 年新教育年会后，采取“专家引领—参观学习—区域培训—项目实践”相结合的方式推进新教育学校文化建设。2010 年 7 月 9 日至 12 日，全国新教育实验第十届研讨会在桥西成功举行，1500 余名代表“相约燕赵桥西，共叙学校文化”。

第四阶段（2010 年 8 月至今）：梦之远航——推进学校文化，“缔造完美教室”。

庆典之后，我们再次上路，对第二批文化建设学校进行跟踪指导；将目光聚焦到一间间教室，探索完美教室建设的途径和方法；坚持书香校园建设，将读书会、读书节做深做实，不断学习提高，开阔眼界，提升认识，朝向卓越……2012 年 4 月、2013 年 5 月、2015 年 4 月又相继举办了以“新教育学校文化建设”“教师专业发展”“幸福十年”为主题的全国新教育开放周活动，“1＋N”联合体模式建立，新教育理念向中学和幼儿园渗透，“新教育新评价”项目启动。

与新教育相伴十多年，经常有人发出这样的感叹和疑问：是怎样一种力量让我们如此坚定与坚守？其实，我们也经常这样扪心自问。我想，下面的三个原因至关重要：

1. 价值认同。

“过一种幸福完整的教育生活”是对教育终极意义的思考与追求。选择什么样的价值观、有什么样的愿景、做什么样的事情，每一个选择都影响深远。越是望向历史深处，我们就越是坚定：参与新教育实验必定造就完全不同的桥西教育和学校教育。我们认同新教育实验的价值取向和教育精神，愿意跟随一群有教育理想的人去追寻理想的教育，过一种幸福完整的教育生活。

2. 行政推动。

行政推动是桥西开展新教育实验的显著特点。我们相信：好的教育一定要有人真做，而行政的作用至关重要。十多年来，不管各级领导如何更迭，对桥西新教育实验的开展都始终保持高度的关注和大力的支持。桥西新教育实验领导小组、新教育工作室、全区各小学各级领导和同志们全力支持，共同为推进新教育实验而各担义务，各尽其职，使得桥西新教育实验扎实研究，稳步推进，成效显著。

近几年，我们尝试以项目研究带动新教育向纵深发展，成立了区域理想课堂项目团队、完美教室项目团队、教师专业发展项目团队和《桥西新教育》杂志编辑团队等共同体。十多年来，桥西教育局累计为新教育实验各项工作投入近300万元。

2015年区划调整后，面对桥西教育发展的新形势，教育局以新教育实验开展为抓手，引领和带动大桥西各项教育教学工作的融合。校长全员培训、幼儿园骨干园长参加海门新教育实验开放周、区域十年开放活动、骨干教师参加全国新教育年会，朱永新老师亲自为《桥西新教育十年（上、下册）》作序，陈东强副院长、李镇西副院长、海门市新教育培训中心许卫国科长亲临桥西进行培训指导，如此种种，使得桥西新教育的队伍快速发展壮大。

3. 团队助力。

桥西新教育工作室是桥西新教育实验的具体负责部门，在项目纵深开展过程中进行扎实有力的指导。近几年，桥西新教育工作室的架构趋于完善，对实验的开展正发挥越来越大的组织指导作用。“以人为本、与人为善、助人成功、对人负责”，他们恪守新教育团队文化建设的精神，以健康的心态、阳光的情绪、从容的气度不断迎接实验过程中的种种挑战。在深入开展区域新教育实验的过程中，他们想大问题，做小事情，从小事做起，把小事做好，有效行动，在区域实验的“底线＋榜样”管理上下功夫。他们在新教育专家指导下，和学校领导、老师们共同经历了从播种到收获的过程，把新教育精神一步一个脚印扎根在师生心中，落实在课程中，落实在有效的行动中。

新教育已在桥西扎根、生长十多年，我们深切地感受到开展新教育实验带给我们自身的三大转变：

1. 从“功利的教育观”到追求“过一种幸福完整的教育生活”教育观念的根本改变。

“教育即生活。”它既是儿童成长的关键阶段，也是教师职业生涯中最漫长、宝贵的生活。所以，它不是只注重结果的炼狱式生活，而应该是“幸福”“完整”的。所以，我们开始认真关注校园生活的每一节课、每一次活动、每一个日子。而观念的真正转变也让我们意外地收获到了诸多荣誉。近年来，在省市的各种教学评估和检查活动中，桥西各学校的文化立校和扎实的新教育实验课程让人眼前一亮，各类成绩均走在了省、市的前列。

2. 由最初教育改革的“参加者”转变成为一个重要的教育“参与者”。

如果说十年前我们对自己教育的要求还是“我要做点什么”的参加意识，那么十年后的今天，我们已经在思考“我能为教育做点什么”。参与即唤醒，让每一个生命的形神同在，只有这种真正关注到每一个个体的体验式的教育才真正具有生命力。这个重要转变不仅让我们更加主动积极地承担新教育实验的各项工作，更让我们开始从一个参与者的视角来重新看待教育，立足自身，开始探寻桥西真教育。

3. 桥西教育职能部门的管理方式的根本改变。

从以往“自上而下”的管理职能变为“自下而上”的服务职能，确立正确的教育价值观、发展观和政绩观，维护学校发展的专业性，给教育主体充分的自由，顺应人的身心发展规律，帮助管理者、教师找到生命的价值，激发学生学习动力和热情，从而实现管理者、教师和学生的共同成长。2015 年，由于石家庄市区划调整，桥西合并了石家庄市原桥东区的部分学校和师资，重新整合为公办小学 46 所、初中 12 所、高中 8 所、幼儿园4所，在校中小学生近85000人、教师4800人的大桥西格局，区域的扩大和学校的增多都令教育部门的工作更多、责任更大。新教育带给桥西教育职能部门管理方式的根本改变，必将对大桥西的教育发展产生深远影响。

桥西新教育的第二个十年已经到来，我们正在践行着新十年的工作目标：

1. 遵循“浪漫—精确—综合”的成长规律，聚焦具体项目研究。

正如孩子的成长会经历“浪漫—精确—综合”一样，桥西新教育也在经历这样的过程。如果说上一个十年，桥西新教育还处于“浪漫期”的话，那么，新十年我们希望它能更趋于“精确”。我们会更加聚焦具体的项目研究，让更多的老师面对一个个具体项目能够学会方法、掌握技能、实际操作。

“教育质量综合评价”是桥西新教育新十年新的着力点。2015年，此项工作已经启动。教育局投入60万元，与新评价与考试研究所合作，对桥西七年级新生进行了语文、数学、英语的学业素质与能力评价测试，完成对学生个人、年级、区域的学业质量分析。桥西还组织近7500名学生参加了全国ACTS学生学业（综合）素质能力竞赛。2016年，我们又确立5所小学为学业质量综合评价实验学校，探索评价指导当下的教学研究。

2. 依靠“底线＋榜样”的管理方式，让桥西新教育向下生根、向上开花。

今天的新教育在我们看来：它追求高度，但永远不会高高在上；它要培养卓越教师，但更关注普通教师；它不是一个精英俱乐部，而是一个宽容开放的团队。未来的日子，我们会继续发掘榜样教师，同时通过项目研究让更多教师走向卓越成为可能。

2015年底，桥西区政府为全区中小学100间“完美教室”各颁发项目基金5000元，总计50万元。

3. 坚持“行政＋民间”的行动策略，做具有桥西特色的新教育。

“行政推动，政策支持；专家导航，提升水平；团队助力，深入实践；点面结合，全员参与”依然是桥西新教育实验开展的区域推动策略。

桥西“1＋N”联合体办学模式的建立（即在学前教育阶段建立“1＋7”联合园、小学教育阶段建立“1＋2”联合校，并将各联合园、联合校与一所中学捆绑组合成为纵向联合体），完善了幼小、小初间的互动平台，也使得新教育实验能够在桥西实现纵向渗透、有效衔接，促进教育教学质量的不断提高。面对桥西教育发展的新形势，我们已经找到桥西新教育新的生长点，并努力寻求新的突破。我们有信心，在搭建新教育之桥的过程中，桥西新教育人自身会打磨出更为绚丽的色彩，成为一座夺目的彩虹之桥。

抖落过往的成绩和些许的疲倦，桥西新教育人会变得更加从容而坚定，因为新教育给予我们的，仍然是一个开阔无限的精神视野，一个可以纵横驰骋的自由空间。我们会静静思考，热情投入，守望新教育，追求真教育！

（注：本文为河北省石家庄市桥西区教育局副局长杨建在2016年新教育实验区工作会议上的发言。）

## 3 追寻教育理想，享受教育幸福

——诸城市新教育实验叙事

诸城，一座古老的城市，恐龙文化、舜德文化、超然文化、名人文化、红色文化的血脉成就其博大与厚重；诸城，一座年轻的城市，绿色动力之城、健康之城、时尚之城、智能之城、幸福之城的探索彰显其生机与活力。在这片神奇的土地上，诸城教育人也始终向着明亮那方前行。

### 一、启程：整体推进，创办促进人民幸福的教育

2012年4月，诸城区域整体加入新教育实验。从此，“过一种幸福完整的教育生活”成为诸城教育人共同的价值追求。朱永新教授亲临指导，从加强学习、打造典型、整合资源、创新活动、持续发展等方面提出了指导意见，鼓励我们打造符合诸城实际、富有诸城特色的新教育模式。

全面推进，集体行走。我们制定下发了《诸城市教育局关于全面推进新教育实验的实施意见》，在240余所中小学、幼儿园全域一体化推进新教育实验，引领所有学科教师，并倡导家庭、社会参与到新教育行动中，让新教育成为诸城大地上最美的行走。

构建机制，品牌提升。深化推进新教育实验，要有明晰的路径和原

则，我们根据县域实际，明确八大原则，落实八大机制，逐步构建起了以“全域一体化推进、学校品牌化发展、教室生命化建构”为发展路径，以“打造关键人物、聚焦关键动作，整合关键资源”为主要策略的县域推进体系，为每个生命的幸福创造可能。

深度融合，立体发展。融合专业力量，以市教研室为主导，其他科室协同，组建了市、校两级新教育实验研究指导中心和特色项目首席教师工作室；探索将新教育实验与教育均衡发展、课程领导力建设、中小学教育质量综合评价改革等项目融合；将新教育十大行动与区域教育实际深度融合，创办促进人民幸福的教育。《中国教育报》对我市新教育行动纪实以《为学生一生的发展“打底”》为题，作了专题报道。

## ▶ 二、 浸润： 书香启智，让阅读成就生命的精神幸福

一个人的精神发育史就是他的阅读史。我们把“营造书香校园”作为关键动作，扎实开展“高效海量阅读工程”。

让书籍贴近孩子。出台《诸城市中小学图书配备方案》。自2012年起，投入2000多万元更新配备图书，把最适合的书带给孩子；打开图书室，让图书走进教室、走进楼道，贴近每个孩子，实行开架阅读；把233处社区“农家书屋”变成学生闲暇时的读书乐园。各学校还以“互联网＋阅读”的方式，设立开放的电子书借阅机，完善图书电子管理系统；和市图书馆网上共建电子图书室，扩展阅读平台，培养学生的阅读习惯。

让阅读走进课堂。我们从主题语文的探索开始，在每节语文课拿出5—10分钟进行拓展阅读，每周拿出1—2节课进行集中阅读，把晨诵课、午读课、阅读课排进课程表，保证学生充足的阅读时间。同时，我们把高效海量阅读理念迁移到所有学科，让阅读根植于每一堂课，减轻学生课业负担。除此之外，我们充分考虑学生年龄特点，编写《经典诵读》系列丛书，让学生在诗词歌赋的吟咏、蒙学经典的浸润、乡土文化的熏陶中扎下传统文化的根。

让读写融入生活。出台《关于深入开展读书活动，全面建设书香校园的实施意见》，为干部教师推荐必读书目，推进读书会、读书沙龙活动，深化“师生共写随笔”，以“三专”发展模式，让阅读和写作成为师生的生活方式。诸城一中的“图书大集”，学生将富余的图书自由交易，在体验营销乐趣的同时，让阅读因传播而美丽。百尺河镇中心学校的“日记

节”，已连续举行了 14 届，以多种形式，用坚毅记录成长。全市每两年举行全民读书表彰活动，评选表彰千名“读书之星”、百名“书香教师”和“十佳书香校园”“十佳书香家庭”。我市设立“人民教师基金”，资助出版《水的心事》《璞玉心语》等多部教师专著。在“至今东鲁遗风在，十万人家尽读书”的常态中，小小毛虫正蜕变为美丽的蝴蝶。

## ▶ 三、 推进：“每月一事”，为学生一生的幸福发展奠基

习惯是生命成长深埋于土的根系。培养学生良好的习惯，需要将具体化的目标渗透于常态化的行动中，才会有更大的生长和发展空间。

尊重差异，选准切入点。在推进“每月一事”行动中，倡导各校立足实际，尊重个性差异，寻找发展契机，坚持“小步子、低台阶”，在不同学段，甚至不同性别学生中提出有针对性的、切实可行的教育目标和方法，阶梯化推进。特殊教育学校依据学生实际，从关爱入手，着眼细节，创编“童趣体操”，提高孩子模仿力，强化生活自理训练、康复训练和交往能力训练，引导学生养成良好的品行习惯，夯实他们未来生活的根基。

立足课程，夯实落脚点。没有课程，“每月一事”就会停留在零散的活动上，甚至流于形式。我们围绕“每月一事”主题，通过阅读、实践、展示、评价等活动，构成综合课程体系。文化路小学由阅读、艺术、游戏、电影、实践等元素构成的“爱课程”，积极寻找学科教学与“每月一事”的契合点，所有学科教师深度参与，实现全科育人，并把校本课程研发等作为持续跟进培养学生良好习惯的有效路径。实验初中以厨艺课程延续“劳动”，让学生体验劳动的幸福和快乐。

促进融合，寻求生长点。制定《关于深化新教育实验行动研究的意见》，指导各学校把“每月一事”与新教育十大行动进行有机融合，把“每月一事”推进策略与学校特色发展深度融合，把“每月一事”育人目标与学生核心素养发展融合，强调行动研究，找准与学校特色的融合点，抓住与学科教学的切入点，筑牢一日、一周、一月或一年教育生活的落脚点，量身打造适合本校又独具特色的推进策略，进行“精准滴灌”，并细化为行动日历，一体化发展。密州路学校将科学精神与“每月一事”相融合，在启蒙、探究、创造中，把“缔造完美教室”“培养卓越口才”“聆听窗外声音”“家校合作共育”等行动融入“每月一事”的推进过程中。

## ▶ 四、成长：激发活力，让每个生命共享成长的幸福

“幸福”是成长的第一推动力。我们关注师生的内在需要和成长状态，催生动力，激发活力，让他们拥有更完整、更幸福、更有意义的教育生活。

让校长在思想交融中提升办学的智慧。我们每月举行一次新教育“校长论坛”，以分学段全员展示、抽签展示、榜样引领等不同的方式促进思想交融，提升校长领导力。从幼儿园到高中，从普通教育到特殊教育，不管年龄长幼，不论学校规模，校长们都要走上讲台亮出自己的办学思想、工作思路和推进措施。近几年来，我市选派优秀校长分批走进北京十一学校、清华附小等全国名校挂职学习，跟岗锻炼，促进校长专业成长。

让教师在专业分享中体验职业的幸福。基于问题解决和教师专业成长，加强校本研修，将课堂问题转化为学科教学关键问题，落实《关于加强中小学集体备课的若干规定》，将个人经验和集体智慧有机结合，在教学案例的共享打磨中，促进教师教学能力螺旋提升。落实教师发展“五大工程”，构建起“课改优秀教师（优质课）—教学能手—学科带头人—特级教师（龙城名师）—首席教师”五个梯度一个序列的骨干教师评优激励机制，以榜样引领教师专业成长。目前，全市涌现出全国十大教书育人楷模吕映红、全国模范教师李长娟等优秀教师，建立起31个齐鲁名师、省特级教师、省教学能手“工作室”；评选出35位首席学科教师。

让学生在个性张扬中成为最好的自己。让孩子个性化成长，就是给孩子最好的爱。坚持行动研究，关注行动细节，让我们找到了适合孩子并且孩子喜欢的成长方式。孩子在差异化、生活化、全员化中得以自然成长，在参与感、成就感和仪式感中得以个性张扬，在生命的穿越中成为最好的自己。

新教育是一场美好的相遇，我们将继续追寻新教育实验五彩斑斓的梦想，让生命攀登幸福的高度，去遇见更美好的未来！

（注：本文为山东省诸城市教育局党委书记、局长李熙良在2016年新教育年会，即全国新教育实验第16次研讨会上的主题报告。）

# 4 跟进实验，握手“十新”，推进全市新教育高位均衡发展

——日照市2016年度新教育实验叙事

历经六年的沉淀，新教育在日照已深深扎根，并具有了鲜明的日照特色。进入2016年，随着“十二五”圆满收官和“十三五”顺利开启，日照新教育也走到了一个新的历史起点。

为贯彻落实“五大发展理念”和“提高教育质量”战略要求，提升教育现代化水平，日照市教育局把深化新教育实验列为全市教育工作六大重点任务之一，将其作为深化基础教育改革、提高教育质量的有力抓手和有效载体，围绕落实立德树人根本任务，坚持市域统筹、行政推动、区域一体化发展策略，提出了“建立新制度、打造新校长、建设新校园、培养新教师、研发新课程、构建新课堂、实施新评价、培育新学生、应用新技术、引领新父母”等“十新”项目，加强新教育与教育综合改革的深度融合，在全市深化新教育工作，实现新教育实验“日照模式”的创新。

一年来，在认真总结前期经验的基础上，实施“行政推进、理念引领、团队合作、基地示范、学科融合、课题促进、区域联动、成果共享”的“八大策略”，深入推进“十新项目”的开展，从点到面，从城镇到乡村，深得教干教师、家长学生的拥护。从校园文化、教师发展、课程研发、课堂建设，到学生成长、家校合作，融“十新”为一体，形成育人合力和育人特色，均取得了可喜成绩。

## 一、行政推进，促进新教育实验的常态化

1. 实验推进的顶层设计不断完善。

2016年3月，市教育局对科室职能进行重新调整，成立新教育实验工作领导小组，下设新教育实验领导小组办公室。4月，出台了《日照市教育局关于深化新教育实验工作的指导意见》，对“十新”的任务目标进行了界定，提出了具体的工作原则和保障措施，并进行分工。5月9日，召开全市新教育实验工作推进会，安排部署了新教育实验有关工作。暑假前，印发了《关于加快推进新教育实验有关工作的通知》，对学校新教育文化氛围的营造和实验的深化提出了明确要求，并于暑假后开展了校园文

化营造情况的评比验收工作。

2. 各区县稳步推进，各有特色。

在市教育局的统领下，各区县出台切合区县实际的推进策略。如岚山区确立的“一体化统筹、行政化推动、多元化评价”的策略，起点高，措施硬，力度大，新教育实验与常规教育工作深度融合、完整整合，让新教育理念和行动成为新常态，不断改变着行走方式。设立“十大行动”工作站，围绕“十新”建立新教育论坛机制，制定新教育评价方案，定期编辑发布新教育简报等。推进新教育的思路清晰，工作扎实，环环相扣。年初，围绕“开局之年怎么干”，邀请卢志文校长作专题报告；年中，围绕总结与部署，举行新教育推进会暨张传若局长专题报告会；年末，围绕集中展示，集中推进，集中评价，承办了“握手十新，相约岚山”全市新教育现场观摩会，很好地展示了“十新项目”的研究成果，为大家呈现出了“岚山方案”。

## 二、培训学习，提升新教育实验实施水平

1. 举办梯度式新教育培训活动。

为进一步提升新教育实验的实施水平，对一年的培训活动进行了梯度安排。2016 年 2 月 26 日，在全局机关举行新教育培训活动，掀起学习新教育，践行新理念的热潮。5 月 9 日，召开全市新教育实验工作推进会，就如何开展新教育实验进行了全面部署。5 月 28 日，特邀全国新教育培训中心吴勇主任、许卫国科长，举行了全市新教育专家报告会。7 月 13 日，举行了全市新教育骨干教师培训会。

2. 举行新教育专项培训活动。

结合新教育“十大行动”和我市“十新项目”，开展专项培训活动。3 月 27 日至 31 日，组织我市部分校长及教研员 25 人赴江苏、上海两地 4 所小学开展学习考察活动。4 月 10 日至 17 日，分两批组织我市部分校长到西南地区参加培训学习，一批 28 人到重庆、成都进行培训和考察学习，另一批赴西南大学参加了全国中小学校长管理素质提升高级研修班及考察学习活动。

3. 参加新教育研究院专项活动。

积极组织教干教师参加研究院组织的培训、会议。四川宜宾、江苏海门、河南焦作、沈阳皇姑、山东诸城、湖北随县、北京、浙江温州等，均留下了日照新教育团队认真学习、追求进步的身影。

## ▶ 三、 项目推动，深化新教育实验研究

1. 实施课题引领，强化实验研究。

批立“十新”项目为日照市教育科学“十三五”规划十大重点课题，并于 2016 年 11 月 1 日召开了开题论证会，促进了“十新项目”研究的系统性、科学性、规范性、有效性和高标准。

2. 重视基地建设，做好示范引领。

确立一批新教育实验基地学校，从新教育文化氛围的营造到“十大行动”的推进，以及“十新项目”的落实，全方位打造新教育实验推进的样板区和培训基地。

3. 重视课程研发，彰显学校特色。

市教育局站在全局的高度，鼓励学校立足实际，发挥校本资源优势，找准切入点，突出重点，研发特色课程，并鼓励各区县设立课程研发基地。

东港区，既注重全面推进，又注意形成学校的新教育特色课程系列，形成了百花齐放春满园的局面。如新营小学独具特色的七彩“1＋X”课程，北京路中学“校本课程超市”等，彰显了卓越课程的无限魅力。

莒县，采取“组团—学习—研讨—策略”的行动策略，组织全县教干教师认真学习，向文件学，向专家学，向名校学，并积极参加各种培训活动，在学习中提升，在研讨中修正，最终形成了自己独具特色的“面向生活、面向成长、面向未来”新课程体系。

五莲县，积极构建课程体系，印发《关于在全县中小学构建学校课程体系的指导意见》，引领学校构建“一核多元”的“三类一体”课程体系，并分学段举行义务教育阶段课程体系建设专题研究会。

山海天，鼓励各学校结合办学特色、师资基础和学生实际需求，积极研发校本和社团活动课程，从地方和校本课程中拿出 4 个课时，以“选课走班”的形式实施，学生参与率达 100％。

课程的研发与实施丰厚了学校内涵，促进了学生的健康成长、全面发展和个性张扬。

4. 推行“三专模式”，促进教师专业成长。

在新教育“三专”模式的引领下，市教育局相继为全市两万多名教师配备《新教育》《致教师》《教育的智慧》等书，开展了“读经典名著，做智慧教师”“共读一本书、共筑教育梦”“践行新教育内涵、争做百姓满意教师”等主题阅读活动，通过举办读书会、读书论坛、读书沙龙、读书俱

乐部、读书征文评选、演讲比赛等活动，促进阅读的深入和高效，让教师在新教育理念的引领下快速成长。

5. 促进校本教研，“构筑理想课堂”。

市教科研中心将新教育理念与课堂教学深度融合，分学科分学段举行“构筑理想课堂”研讨活动，引领教师从问题出发，课题引领，开展课堂教学小微课题研究，并举办教学案例、教学论文评选活动，努力从学科教学走向学科教育。各区县在全市“构建新课堂”理念的引领下，积极进行着区县特色探索。

五莲县，将2016年确定为“课堂教学改革提升年”，力促构建新课堂。积极研究学科思想方法和核心素养体系，开展主题式、系列化的学科教研活动，聚力打造思维课堂，全面推行自主合作学习，实施问题探究式教学，全面落实知识点问题化、问题探究化、探究活动化、活动评价化“四化”教学要求，聚力打造以生为本、以学定教、素养为重的“思维课堂”。

开发区，发挥区域优势，进行区域联动。“四环递进问题教学法”研究，小群组合作探究学习，真正以学生为主体，实现理想课堂“六度”。在此基础上，进一步提出了“问题导学，微课助力”的教改新思路，在全区掀起了构建新课堂的热潮，将“构筑理想课堂”与完美教室紧密结合，致力于创建民主、互动、开放、多元的智善课堂。

山海天，为解决“构筑理想课堂”所遇到的困惑和问题，打破了各校课改各自为战的局面，进行区域联动，多边交流，资源共享，彼此促进，共同发展。2016年上半年，召集学科教研员、骨干教师进行了理想课堂大讨论，研制“课堂观察量表”，以课题为引领，“多师课堂”“智慧课堂”模式正在形成。

6. 推进每月一事，培养核心素养。

东港区，认真落实诸城年会精神，在小学阶段，将每月一事与“四大节日”相结合，读书节让学生携书上路，把睿智装入胸中；科技节展现了师生丰富多彩的想象力、创造力；艺术节上，学生演绎精彩的绘本剧、童话剧、历史剧，对学生既是书香的浸润，更是艺术的熏染，培养了学生的文化艺术审美能力。在初中阶段，将零散的、临时的、应景的德育工作或活动，整合创生为“红色”德育课程，德融礼仪、德融数理、德融活动，真正让价值观在课程中“立”起来，在实践中春风化雨，润物无声。今年全国新教育年会上，《少成若天性，习惯成自然》获全国特等奖。

五莲县，将“每月一事”与学校德育结合，聚焦文明、安全、健康和学习“四个向度”，制定出台《五莲县中小学生一日常规》和《6S规范管理一日流程》，抓好学生的养成教育，为学生文明生活、幸福成长奠定坚实基础。

山海天，区教育局专门成立“每月一事”工作室，制定每月活动方案，由各实验学校据此开展主题阅读、主题实践、主题展示和主题反思，着力把公民教育、礼仪教育、养成教育等融入学生的日常学习和生活细节之中，教给学生一生有用的东西。

7. 家校合作共育，形成育人合力。

2017 年全国新教育年会主题为“家校合作共育”。我市在梳理前期研究成果的基础上，开展了“家校合作共育”深度研究。

东港区，鼓励学校多渠道开展家校共建，成立“家校合作共育”课题组，专人专题研究，已举办的多期专家报告会很好地引领了新父母。五莲县，健全合理诉求新机制，各学校在原有渠道基础上，充分发挥“互联网＋”平台，通过微信、QQ 群、班级博客等新媒体，拓宽家校合作渠道。莒县，“蒲公英俱乐部”QQ 群已成为全国有名的网络共同体，该群内，不仅有本县的教师、家长，更吸引来了全国各地的教育界人士以及一些知名专家，定期举办线上讲坛和线下交流，为“家校合作共育”探索出一条有效途径。开发区，每周一期的“家长大讲堂”，采用故事会的形式，向家长传递教育理念，更新教育观念，提供教育方法，提升家教水平。

8. 优化评价模式，促进学生全面发展。

为充分发挥教育教学评价的科学导向作用，不断创新评价模式，推动全市教育健康、有序发展，引入“平衡计分卡”，通过绘制战略地图，实现顶层设计；通过设计平衡计分卡，寻找终极目标支撑点；通过细化定义卡，实行终极目标落地，实现了向上承接核心理念（过一种幸福完整的教育生活），向下牵引学校具体行动的对接，过程中还实现了自我诊断、自我调节、自我完善。

## 四、 活动跟进，扩大新教育实验的参与面和影响力

活动是推进工作的有效载体。为将教师、学生、家长全部纳入新教育实验，提高实验的参与度和影响面，举行了不同层面的有效活动。面向教师，相继举行了新教育行动研究论坛、“推进‘每月一事’”项目论坛、“卓越课程、完美教室”评选、“未来学校”主题材料评选、读写绘优质课评选、新教育明星教师选拔以及校长论坛等活动，其中，校长论坛已成为常态活动，定期举行，轮流展示，共同提升。面向学生，联合市委宣传

部、市文明办、市文广新局、市新华书店举行了暑期校园读书、读书征文评选、“读书少年”选拔等活动。面向家长，举行了“亲子共读”故事评选、读书征文评选、年度新父母人物评选、全市书香家庭评选和全省书香家庭推荐等活动。

## ▶ 五、 宣传带动，营造良好的实验氛围

《日照日报》“新教育专栏”已成为品牌专栏，成为市民争相阅读的明星板块。岚山区的《新教育简报》每周一期，期期精彩，并已结集成册，在日照教师手中传阅。在办好“新教育专栏”和《新教育简报》的同时，积极向“教育在线”和《新教育》报报送稿件，并充分利用微信公众号等新媒体平台。多渠道宣传，为新教育实验营造了良好的生态环境和舆论氛围。

只要行动，就有收获。2016 年，是日照新教育再度丰收的一年。在全国新教育实验第 16 次研讨会上，荣获全国新教育“年度榜样教师”“年度卓越课程”“优秀种子教师”“示范学校”等 17 项奖励，相关工作经验作大会典型发言，日照新教育再度成为各实验区瞩目的焦点。在 2016 年新教育国际高峰论坛上，我市提交的论坛交流材料有 13 篇入围，并有两位代表应邀作论坛交流发言。在 2016 年家庭教育国际论坛上，我市 1 名家长荣获“新父母年度人物”入围奖，6 人获提名奖，占全国 22 名获奖总数的近三分之一，并受中国教育电视台邀请作客《请教请教》栏目，分享他们的家教经验和育儿体会。

（注：本文曾于 2017 年新教育实验区工作会议上交流。）

# 5　幸福完整的区域教育之路在这里延伸

——泰州市姜堰区新教育实验叙事

蜚声中外的教育专家朱永新教授发起的新教育实验，历经 16 年的研究和推广，业已取得了令人瞩目的成绩。全国范围目前已有 100 多个县级实验区、3000 多所实验学校、320 多万师生参与其中。姜堰实验区作为全国新教育实验最早的实验区之一，无论是新教育星火初燃的过去，还是如火

如荼的现在，姜堰新教育都产生了积极的影响，既为提升全区教育的整体实力发挥了重要的推动作用，也为全国新教育实验的推进提供了可资借鉴的经验。

## ▶ 一、 情缘相连，幸福完整的区域教育在此启航

地处苏中平原的江苏省泰州市姜堰区（原姜堰市），历史悠久，人文荟萃，文化底蕴深厚，素有教育之乡的盛誉。早在20世纪八九十年代，作为姜堰前身的泰县，连同周边的泰兴和当时还是县级市的泰州，以高考为标志的“三泰”教育就已声名远播。但当初外界似乎有不少人潜意识以为“三泰”质量是以拼时间拼消耗的应试手段“压”出来的。殊不知，姜堰（原泰县）的教育人素有重视素质教育的传统。他们深知，所谓教育，从根本上来说，是需要“用心”的教育，需要切实关心学生的全面发展，需要走进学生的心灵，真正关注学生将来走上社会所需实际能力的培养。他们一直秉承素质教育理念，始终高度重视教育事业的可持续发展，积极参与和全面推进课程改革及课堂教学改革，尤其是中小学阅读课程的开设、综合实践活动的开展，有效提升了姜堰教育的整体实力及发展后劲，赢得了社会的广泛认同和赞誉。

2001年金秋十月，时任姜堰市教育局党委委员兼教研室主任的李宜华出差到苏州，遇到了时任苏州市副市长的朱永新教授。相通的教育情怀，将地位身份不同的两个朋友紧紧地联系在一起。李宜华了解到这位学者型官员已经就理想教育主题有了广泛的调研、深入的思考和清晰的思路，敏锐地意识到朱永新教授的研究成果有可能成为促使姜堰教育进一步迸发活力和再创辉煌的强大助推力。当即打电话向时任姜堰市教育局局长张逸群报告有关信息，并征得张局长同意，面邀朱永新教授尽快到姜堰讲学。一个月后，朱永新教授专程来到姜堰，为全市中小学校长和城区骨干教师代表作关于理想教育的报告。这对姜堰市的广大教育人来说，无异于一场春雨，新教育理念的种子也随之悄然播入姜堰教育人的心田。

2002年，经李宜华提议、张逸群同意，姜堰教育局向全市中小学校长和学校赠送了朱永新专著《我的教育理想》。书中关于切合中国国情的理想教育美好蓝图的描绘，引发了校长、老师们强烈的认知共鸣和浓厚的学习兴趣。在此基础上，李宜华带领一批有着迫切改革愿望的校长、主任，赴海门参会，聆听朱永新关于理想教育的“布道”；去昆山玉峰实验学校考察，接受第一所新教育实验学校的熏陶，并放眼省内外先进地区，“走

出去、请进来”，广泛汲取一切有利于推进教育教学改革的理念认识和经验举措。深入的学习思考使姜堰教育人清醒地认识到，当时已在百家争鸣背景中崭露头角的新教育课题研究所具有的高品位特点——不以盈利为目的而前瞻引领教师行进方向的公益性，有效指导一线师生切实行动的可操作性，基层学校师生能够准确理解和广泛参与的普及性。他们意识到该项实验的长远价值，就此点燃了“新希望的火种”。姜堰全面引入的新教育实验，以其全新的教育理念、“草根式”的研究方式和对教育理想的追求，引发了姜堰教育人追寻理想的高度热情，激发了他们参与新教育的极大兴趣，新教育姜堰实验区就此开始运作，并于2004年5月得到新教育总课题组的确认。凭借着教育局长的强力支持和骨干教师的强劲支撑，姜堰的新教育人掀起了姜堰新教育的强大风暴，从此开始了全新的“诗意行走的日子”。他们在实践中体会到，真正的行动过程和经验积累，本身就是莫大的收获。他们有效坚持了以典型示范引领、以实效全面动员、以实招抓薄弱环节，以及全身心共建教育家园的稳步推进思路。新教育实验在姜堰的全面启动，不仅有效推动了姜堰全市教育科研和教育教学改革进程，更为增强全市教育发展后劲创造了新的提升空间和有效载体，学校面貌进一步焕发了无限生机：改变了教师的行走方式，新教育正在成为教师实现专业发展的理想舞台；改变了学生的生存状态，新教育正在成为学生享受成长快乐的理想乐园；改变了学校的发展模式，新教育正在成为学校优化教育品质的理想平台；改变了传统的教育科研范式，新教育正在成为新教育共同体的“精神家园”和共同成长的“理想村落”。

## ▶ 二、 扎实行动，区域教育的幸福完整成效斐然

在21世纪初那几年的新教育实验道路上，姜堰新教育人在全面参与新教育实验六大行动的基础上，主动接受新教育发起人朱永新和总课题组秘书长储昌楼，以及李镇西、张荣伟、袁卫星等新教育专家的指导，根据教育规律并结合自身实际，走出了自己的特色道路。

一是继承发扬姜堰坚持多年的组织实施课内外阅读欣赏之传统做法，大力“营造书香校园”，创造性地做实了关乎育人成败的这篇硬文章。他们除了采取多种举措夯实阅读，还编写了地方课程系列教材《素质教育小丛书》《阅读大综合》《综合实践活动》《三水鹿鸣》等，包括科学知识、语言特色、风俗习惯、道德传统、自然资源、商贸发展等地方文化内容，

还编写了开展综合实践活动的指导纲要和活动方案等。这些地方教材是姜堰特色素质教育的丰硕成果。

二是紧紧抓住提高教育质量的主阵地，切实“构筑理想课堂”，从践行和理论两个方面做透了作为教育永恒主题的这篇大文章。不仅深入地解读了朱永新关于理想课堂的参与度、亲和度、自由度、整合度、练习度、延展度，还从教师教学设计、师生和谐互动、学生深度参与等三个层面一一加以落实。总结骨干教师的实践经验，教育局及时制定了规范教学行为的《姜堰市中小学学科教学常规》，编印了指导教师教育科研实践的《姜堰市中小学教科研手册》和汇聚姜堰教育人智慧的《构建姜堰特色素质教育课堂教学模式研究成果集》。同时，还要求新教育实验学校教师常年坚持写读书笔记、教育随笔，定期开展读书沙龙。行知实验小学将“写随笔”与“小课题研究”有机结合起来，该校教师在时任校长祝中录的带领下，短短几年就在《江苏教育》等20多种较高层次刊物上发表400多篇教育教学文章。

三是因地因时制宜关注信息技术运用，带头开展数码社区建设，下气力做足站立教育发展前沿必备的新文章。姜堰要求各学校结合本校本地实际，努力实现教育资源的网上共览共享，以新教育的师生电子档案记录师生成长足迹，确保课题过程性网上管理和师生及时有效网络沟通。里华中心小学于2003年秋就成立了人手一机的信息班，进行共创动画、电子小报、信息技术奥林匹克、汉字输入等方面的训练。信息技术的运用，既有利于师生营造学习情趣、丰富校园文化内涵，又促进了信息技术与学科教学的整合、教学方式的根本变革，由此构建了以学生为中心，以学生自主学习、自主参与、合作探究为基础的全新教学模式，赢得了新教育发起人朱永新和总课题组专家的高度赞赏。姜堰市也在2005年4月成为全国新教育实验数码社区项目会议的举办现场。

新教育实验在姜堰的全面推进，推动了不同层次学校的突破性提升。教学质量在全市初中名列前茅的姜堰四中，从未因为既有成绩而沾沾自喜，一直坚持不断寻找发展后劲和新增长点。校长钱岗带领师生，在“营造书香校园”“师生共写随笔”“构筑理想课堂”等新教育实验行动中，形成了自身特色和品牌，尤其是理想课堂研讨取得了卓有成效的成果，引起了新教育实验总课题组和媒体人张静虹等的关注，数次安排相关专家前来调研和指导。王石中心小学是一所普通农村小学，办学条件很差，硬件设施滞后。教师们凭借“教育在线”论坛平台，开展网上课改沙龙，倾情打造专业成长共同体，新教育实验改变了他们的行走方式，更让学生们迅速成长。教师们也开阔了眼界，发展了自我，仅新教育实验启动的第一个年头，教师队伍不过数十人的王石中心小学，就在省级以上报刊发表论文、随笔70多篇，学生的习作也屡屡获奖、频繁发表。该校还建立了“新教育实验成才俱乐部”，开展“农村学校师生在新教育实验中的成长”研究，积极打造学习型学校，构建人文和谐的校园。该校多名教师飞跃成长、脱颖而出，成为全市瞩目的人才，林忠玲、窦峰等新教育骨干分别成长为领导干部。

姜堰新教育人颇有特色的经验做法得到了新教育实验总课题组的充分肯定，实验成果引起了教育界同仁和社会各界的广泛关注，江苏省《成才导报》曾予以整版报道。福建教育出版社2005年出版的《与理想同行："新教育实验"指导手册》，收录了来自姜堰的若干资料，包括里华中心小学“建设数码社区”的实验方案，教育局教研室就组织新教育实验区、推进新教育研究和实验区管理而先后下发的文件，以及教育局教研室主任李宜华执笔的“建构理想课堂——永远的大文章”论文。李宜华还应邀在海门年会作“关于有效教学与理想课堂的研究与思考”的专题报告，这些都有效提升了姜堰教育在较大范围的整体影响力。

## ▶ 三、 缘分延续，幸福完整的区域教育朝向完美

随着新教育实验在姜堰的深入开展，新教育人队伍自身也在快速成长。姜堰引进新教育以来的十六年，就有十多名教师成为江苏省特级教师，更多人成为各级各类学校的掌门人和姜堰乃至省内外同行的领头羊。现任教育局副局长林忠玲，也是在追随、践行新教育的过程中成长起来的优秀管理者。他的身上没有某些领导难以掩盖的“官气”，有的只是书香以及对教育事业一以贯之的理想和情怀。无论是阅读他的文字，还是与之对话交流，都能够从其字里行间或言语表述中感受到浓浓的教育理想和钟情教育的浪漫主义情怀。在与新教育相遇以后，他的理想与情怀可谓是找到了归属。2016年7月，在参加了新教育实验诸城年会之后，林忠玲在自己的博客中写下这样的文字：看到新教育年会的场景，我理解了麦加朝圣信徒们狂热的崇拜情结。

从21世纪初到现在，林忠玲由一个旁观和初步参与新教育的一线教师，到深度参与并介入管理的教育局办公室主任，再到主导方向创新设计

的教育局副局长，他对新教育的情感和认知，也由了解、理解，到认同、追随，再到迷恋和推广，完成了由新教育的旁观者到思想者，再到参与管理者，直到全区新教育灵魂人物的角色转换。来自农村基层学校的林忠玲，从2002年起开始接触新教育。他起初作为旁观者，主要是参与服务的过程中看别人做新教育。勤于思考善于思考的林忠玲，在读到朱永新先生的《我的教育理想》之后，很快领略到新教育理念的无限魅力，成了积极参与和寻找灵感的新教育尝试者，主动借助各种机会参与本市新教育实验区的研讨交流及参观考察活动，并在“教育在线”开通的个人博客上不断发表很有见地发人深省的博文。林忠玲在走上教育行政管理岗位后，很快成为全区新教育的引领者和指导者，大力倡导了带有新教育烙印的一系列教育创新项目，有效带动了区域内越来越多的教师和校长走上新教育平台。近年来，被媒体广泛关注并成为区域教育品质提升新“利器”的“国家课程校本化”“完美文化创建”“评价方式改革”等项目，以及随之产生的举措，诸如“创新班”“完美办公室”“完美教师”“快乐游考”“梦想教室”等，都将成为标志姜堰教育发展史上阶段性特色成就的关键词。

林忠玲的前行路径清晰地告诉人们，新教育人主观上是在积极充当坚持不懈的擦星族，事实上在新教育进程中首先改变的往往是那些行动中的教师自己。林忠玲在接替调离姜堰的李宜华成为姜堰实验区灵魂人物后的新成绩就更能够说明，一个人的生命只有融入更多人的生命才能够真正地获得更多的意义。

“为姜堰教育加油！期待第一个区域新教育实验样本绽放新的精彩。”2016年8月23日，在得知姜堰区召开了新教育实验工作推进会的消息后，新教育实验发起人朱永新先生立即发了这样一条微博。可以说，作为“教育高地”的姜堰，其有关教育的一举一动总是受到方方面面的关注。一个实验区的推进会之所以得到朱永新先生的及时关注，这背后其实是姜堰教育人在新教育实验道路上数十年如一日的坚守与耕耘，走出了一条区域特色明显的道路，有效地推动着区域教育品质的持续提升，也在不断擦亮着姜堰教育这块含金量非常高的“金字招牌”。尤其是林忠玲领衔姜堰新教育之后，团结和引领姜堰新教育人继续不断播撒着幸福教育的种子，取得了引人注目的新进展。

综观林忠玲近年来引领姜堰实验区新教育事业的历程，可说是步步有收获，年年有提高。

著名管理学家余世维先生曾指出，一流的企业讲文化，三流的企业讲产品。这一道理同样适用于教育管理。林忠玲就认为，一流的教育必须充分关注学校文化建设。在他的榜样作用和强烈推动下，很多校长都深切感受到了文化改变学校的力量，都在通过不同角度、不同举措对校园文化进行提炼、包装、实践。事实上姜堰实验区也已有一批学校借助文化的力量，改变了学校原有的气质。如区实验小学的差异文化、童趣文化，东桥小学的“尚美”文化，罗塘小学的“乐”文化，白米中心小学的“和雅”文化，桥头小学的“状元”文化，俞垛小学的“三味”文化，大伦小学的“崇实”文化，张沐中心小学的“润”文化，兴泰小学的“勤真”文化等，所有这些都为学校办学品位的快速提升起到了无可替代的作用。有此基础，林忠玲不失时机地召开校长例会，再次就文化建设这个话题进行研讨和点拨，其目的就是为了唤醒所有校长的文化自觉，让所有学校都借助文化魅力，建设一个有真正内涵品质的校园。

打造幸福完整的教育生活，首先需要关注教师的幸福朝向。林忠玲领衔的姜堰实验区管理团队认为，在教师的职业生涯中，有很多的时光要在一个叫作“办公室”的地方度过。在这里，每天需要处理大量的教育教学事务，需要主动或被动接受来自同事发布、传播的各种信息，需要不断调整喜怒哀乐的情绪。可以说，办公室不仅是教师的工作坊，而且是教师人格历练、成长的地方，是教师精神的栖居地。从某种意义上说，办公室里的幸福指数，直接影响着教师的职业幸福指数。但是，理想与现实总有距离。在办公室这个小社会里，人们也会经常看到、听到形形色色并不完美的信息，甚至会严重影响和谐教育的氛围……因此，作为推进和引领姜堰完美教育系列行动的重要组成部分，实验区管理团队通过方向思路指点、校长例会推动、典型示范引领和考察研讨交流等举措，极力推进完美办公室建设。姜堰区很多学校都为此进行了有益的探索，比如市实验小学形成了一套关于完美办公室创建的评比标准，东桥小学明确了“十个一”的建设要求，等等。总结各学校的成功经验，姜堰实验区提出了完美办公室应该注意的“四个维度”朝向：完美办公室应当朝向环保、朝向和谐、朝向敬业、朝向书香。实践证明，完美办公室建设，确实有利于教师们享受教师职业的快乐，在自己的办公室过一段幸福的教育生活。

旨在走进学生心灵的教育，需要教师的真正用心。林忠玲认为，学校教育要走进学生心灵，必须认定和坚持教育的应有轨迹，始终向着儿童生长的方向。他指出，作为理性的教育管理者，我们应该经常思考：什么才是真正的学校教育？今天的学校教育缺失了什么？孩子成长的密码是什么？他强调，教育最初的含义，就是把穴居人从蒙昧中唤出来。都知道教育的原点是“育人”，“育人”就是对完满、完美、完善的追求，对智慧、理想、幸福的瞻望，对人性、生命、灵魂的思考。针对很多有识之士关于教育要回归原点、追求本真的呼吁，他提出，理想的学校教育，应该能为儿童远行点亮几盏灯：好习惯这盏灯，可以让学生走得更从容；好德性这盏灯，可以让学生走得更完美；好体质这盏灯，可以让学生走得更轻松。理想的学校教育，应该留给儿童最美好的回忆，为此要从建立良好的师生关系做起，要从建设有品位的校园文化做起，要从改造家长的教育方式做起。针对自己研究更多的小学教育，他认为，这在当下基础教育体系中，是可以偏偶一方、可以宁静地思考、可以仰望教育理想天空的地方。因此，理想的小学教育，应该成为儿童的一段快乐旅程：让学生过一段快乐的小学生活，应该还他们以自由，还他们以自信，还他们以自强。

姜堰实验区的管理团队有一批全身心追求完美的理想主义者。在众多的关于教育的定义中，姜堰人最认同这样的说法：“教育就是帮助人找到幸福生活的路径。”正是基于对教育本质的追问，借鉴新教育实验“完美教室”建设行动，姜堰新教育人于2013年提出首先在全区小学打造（稍后几年开始向中学辐射）“完美教育”的文化追求，力求营造一个相对完美的教育文化场，让学生体验到学校生活的幸福和快乐。

## ▶ 四、 文化创新，区域教育的幸福完整生机无限

新教育在姜堰的实验样态，并非完全的拿来主义，他们创造性地实现了新教育理念与姜堰教育实际的完美结合。姜堰教师发展中心教科部主任杨爱军这样概括林忠玲主持的姜堰新教育工作：“对姜堰而言，与新教育‘相遇’是机遇，在这么多年的实践中，我们不断从新教育汲取我们发展所需要的养分。但是，我们也知道，再好的理论指引不可能完全和区域实际相契合，为此，我们一直在践行新教育的过程中，注重创新，走出了一条带有明显姜堰印记的新教育之路。”对照新教育实验提倡的十大行动，姜堰新教育人结合区域实际，提炼出了本土化的“十个一”目标追求，即一书一世界、一人一博客、一周一行走、一生一舞台、一课一风格、一人一平板、一月一主题、一班一风景、一人一课表、一校一时空。在“十个一”的指引下，学校在改变，教师在改变，学生在改变，幸福教育的这“一池春水”也就更加顺畅地流淌了起来，由此形成了颇具特色的姜堰新教育的

实践样态。其最鲜明的特色，在于阅读支撑、课程支撑、评价支撑。

一是阅读支撑：姜堰“大阅读”——“营造书香校园”到共建书香社会。姜堰“大阅读”少了些作秀的味道，多了些接地气的行动，目的是让孩子们在黄金时期养成阅读习惯，积淀一生受用的营养。走进姜堰学校，在校园走廊、楼梯拐角处随处可见阅读空间，触手可得的阅读环境，营造了浓郁的书香氛围。基于师生共读及老师学生与家长共读共写的需要，姜堰专门打造“凤凰读书吧”栏目，掀起全民阅读。“凤凰读书吧”尽管很年轻，但期期精彩，录制现场常常“一票难求”。视频资源不仅在电视台滚动播出，影响社会受众，也为校园深度阅读提供了高质量的资源。著名儿童文学作家黄蓓佳说：“一个孩子脚下垫上 10 本书，表明他已经掌握了通向成人世界的密码；一个孩子的脚下垫上 100 本书，他就可以和成人一样平等对话；一个孩子的脚下垫上 1000 本书，他的精神世界该是怎样的强大!”

二是课程支撑：课程资源整合——“研发卓越课程”到国家课程校本化。有怎样的课程，就会有怎样的儿童生活；有怎样的儿童生活，就会有怎样的儿童成长方式。姜堰新教育人以完美课程作为献给学生最好的礼物。他们“研发卓越课程”的切入点，是他们探索和设计的、旨在让学生有更多机会“聆听窗外声音”的“一周一行走”，包括“灵动周三”综合实践活动课程、“多彩周五”社团活动课程，以及“先富起来”的国家课程校本化创新实验班。他们认为，看一所学校的优劣，取决于能不能提供好的课程。姜堰区实施国家课程校本化的创新班，有娄庄中心小学夏萍萍、沙素兰老师的“绘本慧心阅读”创新班，实小康华校区郭建珍老师的“诗经文学审美”创新班，东桥小学北校区王娟老师的“快乐诗教”创新班，东桥小学南校区黄志娟老师的“比较阅读”创新班，南苑学校殷春圣老师的“主题阅读与专题日记智慧相融”创新班，罗塘小学张益明老师的“自然阅读”创新班，张沐中心小学孙凌云老师的“卓越口才演讲”创新班，实小北街校区王芳老师的“微写作：融通教材习作与儿童生活”创新班，实小北街校区刘丽萍老师的“雅趣汉字教育”创新班，实小三水校区花宏老师的“思辨读写教学”创新班，实小城南校区王琴老师的“主题读写教学”创新班，行知实小韦红老师的“童话剧课程”创新班等。

三是评价支撑：姜堰完美教育——“缔造完美教室”到完美文化系列。推进“为了一切的人、为了人的一切”的教育，需要有创新评价机制的保驾护航。受新教育“缔造完美教室”行动的启发，姜堰新教育人在全区实施构建完美教育文化系统工程，涵盖了完美教室、完美办公室、完美课程、完美教科研等系列。每一个完美教育项目，都出台了相应的标准，推出了先行现场。姜堰新教育人让“完美”成为教育追求的关键词，符合学生天真无邪的自然属性，符合教育向真向善向美的本质要求。没有最好，只有更好！哪怕永远也不可能实现“完美”，但是只要坚持行走在追逐的路上，就能为学生营造一个更好的教育文化场。到2016年底为止，姜堰实验区已经命名了300多个完美教室、100多个完美办公室。

姜堰新教育实践样态远不止上述三层，其他还有许多。比如，教育博客——“师生共写随笔”。呼应新教育“师生共写随笔”行动，他们近十年经营的姜堰教育博客，先后有5000多个注册用户在此登录，有数百名活跃的博主在自己的“责任田”里耕耘着。他们已经先后组织四届博客大赛，出版了《三水师韵》优秀教育博文集。不少老师就因课余时间栖息教育博客，改变了人生的轨迹。在江苏省首届师生原创诗歌散文大赛上，全省十个一等奖，姜堰拿了三个。区二实幼倡导全员开博，那些朝气蓬勃的合同制女教师，文字一天天由稚嫩变成熟、到深刻。她们中先后有十多人，通过招考由体制外跻身体制内、实现华丽转身，这与坚持博客写作不无密切关系。再如，智慧课堂——“建设数码社区”。他们知道，任何一个教师都超越不了互联网上那个潜在的教师群体的力量。2005年，姜堰承办了新教育“建设数码社区”的全国性会议之后，他们一直在经济基础并不厚实的宏观大背景下，逆风前行，寻找传统教育与互联网教育的最佳接口，由此在江苏全省率先推动“云桌面”落地。到目前为止，已经建成1600多个云桌面，为校园计算机更新换代提供了一种新范式。在智慧课堂建设上，他们牵手上海真爱梦想基金，建成了6个梦想中心（还有10个正在待审中）；依靠家长力量和学校自身的努力，建成了近30个平板实验班。虽然智慧课堂还不能惠及所有的学生，但先行项目的落地，输入的是一种引领价值。信息传输上，他们依托电信，实施“千兆进校、百兆到班”的提速工程，让学校尽可能跟上互联网信息奔跑的速度。再看2016年9月29日的全区“推进每月一事”现场会，该区南苑学校、娄庄中心小学给与会者带来了学校推进每月一事的丰硕成果。特别是地处姜堰东北角的农村小学娄庄中心小学，坚持从细节做起，从小事做起，聚焦学生习惯养成，他们的“孝老敬老”文化节，在全区产生了很好的品牌影响力。如今，“一月一主题”不仅成为学校工作计划的“标配”，也已经深深走进了师生的心中，成为学校发展的文化基因。

2016年8月召开的姜堰实验区工作推进会确定，全区所有义务教育阶段学校整体加入新教育，重新拾起新教育的梦想。这里的决定因素就在于，因为相伴新教育，姜堰教育才有了“教给学生一生有用的东西”的责任担当，才有了朝向完善的激情奔跑。也正是由于姜堰新教育人始终坚持学生为本的理念，才有效促进了姜堰教育整体实力的不断攀升，新教育值得我们每一个姜堰教育人真情守望。同时，也正因为与新教育的美好相遇，姜堰教育的行走姿态才日趋完美，在面对“你们除了有分数还会有什么”的追问时，多了一种底气、一份自信。作为全国新教育最早的县域实验区之一，姜堰区一直将新教育行动策略研究作为推动教育发展的推进器，不断探索实施新途径、新策略，在课程整合、习惯养成、班级建设、文化建设、教师成长等方面不断推陈出新，尝试完美教室、卓越课程和榜样教师等项目的举措都别具一格、成效显著，由此优化了教育环境，提高了教育质量，提升了教育品质，在泰州市内外乃至江苏省内外都产生了良好影响。自21世纪之初姜堰组团参加新教育实验以来，号称文化大省的江苏省的高考状元，先后五次花落姜堰。事实验证了新教育人的豪言：我们不追逐考试，但是我们绝不惧怕考试！“笑傲江苏”的高考成绩，就是新教育实验行动给我们的额外奖赏。

现在的姜堰新教育实验工作，实验团队坚持从本地本校实际出发，彰显自身优势，做到了“一校一品牌”。在此基础上，整个实验区的大阅读活动、完美教育系列活动、国家课程校本化工程，以及“每月一事·习惯养成”等，都已经形成良好的社会效应。仅2016年，就有省内外六十多批次的考察团队，前来姜堰学习汲取组织“大阅读”等先进经验。新教育近几年的年会也成为姜堰的“秀场”——张甸初级中学徐秀忠老师的班级被评为2015年度全国十佳完美教室，区第四中学石建华老师被评为2016年度全国榜样教师，白米中心小学潘兆良老师领衔的“童画课程”入选2016年度全国十佳卓越课程，更有第二实验小学康华校区、区实验初中、行知实验小学以及朱海燕、丁娟等多所学校、多位教师被评为新教育实验“优秀学校”和“先进个人”。

“对于新教育实验工作，姜堰在历史源头上就与‘第一’有着紧密的联系。在今后的工作中，尤其在区域教育文化的提升和传播上，我们有底气坚信，还能创造更多的‘第一’，打响我们的教育品牌，不断为新教育实验贡献我们的‘姜堰智慧’。”姜堰区教育局局长武晓明对于姜堰未来的新教育实验工作充满信心。

（注：2017年5月，姜堰实验区供稿。）

## 6　行知观照，理想攀高，新教育完美缔造

### ——南京市栖霞区新教育实验叙事

如果说，人生是一场盛大的遇见，那么，全国新教育年会，就是这场遇见的最美庆典！来自全国各地的新教育同仁、新父母同仁，在第十七届全国新教育年会，在伟大的人民教育家陶行知生活教育的发祥地，彼此遇见，这是新教育人的幸运！这场相遇，是对陶行知先生所期许的“通过四通八达的教育，创生一个四通八达的社会”的创造发展，发展出“四通八达的新教育，创生了一个四通八达的新栖霞”。

2011 年 12 月，栖霞与新教育重镇海门实验区牵手，栖霞教育局开始选派一批又一批校长、主任、教师远赴海门现场参观学习，接受培训，同时还积极联合海门教育局，借力海门教育团队，在栖霞办高中班、办初中校。栖霞教育局不仅与海门名校签约结对，还主动邀请海门的名师名校长来栖霞传经送宝，引领栖霞教育人了解新教育，走进新教育，践行新教育。

2013 年 7 月，在萧山新教育年会上，栖霞正式加盟新教育，成为新教育实验区。新教育种子，以喜结良缘的方式融合“行知思想”，在栖霞大地上落地生根，勃发生长，并以鼎立磐石的顽强，托起栖霞教育转型发展的崛起之梦。

2016 年 7 月诸城新教育年会，栖霞教育人以无比自豪的心情，接下 2017 年新教育年会的会旗。一年来，“自新、全新、常新”的行知思想，观照了新教育实验的每一步旅程，从机制到实践，从路径与方法到品牌与文化的创生，从年会的缜密筹办到专家团队的全程引领，无不丰盈着新教育的内涵，拓展着新教育的外延，厚重着新教育的田野精神与草根情怀，幸福出栖霞教育的明亮那方。

朱永新教授说：“最好的教育，是让家庭和学校成为汇聚美好事物的中心，让孩子在其中，不断相遇，不断寻找，找到自己，然后成就自己。”这无疑解锁了留守生活时代、城市化迁徙时代的教育大门，让栖霞区域教育改革基于一个时代现实问题的解决，以家校携手同行的方式，攀登教育的理想。

## 一、 责任与使命

1. 地域文化传承的责任与使命。

南京，古称金陵，又称博爱之都，是中国四大古都之一。“一座栖霞山，半部金陵史”，栖霞教育以独特的磁场，得博爱涵养，拥山水之胜，负人文情怀，兼六朝风韵，居名山文化，藏纳着历史与人文的奥秘、演绎着生命与创造的神奇。佛教文化、红枫文化、石刻文化，乃至大江文化、帝胄文化、考古文化、地质文化、民俗文化、摄生养生文化，无不以家校共育的方式，与新教育魂魄相依，涵养着栖霞教育的优质发展。“江南佳丽地，金陵帝王州”，数不尽的风流人物，同世世代代人民群众携手同行，在栖霞这片天高地广、江山如画的教育田野里，共同演绎生活的美好与生命的强大，为六朝古都的千秋典册留下了家校社共育的峥嵘岁月！以传承与发展地域文化的方式，践行新教育，丰富“家校合作共育”的内容与途径，谱写出一曲又一曲栖霞践行新教育的华美篇章。

2. 教育文化基因传承的责任与使命。

栖霞教育文化的基因有很多，起主导作用的是陶行知的生活教育理论。陶行知提出生活即教育，指出生活与教育是同一过程，教育不能脱离生活，生活也不能脱离教育；有什么样的生活就应有什么样的教育，教育的内容应根据生活的需要而选择。其实陶行知的生活教育理论是新教育的理论源头之一。新教育主张过一种幸福完整的教育生活，与陶行知主张的“用四通八达的教育，来创造一个四通八达的社会”，有异曲同工之妙。而生活离不开家庭、学校、社会，所以说，家校共育是教育的应然。因为今日之学校，是明日之社会！显然，新教育是生活教育的一种时代觉醒。新教育来到栖霞，其实就是一个故里寻根的过程。同样，新教育人来到栖霞，就是一个重回故里的旅程。栖霞新教育人以高度的责任感与主人翁意识，以学习、践行、发展新教育、创新新教育十大行动的方式，弘扬与践行陶行知的博大精深，让栖霞大地，桃花满园，桃林浸染，陶果丰硕，桃李满天下！

## 二、 创生与发展

新教育实验，不是简单的标语张贴，更不是“十大行动”简单的拿来就用，而是坚持“博学之，审问之，慎思之，明辨之，笃行之”的实践与反思，是直面区域教育改革发展中现实困境的突破而创生与发展的行动。

1. 行政推动。

栖霞新教育，之所以红红火火，是因为有区委区政府的大力支持，有教育局领导班子对新教育的坚定与笃行，有教育局局长室亲自抓管，有教育局基教科、教师发展中心、学校等逐层的强力推进。区教育局每年的工作计划、总结、布置会上等，都将新教育列为区域教育工作的重中之重，并组建专业团队研制新教育实验区域推进实施方案，做到政策有倾斜，制度有保障，活动有方案，推广展示有平台，成果成效有奖励。

2. 研训驱动。

新教育实验，不是自上而下的发号施令与强制灌输，而是基于价值与意义的自觉认同与实践。研训驱动就是形成价值自觉认同与实践的发动机。我们充分发挥区教师发展中心的组织与引领作用，每年都整体规划，系统安排区新教育代表队，参加新教育年会、实验区工作会、海门开放周活动、国际高峰论坛等主题活动，用以会代训的方式，及时领会新教育研究院的最新精神与行动纲领。目前，每所实验学校结合区情与校情创造性地推进新教育实验工作，助推学校内涵的提升与特色的彰显。

连续四年，我们每年都坚持在8月中下旬开展新教育专项全员培训会，每年都坚持开展新教育实验区域推进会、举办新教育实验成果展示现场会、组织新教育实验项目调研主题论坛，坚持以贴近教育新常态的主题研训活动为载体，带动全体教师深度卷入新教育，感受新教育的美好与神圣，自觉自愿践行新教育，传播新教育，热爱新教育，丰盈新教育。

3. 整体联动。

加盟新教育以来，栖霞新教育实验以课堂为阵地，以课程为纬度，以师生成长为内核，注重整体联动发力。一是与海门实验区联动。主要以海门为榜样，紧跟海门实验的步伐，在新艺术教育、新生命教育、每月一事、“家校合作共育”等项目上，开展行动研究。二是共同体联动。我们在中小幼皆分别设立中、东、西三个教育共同体，围绕完美教室、家校共育、书香校园、理想课堂等项目，定期活动，重点突破，相互借鉴，协同攻关。三是注重新教育十大行动间的联动。新教育实验不是十大行动的简单总和，而是十大行动间的相互作用、相互联动的内在总体。我们深入研究，发掘其内隐的关系，相互联动。近年来，以家校共育为统领，点面结合，整体联动，实现十大行动间的理念共通、实践共生。从百花齐放的卓越课程到赏贤启智的理想课堂，从四季花开的书香校园到生命勃发的完美教室，从广开视野的窗外声音到全息呈现的数码社区，全面推进新教育实验。

4. 特色带动。

新教育认为，特色就是卓越，就是让每一所学校都有自己独特的教育表达方式与行走路径。连续四年，我们面上部署，线上跟进，点上示范，方案引领，开展系列的特色项目、特色教师、特色学校的评比与展示活动，开创出区域素质教育新景象："国润栖幼""灵动西幼""励进幕小""尚美迈小""星光摄小""尚真华电""爱满燕初""美每花中""智贤伯乐""星光仙林"……如此触动心灵、触动生活、触动生命的教育，栖霞独美。在南师附中仙林学校小学部成功承办南京市特色教育展示现场会，栖霞素质教育誉满南京。朱永新教授曾亲临现场，对栖霞区注重学生特长培养和学校特色发展表示高度赞赏。

5. 家校互动。

"家校合作共育"，是新教育十大行动之一，也是今年新教育年会的主题，更是栖霞教育人近一年来探索与实践的重点。朱永新教授说"'家校合作共育'是未来教育的方向"。在朱教授前瞻性理念的引领下，我们深刻思考区域未来教育的当下步伐：即在合作互动中，坚持学校主角原则，坚持兼容并蓄的全纳方式，广开视野，融合资源，打造项目，精准路径，开放环境，创新实践。

一是理念先行，以课题研究开启家校互动。著名教育家苏霍姆林斯基说过，"最完备的教育是学校与家庭的结合"，而如何结合？我们聚焦出最关键的理念：家校必须合作，教育才能完整；合作必须互动，教育才能平衡。基于区情，我们形成专项课题："区域开展'家校合作共育'的行动路径与策略研究"，并在教育局牵头下，组建专家指导团，聘请朱永新教授、许新海、孙云晓、李镇西、成尚荣、吴勇、殷飞等为专家组成员，定期邀请他们先后来栖霞教育现场做专项指导，亲自为栖霞教师与学生父母开设专题讲座，分享最先进的教育理念，指引教育方向，例谈教育举措。与此同时，各校成立了家校合作委员会，畅通学校、家庭、社会之间的沟通，协同实践。

二是课程统领，以资源拓展促进家校互动。朱永新教授曾指出，新教育实验的完美教室有"两核"，即阅读与家校合作。区教育局大力倡导学校积极发掘、融合家长教育资源、社区教育资源，开发因地制宜的卓越课程，与家长一起"缔造完美教室"、践行"每月一事"、主动共读共写。如附中仙小的《雨竹琴韵》课程、摄山星城小学的《儿童剧》课程、龙小的

《金箔文化》校本课程、迈皋桥中心小学的《尚美小公民》课程、八卦洲中心小学的《鹂岛野韵》课程、伯乐中学的《适性》课程、燕子矶中心小学的《八悦》课程、栖霞中心小学的《“小红枫”养成》课程等丰富多彩的课程，成为家校互动桥梁与纽带，成为家长、教师与孩子一起幸福成长的后花园。

三是课堂延伸，以父母协同深化家校互动。社会即课堂，栖霞区每所学校，都基于学校发展的现实需要，引导父母以不同形式参与学校课堂教学，如：父母开放日，父母随班听课，父母进课堂讲课等，深度拓展传统课堂。与此同时，各校从不同维度，组织新父母志愿者联盟、新父母学堂、家庭教育公益讲师团。八卦洲中心小学的“鹂岛小脚丫”、栖霞中心小学的“小魏带你游栖霞”等第二课堂，充分整合社区、家庭、学校资源，让教育的完整在环保实践、地域文化的传承、海峡两岸的联盟、创意坊等开放课堂中，日臻完善，让父母、教师与孩子一起享受幸福完整的教育生活。

四是制度护航，以细则规范引领家校互动。朱永新教授认为家校合作的制度化在当今还是缺乏的，家校共育仅靠自觉是不够的，需要行政的助推，需要形成区域、学校、年级、班级的家校合作制度，建立新型的家校合作方式。栖霞区完善家委会、家长学校（新父母学校）、膳食委员会的工作制度和细则条例。有的学校还根据需要，研制父母公约、父母手册、父母誓言，明确家庭、教师、学生在家校合作中的责任，让家风、家训、校风、校训自然融通、作用与互补，使教育拥有一个完整意义上的制度环境，为实现家庭、学校教育的协调发展保驾护航。

## 三、 品牌与效应

加盟新教育，使我们在新教育理念感召下拓宽思路，在新的平台上开拓进取，在“十大行动”驱动下共筑理想之梦。名师荟萃，特色彰显，质量攀升，互联网＋教育生命绽放，栖霞教育的品牌与效应，逐步凸显，在全国新教育共同体乃至省市教育界，备受关注，当你在百度或搜狗输入关键词“栖霞教育”，便会发现一些核心期刊、知名网站关于栖霞教育创举与成效的赞誉与推广，层出不穷。

1. 新教育，让栖霞成为教师成名成家向往的乐园。

近年来，在区域师资外引机制的支撑下，省内外一大批名校名优骨干教师陆续入驻栖霞，为栖霞教育的大发展聚集智慧与思想，如先后引进省特级教师 4 人、市学科带头人 8 人、市优秀青年教师 3 人。与此同时，我们注重本土名优骨干的培养，在《栖霞区名优骨干教师考核奖励办法》《栖霞区名优骨干教师培养工程实施方案》等系列举措推动下，自主培养省特级教师 5 人、市学科带头人 7 人、市优秀青年教师 31 人、全国模范教师 1 人、省先进工作者 1 人、省优秀教育工作者 2 人、市“斯霞奖” 2 人、市“行知奖” 2 人。其中，省市区名师工作室的成立与打造，更是使得栖霞教育百花竞放，李宝玉工作室、周云工作室等借用网络平台与学术交流，在全市、全省、全国，都产生一定的知名度。这是 4 年前所无法想象的，新教育真正让栖霞成为了教师成名成家的一方乐园。

2. 新教育，让栖霞成为南京教育界的一个传奇。

只要行动，就有收获；只有坚持，才有奇迹。我们以新教育为抓手，充分发挥“家校合作共育”的资源优势与平台优势，丰盈教学过程，赢得高考质量的连年攀升、中考质量的洼地崛起。其中，中考质量挺进南京市前列水平，更是创造出了南京教育界的一个美丽传奇。与此同时，栖霞素质教育如火如荼，栖霞教育人，通过引进名校合作办学机制，在全区范围内实施特色学校、特色项目、特色教师的评审工作等，创造出“一校一品，一生一长”的区域教育内涵发展新品牌。全区 33 所小学中 80％以上的学校形成了自己的特色品牌，促进各校在课堂教学、教师队伍、校园文化等方面获得跨越式发展，走出一条区域教育内涵发展的特色之路，如南师附中仙林学校小学部的“功夫扇”大型团体操表演和雨竹民乐团“雨竹琴韵”民乐演奏表演，中电颐和家园小学的“剑气颐和”击剑操，晓庄学院附属小学的“活力篮球”，龙潭中心小学的“玩转龙板”，化纤新村小学的“墨舞飞扬”，南京国际实验学校的“哑铃健美操”，八卦洲中心小学的“欢乐腰鼓”，栖霞区实验小学的“盛世龙舞”，燕子矶中心小学的“悦群鼓舞”，摄山星城小学的“萌星剧园”童话剧表演，太阳城小学的“i”创新俱乐部……新教育，让栖霞成为南京教育界的一个传奇。

3. 新教育，让栖霞成为互联网＋教育的美丽名片。

在新教育十大行动之一的“建设数码社区”项目驱动下，栖霞抢抓当下“互联网产业发展热潮”的时代机遇，联动区委区政府、区教育局、区教师发展中心与学校，创新“数码社区”的建设思路，引领栖霞互联网＋教育优先发展。随着南京“互联网＋教育”产业发展论坛在栖霞举办，移动互联网产业基地正式落户栖霞，创造出了互联网共享机制，构建出栖霞

“扩大优质教育资源覆盖面的立体化平台”，教育资源、师资培训、创新创业等合作内容也随之快速集聚，传统学习方式与互联网自主学习方式得以完美融合，其中栖霞教育名师网络授课，以全新的资源配置方式，全面推进栖霞教育产业升级发展。栖霞面向全市、全省、全国承办不同级别的数码社区建设现场会，产生了广泛影响。新教育的数码社区建设，让栖霞成为互联网+教育的美丽名片。

4. 新教育，让栖霞教育的田野芳香四溢。

在全国新教育大家庭中，我们栖霞新教育人始终以优势发展的存在，赢得光鲜的声音与身影：在连续四年的全国新教育年会上，1 名教师获智慧校长奖，1 名教师获智慧校长提名奖，8 所学校获评优秀新教育实验学校，3 个班级获评新教育实验完美教室称号，3 个课程获评新教育十大卓越课程奖，6 个课程获评新教育卓越课程提名奖，2 名教师获评榜样教师提名奖，30 人获评新教育实验先进个人。近 3 年年会与实验区工作会上，栖霞都有基于区域新教育实验经验的分享与展示。新教育，让栖霞教育的田野芳香四溢！

放眼今朝栖霞：特色彰显，内涵提升，名师聚集，质量攀高，课程有专场，海外有声音……新教育，让栖霞教育以弯道超越的方式获得大美发展。在陶行知开放办学的理念召唤下，四通八达的新教育，创生了一个四通八达的新栖霞。

（注：本文为江苏省南京市栖霞区教育局局长徐观林在 2017 年新教育年会，即全国新教育实验第 17 次研讨会上的主题报告。）

## 7　新教育的“桃花源”

### ——新沂市新教育实验叙事

2015 年 7 月 19 日，新教育实验发起人朱永新教授“过一种幸福完整的教育生活”新沂报告会，开启了新沂教育人充满希望的新教育探索之路。

三年来，砥砺前行。成立领导小组、发展中心、研训中心，出台行动方案，系列活动推进，展示活动成果。新沂市教育系统按照“专家引领、打造典型、分批推进、形成特色”工作思路，系统推进新教育实验。新沂新教育人始终坚信——只要行动，就有收获；只有坚持，才有奇迹；只要投入，就有幸福！

三年来，创新发展。成就新沂教育的民间“传说”，打造新沂新教育“百家讲坛”，建设新沂新教育“金色大厅”，设立新沂新教育“诺贝尔奖”，举办新沂新教育“春晚”。

三年来，硕果累累。新沂市教育局在全国新教育实验区工作会议上作“踏歌追梦新教育”的专题报告；新沂加入全国新教育实验区，加入全国家长学校建设实验基地。王智慧成为因新教育走进央视新沂教师第一人。新沂中考、高考成绩连续三年在徐州市领先。

钟吾古国，花厅故郡。三年来，新沂教育人在探索中前行，遵行“人本、求是、创新”的精神，依据“强调个性发展，注重特色教育”新教育特色发展理念，办有温度、有灵魂、有激情的教育，改变着新沂师生的生活方式，演绎着新沂教育的传奇，使得新沂新教育的“桃花源”迸发出勃勃生机，呈现出独具新沂特色的新教育发展样态。

## ▶ 一、 办有灵魂的教育

以心为田，抓质量，回应社会关切；抓素质，回归教育本真；抓安全，确保长治久安，播种幸福，打造新教育“桃花源”飞扬个性。

在跃动的音乐中，彩虹绳、8 字对冲绳、十字交叉绳、交互绳、双跳双飞绳……绳在手中舞，人在绳中跳，绳中更有绳在飞，人外更有人在跳，翻飞的是五彩跳绳，含笑的是阳光少年。这是日前在一所典型的边远农村小学——新安南陈小学上午大课间看到的全校师生共同参与的花样跳绳场面。这充分展示了新教育活动以来，南陈小学特色课程建设取得的成就。

2015 年 7 月，新沂市教育系统全面启动新教育实验。以“十大行动”为抓手，教育局先后在高流小学、春华小学、新沂一中、新安小学、棋盘小学、邵店小学、北沟二幼等学校，举办各种新教育实验现场观摩和特色成果展示活动，助推新教育实验走向深入。

“跳绳是我们学校的传统运动项目，依托这个项目，我们应该能有所作为。”南陈小学马继贞校长决定从跳绳运动入手，走出一条属于自己学校的特色之路。2016 年 4 月该校启动跳绳特色项目开发，动员学生、家长买跳绳，学校以班级为单位，课间练，体育课练，回家练，跳绳运动蔚然成风，受到学生、家长、老师的喜爱，花样跳绳项目终于在南陈小学安家落户，最终成长为该校的卓越课程。南陈小学“以绳健体、以绳增智、以绳促德”，凭借“花样跳绳”特色项目，让校园特色文化融入师生的血液，成为师生自觉言行，凝成特有的气质，让生命“绳”彩飞扬，让教育如花绽放！

像南陈小学一样，全市各校都依托区域文化、学校传统、特色项目优势，创造性建设特色课程、开发项目、打造学校文化，如小湖中学的再塑课程，窑湾小学、窑湾中学的古镇文化课程，草桥小学的综合实践课程，邵店小学的戏曲课程，马陵镇中心小学的红色教育课程，第一中学的机器人课程，草桥中学、城岗中学的学讲课程……

教育局在推进新教育十大行动中，也总是智慧地依托区域教育的实际基础，创造性地开展新教育实验，打造出独具新沂特色的新教育行动项目，探索区域教育发展的创新理念。

1. 机关大讲堂——培育卓越口才的“传说”。

2015 年 7 月，教育局启动机关大讲堂项目，由局办公室通过机关工作群发布学习文章，通过随机抽选和个人自荐确定机关大讲堂发言人。

2017 年 6 月，机关大讲堂进入“2.0 版”，每位同志由原来的照本宣科，升级为大家围坐一起，以沙龙形式侃侃而谈。2017 年 7 月，市教育局又分批特邀中小学校长、幼儿园园长观摩互动。经过两年多的积累，机关同志演讲水平更高了，发现问题、分析问题、解决问题的能力更强了。

2. 家长大讲堂——新沂新教育的“百家讲坛”。

在新沂，有一位在郑州做医药销售主管的学生家长，月收入两万多元。2017 年 10 月，她作为嘉宾参加《家长大讲堂》大型公益节目录制。在和老师以及其他嘉宾一起准备这期节目的同时，她对家长的责任有了深切的认识。录播一结束，她毅然辞去工作，回家创业，陪伴孩子。

教育始于家庭，家校合作是最有效的教育。2016 年 5 月，教育局与市电视台联合打造《家长大讲堂》栏目，该栏目邀请全市知名的教育专家以及优秀的一线教师，以省编第三版《家长必读》为主要教材，按照序时进度，通过不同的课堂主题，分享先进的教育理念，传播科学的家庭教育知识，为家长全方位解读孩子在成长过程中的种种表现，为家长更好的呵护孩子，培养孩子提供科学的指导。

截止到目前，该节目已经在新沂电视台、沂沭网、新沂教育微信、新沂市城市论坛、钟吾网、徐州家教网等媒体平台播出52期，节目播出后迅速进入公众生活，单次点击量最高超过1000万余人次，仅新沂教育微信总点击量就突破3400万人次，不仅在国内，甚至在新沂籍的英国、瑞士、美国等留学生中传播，在社会上产生了一定影响。

3. 教育奖励基金——新沂新教育的“诺贝尔奖”。

新教育实验启动以来，每年9月，新沂市都要举办这样一次盛大的教师节表彰暨教育奖励基金颁奖仪式。新沂人习惯将此盛会称之为新沂新教育的“春晚”。

2017年9月，新沂市第33个教师节表彰暨教育奖励基金颁奖仪式上，共颁发新沂市“卓越学子”、教育管理创新、校园安全管理先进个人、最美乡村教师、卓越教育工作者、卓越创新管理团队六个奖项奖励基金。卓越教育工作者10人，每人奖励人民币5万元；“卓越学子”50人，每人奖励人民币1万元；最美乡村教师40人，每人奖励人民币5000元；教育管理创新奖19人，每人奖励人民币5000元；校园安全管理先进个人100名，每人奖励人民币5000元；卓越创新管理团队奖1个，奖励人民币5万元。

自2013年新沂市教育发展基金会成立以来，在募集教育基金方面，已累计募集社会爱心资金2000万元，每年颁发奖励基金近400万元，更为可喜的是全市各镇（街道）均表示要设立教育奖励基金。奖励基金有效地提升了广大师生的学习热情和工作精气神。今天，新沂人将这项奖励称之为新沂新教育的“诺贝尔奖”。

4. 交响乐园、合唱乐园——新沂新教育的“金色大厅”。

为提振新沂教育人的精气神，展示教育人的多彩生活，展现新教育的活力，市教育局在新沂市利民化工股份有限公司的资助下，于2017年6月成立了新沂市“利民之声”教师合唱团，时刻展示着新沂新教育的崭新风貌，彰显着新沂新教育的勃勃生机，表达着新沂教育人投身教育改革创新的自信、自豪。

2017年3月，市教育局还组建了市少年宫交响乐团。每次新教育重要活动，均能看到这两支队伍的身影，新沂教育人习惯地将其称之为新沂新教育的“金色大厅”。

2017年9月新沂市“利民之声”教师合唱团在徐州市“信念火红”喜迎党的十九大金秋合唱比赛（决赛）、喜迎党的十九大胜利召开徐州市“信念火红”金秋歌会两场活动中喜获金奖。

5. 创造性地推进新教育项目实验。

新沂新教育人在一步步探索行动中，不断丰富自己的教育教学思想，探索新沂新教育创新理念，逐步形成了具有区域文化特征的“质量三观”，即树立全系统质量观，抓质量既要立足当前，更要谋划长远，牢固树立系统思维和全学段“一盘棋”的思想；树立全要素质量观，影响质量的因素是多方面的，整合好教师与学生、课内与课外、运动与艺术、心理与健康、时间与空间、招生与管理、家庭与社会等多方要素，协同共进；树立全员质量观，抓质量不只是校长的责任，教干、年级组长、教研组长、学科老师都要抓质量，包括后勤人员也要有服务质量意识。

新沂新教育人坚持融合推进新教育，坚持把新教育实验与原有教改特色项目融合、把新教育十大行动融合，打造了新沂新教育的“桃花源”。

开展书香活动建设书香校园。阅读筑牢幸福教育的基石。“图书漂流”“好书推荐”“读书心得”“好词妙句佳文摘抄”“天一杯”读书节活动、小学生课本剧展演、全市中小学生现场作文大赛、萤火虫亲子共读乡村行、“知名作家进校园”、全市中小学生阅读竞赛、阅读节颁奖仪式……全市教育系统着力打造书香校园，让孩子们处于一个催人奋进的环境之中，在无穷的读书之乐中变成了“有根的人”。

建设名师成长工程“聆听窗外声音”。2015 年 8 月，新沂市启动名师成长工程。名师成长工程依托省教育学会优秀培训资源，由省教育学会派出专家、导师，对中小学教干、教师共八个班 340 名学员，开展为期三年的培训指导活动。同时组建“教干高研班”“教师高研班”，每班 20 人，打造教干队伍后备资源，培养名优教师。教育局还有计划地组织教师“走出去”学习，远赴南京、无锡、南通、杭州、武汉等地名校，与名校长、名师对接，通过全职顶岗、观摩考察、专家报告、研讨交流、一对一跟岗学习等形式，开阔了教干教师的视野，提升了他们的教学及管理能力。大部分教干高研班学员目前已走上领导岗位，教师高研班成员均已成为教学骨干。他们在新教育实验中始终发挥着领军者、探路者、创新者的榜样示范作用。目前，2018—2020 年第二期名师成长工程正在积极筹备中。

推进“学讲计划”培育理想课堂。我们将徐州市“学讲”课堂融入理想课堂打造中，以“小组合作学习”为核心，以“双制”（学生成长导师制、学生学习伙伴制）为支点，突出学生在课堂学习中的主体性，强调“少讲多练”“精讲精练”，要求学进去、讲出来、练到位，着力打造出具有区域教育特色的新教育理想课堂生态。

## ▶ 二、办有激情的教育

以爱为魂，让“睡着的人”醒来，让优秀的人有舞台，让奉献的人受关怀，激荡精神，焕发新教育“桃花源”的勃勃生机。

万物生长，离不开阳光。新沂新教育“桃花源”的茁壮成长，离不开充足的阳光、水和养料。

1. 教育奖励基金引发蝴蝶效应。

“第一是感谢。感谢上级领导对我工作的信任、肯定与支持，我认为这个奖项既是对我多年工作的褒奖与鞭策，也是对我们学校整体工作的鼓励。我会把这份感谢化为工作动力，力争取得更大的成绩。”市第一中学校长、2016 年卓越教育奖励基金获得者郭振京在颁奖现场表达自己感谢的心声。

在郭振京的带领下，新沂一中积极构建“生态教育”新模式，2017 年高考再创辉煌，学校 6 名学子被复旦大学录取，为此复旦大学给新沂市第一中学发来了贺信。除了教学质量的提升，学校还被选为新教育实验基地、省级机器人课程基地，在全国数学、物理竞赛中 8 人获奖……这些成绩彰显着新沂一中新教育人的磅礴动力。

一次奖励，不只是对其工作成绩的肯定，更是树立起一面旗帜，引领全市教育系统新教育人，立足学校，立足岗位，高远谋划，创新创业。特级教师闫宗学、新沂市高级中学的丁金华、瓦窑中学的腾清、钟吾中学的陈晓慧、邵店小学的叶淑权、行知学校的朱一龙……新沂教育界一批批充满创新力的新教育人越来越多地涌现出来。

2. 新教育实践中收获无穷乐趣。

“本来工作就很忙，现在又要抓好跳绳项目，时间真的不够用”“孩子小，家离学校远，真的没法及时给孩子喂奶。我只有早晨喂过孩子后将奶水吸出，放在冰箱里。等孩子饿了，由孩子奶奶取出来喂孩子，中午再回家喂一次，下午还得这样做……”这是王丽对自己生活的描述。

王丽，新安南陈小学的普通教师。她既是大队辅导员、班主任；又是教研组长、花样跳绳的教练。不管是凛冽寒冬还是酷暑炎夏，早出晚归，披星戴月，白天操心学校的孩子，晚上才有时间照顾自己的孩子。整整一年的时间，她把自己的一切奉献给了花样跳绳和阳光体育运动。

王丽是今年教师节受到表彰的 40 名最美乡村教师之一，教师队伍中有大批像王丽这样默默奉献的人，南陈小学 64 岁的老校长陈国良至今仍坚守在教学一线，小湖中学张金刚老师带病在操场上坚持给学生上体育课。他们有力量，只因为他们每天在新教育实验中收获着人生的意义。

3．学习中激发前进动力。

王传国老师于2016年3月被选拔进入教育局第二期教干高研班，成为教干高研班学员后，他便把自己定位为“教师榜样”。在工作中，他以身作则，除了担任白草小学校长之外，他还任教高年级两个班的语文教学，兼任班主任，在管理任务较重的情况下，他努力上好每一节课，力争让所有的学生能陶醉在课堂中，连续三年被选拔参加徐州市“城乡大课堂”教学研讨活动，执教徐州市级公开课，获得专家的一致好评。在他的带领下，白草小学学风浓，教风严，校风正。谈到学校和个人取得的成绩，王传国总是说：“感谢教干高研班，开阔了我的视野，丰富了我的经历，锻炼了我的能力，培养了我的品格。在高研班的滋养下，我和白草小学以后一定会走得更好。”这样的话，高研班的每个人都想说，去年被评为江苏省特级教师的谭长存老师是这样表达的：“高研班就是我的精神家园，我的加油站，是我腾飞的翅膀。”

4．交流中收获智慧碰撞的喜悦。

高级中学丁金华校长对第五期“校长沙龙”印象深刻，他说：“这次校长沙龙，无论内容上还是形式上都有了较大的创新，由过去一个人的舞台变成一个团队的平台，让大家享受了一场丰盛的文化大餐。”2015年以来，市教育局组织了校长、教干沙龙，骨干教师座谈会，局长会客厅，客籍教师座谈会，乡村教师座谈会等各种交流活动20余次，每一次活动都使参与教师、教干实现思想的碰撞、智慧的交锋，收获着成长的喜悦。

5．在榜样示范中树立前进的目标。

为扎实推进新教育实验进程，提升“缔造完美教室”实验项目质量，2016年6月14日上午，市教育局于棋盘镇中心小学举办全市新教育实验“缔造完美教室”现场推进会。

现场会上，与会人员共同观摩了棋盘小学蜗牛班《让每一只蜗牛幸福成长》的教育叙事。“初生的蜗牛”“爬行的蜗牛”“成长的蜗牛”“七彩的蜗牛”，教育叙事共分四个篇章，以情景剧、课本剧、特长展示、师生共读等丰富多彩的形式，分享了蜗牛班的教师和小蜗牛们在“缔造完美教室”中的成长故事。

榜样的示范作用产生了强大的推动力。2017年初，各校完美教室如雨后春笋，快速成长起来，如北沟第一幼儿园花儿班、高流镇中心小学阳光班、时集镇中心小学彩蝶班，等等。以示范活动推进，全市教育系统培育书香校园，打造理想课堂……榜样起到了很好的推动作用。

6. 行政推进中凝聚整体的力量。

2015年9月23日，新沂市召开新教育实验动员大会，成立了新教育实验领导小组和新教育实验研训中心，制定了《新沂市新教育实验行动方案（试行）》，确立了“专家引领、打造典型、分批推进、形成特色”的工作思路，新沂新教育实验正式拉开帷幕。该方案出台后，很快影响到教师日常生活的方方面面，让他们成了教育教学的“有心人”。经过3年实践，新教育的“核心理念”“十大行动”“四大改变”等已融进了大多数教师的生活之中，他们边工作、边学习、边反思的意识明显增强，成了具有“田野精神”的“研究者”，教育教学水平和科研能力也有了明显提高。为了强化行政引领，从2016年开始，教育局每年都要围绕新教育实验开展评选“十佳榜样教师”等专项活动。

“让‘睡着的人’醒来，让优秀的人有舞台，让奉献的人受关怀”，以爱为魂，激荡精神，克服职业倦怠，唤醒教师理想信念；搭建成长舞台，引领教师专业成长；倾注人文关怀，激发教师工作热情。这些举措正在焕发着新沂新教育“桃花源”的勃勃生机。

## 三、办有温度的教育

以“绿”铺陈，无限相信学生的潜能，无限相信教师的智慧，无限相信家长的力量，和衷共济，再谱新沂新教育“桃花源”的辉煌篇章。

新教育实验启动以来，新沂教育人着力打造有温度的教育“场”，让师生过一种幸福完整的教育生活。

1. 校园里有潺潺流淌的“幸福气息”。

在小湖中学的每一间办公室里，都有一个别具一格的“休闲读书角”。暗红色的三层书架，古色古香的方几藤椅。教师们课余时间可以在这里泼茶煮书，畅享读书时光。驿站、不一样的教室、耕学园、北草园、天鹅湖……漫步小湖中学校园，每一处你都能深切地感受到新教育的气息弥漫其间。

如今，走进新沂任何一所“新教育”实验学校，都能看到“过一种幸福完整的教育生活”这样的标识性语言，它像一轮高悬的明月，让每一所学校在它的映照下形成属于自己的独特风景。这些学校的很多场所、景点的设计、装点与美化都是由师生们共同完成的，一棵树、一棵草的栽植，一堵墙壁的粉刷，一个标志的设计，都是师生在场的幸福生活的结果。新沂教育有自己的 logo，新沂的每一所学校都有自己的 logo 设计，热衷于做些事情不为别的，只为了让师生参与学校的塑造与改变过程，让他们体会到学校是美好事物的集散地，是传奇故事曾经发生过的地点，是师生走进新教育幸福生活的“桃花源”。

2. 展示中传递精神的朝向。

一群踏着滑轮的孩子轻盈地滑进舞台，一群手持彩球的孩子翩翩起舞，一群又一群的孩子轮番走来，顿时舞台上足球翻飞、篮球穿梭、“绳”彩飞扬。这是新沂市第 33 个教师节表彰暨教育奖励基金颁奖仪式上综合才艺节目《我运动我快乐》中的一个镜头。这不正集中展现了全市素质教育已经开出无比绚烂的花朵了吗？

“展示是一种真，更是一种善；展示是一种美，更是一种崇高；展示是一种成熟，更是一种升华；展示是一种形象显现，更是一种身心和谐。”

“邂逅，朝向美好”“初绽，花开有声”“追梦，踏歌而行”，新沂市第 32 个教师节表彰暨教育奖励基金颁奖仪式三个篇章，呈现的是 2016 年新沂新教育人的奋斗历程；“根的追求”“枝的繁茂”“花的绽放”，新沂市第 33 个教师节表彰暨教育奖励基金颁奖仪式三个篇章，展示的是 2017 年新沂新教育的累累硕果。每一次仪式都展现了新沂教育人矢志不移的教育探索之路，每次仪式都凝聚起新沂人民再创教育辉煌的强大动力。

开学日、师生生日、毕业日、阅读节，以及学校自己的节日，都是每个展示学校新教育思想、新教育生活最重要的日子。现场会、交流会……通过擦亮它们，装点它们，使得新教育生活不再平淡，使得新教育生活每天都有激动，每天都是新起点，激发起新沂新教育人每日扎实工作的激情。

3. 在宣传中传递正能量。

2017 年 4 月 24 日下午 1 点 58 分，“新沂教育”微信发布的“首届十佳‘完美教室’评比网络投票”，单条信息阅读量成功突破 10 万！

新沂市教育局高度重视宣传新教育实验的最新动态，营造良好的教育生态。2016 年 11 月 3 日，部分家长针对购平安险等工作有一些疑问，在网络发帖。教育局迅速召开联席会议，就网络反映问题立即形成书面说明材料，并经由教育局官方微信迅速予以发布，得到了广大网民的充分理解。目前，“新沂教育”微信平台订阅人数超 7 万，已经成为当前传递新教育好声音、讲述新教育好故事的重要通道。

抓好宣传队伍建设，抓好网络舆情处理，抓好微信平台建设，抓好教育内外宣传，营造有温度的“绿”色发展“场”，教育美誉度得到不断提升。

4. 在目标引领中再创辉煌。

推进新教育实验永远在路上。“下一步，新沂市教育局将以学习培训为先导，统一思想、提高认识；以重点项目为抓手，积极实践、形成特色；以教师成长为目标，提升能力、弘扬师德；以课题研究为方向，深入研究、提升品质。”教育局分管新教育工作的副局长徐洪对下一步新教育实验信心百倍。

营造适合新教育发展的环境，新沂新教育人无限相信学生的潜能，无限相信教师的智慧，无限相信家长的力量。在他们心中，每一个孩子都是一粒神奇的种子，蕴含着无穷的潜能；每一位老师都是挖不尽的宝藏，蕴藏着无穷的智慧；每一位家长都是一股溪流，汇聚出无穷的力量。

“相信岁月，相信种子。”三年的新教育实验，新沂教育人以心为田，以爱为魂，倾心营造发展环境，实现了“升学水平、素质水平、教育整体水平”三提升，让新沂人民充满了教育获得感，让教育人收获了满满的自信心。

曾经全要素发力，做有温度、有灵魂、有激情的教育，让全市师生过一种幸福完整的教育生活。而今，新沂新教育人充满自信与力量，已经开启了朝向明亮那方又一段崭新历程！

（注：本文为江苏省新沂市教育局局长王学伦在2017年11月全国新教育实验新沂开放活动上的主题报告。）

## 8 区域推进新教育实验的探索与实践
### ——海门市新教育实验叙事

江苏海门是全国新教育实验中一个县级的实验区，15年来，在“过一种幸福完整的教育生活”理念引领下，深度卷入、积极推进新教育实验，逐渐发展成为一个比较典型的新教育实验区，在新教育共同体内外产生了广泛影响，海门教育走上了持续、健康、和谐发展的轨道，海门教育人创造了一个又一个生命的传奇。

## ▶ 一、 海门新教育的发展特征

1. 分阶段逐步深入。

从 2003 年至今，海门新教育已经走过了 15 年历程。这 15 年，海门新教育人从邂逅新教育，到认同新教育，践行新教育，推广新教育，从来没有停下过自己的脚步。这 15 年历程，大致可以分为三个阶段：

第一阶段，从 2003 年 4 月至 2005 年 8 月，为实验萌动期。

海门新教育实验缘起于朱永新教授应邀在海门做的一场学术报告。那是 2003 年 4 月 2 日，江苏省第三届新世纪园丁征文颁奖活动在海门举行，时任苏州市副市长的新教育实验发起人朱永新教授应邀做“新教育实验”学术报告。这是朱永新教授第一次系统阐释新教育理论，也是海门教育团队第一次现场听取新教育报告。这场报告为正在探索教育改革新路径的海门教育人打开了新的视野，为海门加入新教育实验打下了思想基础。

2004 年 7 月，在新教育实验第三届研讨会上，海门市东洲小学（时任校长是现任海门市教育局局长、新教育研究院院长许新海）和实验小学在海门市内率先加入新教育实验，开始了新教育实验的探索，新教育在海门市中小学的影响渐渐扩大。

第二阶段，从 2005 年 9 月至 2009 年 7 月，为启动实验期。

2005 年 9 月，海门整体加入新教育实验，全市 37 所小学成为新教育实验学校。海门成为新教育实验区，组建区域性新教育共同体，重点以书香童年计划、新公民教育行动为抓手启动新教育实验。

2007 年至 2009 年，海门又深入开展了习惯养成年和课堂效率年行动，进行“每月一事”和“理想课堂”两个项目的实验研究，并大力推进“达标创特”（达省实验小学或省示范初中办学标准，创海门市特色学校）工程和区域新教育共同体建设。

2007 年 11 月，江苏省教育学会新教育实验研究专业委员会（简称新教育研究会）在海门成立。新教育研究会设于海门，时任海门市教育局副局长的许新海任理事长，时任海门市教科室主任的吴勇任秘书长。成立仪式上，朱永新教授做了“新教育精神”主题报告。日后，新教育研究会承担了新教育实验总课题组的课题管理工作。

2009 年 7 月，海门承办全国新教育实验第九届研讨会（后称新教育海门年会）。此次年会全面检阅了四年多来海门新教育实验的成果，极大地提升了海门在新教育共同体的美誉度和影响力。

第三阶段，2009 年 8 月至今，为推广辐射期。

2009 年 7 月新教育年会以后，海门新教育实验进入常态化推进的状态，新教育理念深入人心，新教育项目渐次展开，一方面继续深入推进“书香校园”“理想课堂”“每月一事”“特色创建”等项目，一方面又推动了“建设学校文化”“研发卓越课程”“缔造完美教室”“家校合作共育”等项目，均取得了丰硕成果。

2013 年 3 月，海门市新教育培训中心开始运作，承接来自全国各地的新教育培训，积极地播种新教育愿景、传播新教育理念、宣传新教育榜样、推广新教育项目，成为名副其实的全国新教育实验培训基地。

2013 年 8 月，海门召开全市新教育实验工作推进会，推动新教育与海门教育深度融合，以新教育统领海门教育的再发展。朱永新教授到会做新教育实验专题报告。而后，海门新教育人边实践边推广，项目推进的力度不断加大，实验不断向纵深掘进，同时，海门新教育创造的经验不断地向全国各实验区辐射。海门真正成为了朱永新教授所赞誉的“新教育实验的重镇”。

2. 各学段全面推进。

海门新教育实验于 2003 年从小学起步，而后逐渐带动初中、幼儿园、高中（包括海门中专）。2005 年海门新教育实验学校有 37 所，全部是小学；2010 年 6 月，海门实验区新教育实验学校已有 78 所，其中小学 38 所、初中 32 所、特殊教育学校 1 所、幼儿园 7 所；2012 年 9 月起，全市小学 39 所、初中 33 所、特殊教育学校 1 所、幼儿园 38 所、高中（中专）9 所全部成为新教育实验学校。海门致力于在各学段全面推进新教育。2013 年 8 月，在海门市新教育实验工作推进会上，东洲幼儿园、开发区小学、包场初中、证大中学分别作为各学段的代表进行了大会交流。

如今，新教育已经成为海门各学段学校（园）共同的亮点，成为海门素质教育的重要推手。海门市各幼儿园以“书香校园”“兴趣课堂”“完美教室”“卓越课程”“特色文化”“教育共同体”等项目为重点深入推进新教育实验。2013 年 11 月 24 日至 26 日，海门举办全国新教育实验开放周暨幼儿园“研发卓越课程”专题研讨会。这是新教育的第一次幼儿园新教育实验开放交流活动。开放周上，“海门区域推进幼儿园亲子阅读项目的实践与思考”“让节日点缀幼儿亮丽的生活”和“幸福就在舞动间”等主题报告，海门市东洲幼儿园、少年宫幼儿园和海南幼儿园等10所城区幼儿园，展示了海门幼儿园推进特色文化、亲子阅读、卓越课程、完美教室等新教育项目的实验成果。贵州、甘肃、内蒙古等各地新教育实验区幼儿园的400多名园长、教师参加了开放周活动。2015年4月13日至15日，海门举办全国新教育实验开放周暨新生命教育（幼儿园）专题研讨会，海门市机关幼儿园、能仁幼儿园和锦绣幼儿园等6所幼儿园进行了新生命教育课程叙事，东洲幼儿园、少年宫幼儿园、实验幼儿园和海南幼儿园等4所幼儿园进行了新生命教育课程的现场展示。来自全国的300多名新教育同仁参加了开放周活动。

海门各高中（中专）以学校文化、特色课程、理想课堂、书香校园等项目为重点，大力推进新教育实验。2014年12月13日至16日，海门举办全国新教育开放周暨中学“构筑理想课堂”研讨会，各实验区代表700多人参会。开放周上，海门中学、包场中学等8所高级中学和海门中专，海门市东洲中学、海南中学等6所初级中学展示了学校文化，并全面展示了语文、数学、英语等9门学科的理想课堂。此次开放周是海门市高中、职业中学第一次向全国新教育同仁展示新教育实验推进情况。

## 二、海门新教育的推进策略

新教育的15年是海门新教育人追寻理想、不懈探索的15年，也是海门新教育人凝心聚力、挥洒汗水的15年，更是海门新教育人奉献智慧、积极创造的15年。这15年，海门新教育人采取了卓有成效的推进措施：

1. 高举理想，以共同愿景作为新教育实验的发动机。

新教育实验，从一开始就高举起理想主义的旗帜。新教育理想有两种表述方式。从学术的意义上看，新教育实验有两大愿景：第一，努力成为中国素质教育的一面旗帜；第二，全力打造植根于本土的新教育流派。从生活的意义上看，新教育的理想是帮助师生过一种幸福完整的教育生活。实际上，新教育追求通过改变教师的行走方式，带动改变学生的生存状态，帮助师生过一种幸福完整的教育生活，从而成为中国素质教育的一面旗帜，并完成由丰富实践到系统概念的提升，成为植根于本土的新教育流派。海门新教育人被新教育理想所吸引和鼓舞，深度卷入了新教育实验，汇聚到了实现新教育理想的洪流之中。15年来，海门新教育人追随新教育，寻找和携手越来越多“尺码相同的人”，守望每一个日子，坚守每一间教室，用自己的创造性实践，丰富着新教育实验的内涵，改造着自己的教育生活，在海门大地上催生了一个新教育实验的区域典型。

2. 创新运作，以完善机制作为新教育实验的推进器。

美国心理学家卡尔·维克对现在的世界有一个极其确切的比喻——以前的世界可以用一张地图来理解，而想搞清楚现代的世界却需要一个指南针。地图，只能在已知的世界里起作用，这样的世界是被前人走过然后制成图的，而指南针则是在你不确定自己所处何地，只知道大致方向的情况下大有帮助。新教育实验没有地图，只有指南针，只有一个大致的方向，许多的工作都需要创造性思维。15 年来，海门新教育人不断地创新运作方式，架构起了比较完善的新教育实验运行机制，推动新教育实验的深入。

海门新教育实验推进机制用一句话表述就是局长率领，基教科、研修中心、培训中心等各部门整体联动，市、集团、校（园）三级全员参与。

如果把海门新教育实验推进机制比作一座塔。站在塔尖上的是海门市教育局党组书记、局长许新海博士和他所率领的党组、局长室。塔身，从横向看是基教科、研修中心、培训中心等各部门，从纵向看是市、教育管理集团（城乡幼儿园共同体）、学校（幼儿园）三级各单位。

许新海博士是海门新教育的灵魂人物。海门新教育人在他的率领下演绎着自己的生命传奇，创造着幸福完整的教育生活。2004 年，还是东洲小学校长的他，便带领学校在海门率先加入新教育实验。2005 年 9 月，他调任海门市教育局副局长，率领海门区域加入了新教育实验。2012 年 5 月，他升任海门市教育局局长，得以在更大范围、更深层次上推进海门新教育实验。在多个场合，他不止一次地表达新教育是他的终身信仰。10 多年来，他一直是海门新教育的研究者、引领者和推动者。他的足迹遍布全海门市各中小学、幼儿园，他的思想成为海门新教育人共享的精神财富。海门新教育的蓬勃发展与他的率领和影响是密切相关的。

从推进任务分工看，海门新教育的行政推动主要由教育局基教科承担，实验项目研究的推进主要由研修中心和新教育培训中心共同承担，实验骨干培训和实验项目培训主要由新教育培训中心承担。

全国新教育的 124 个实验区可以分为行政推动型实验区和学校联盟型两种。海门属于行政推动型的实验区，行政推动的力度很大。海门市教育局目前每年对全市中小学、幼儿园的考核只有一个，即教育质量综合考核（幼儿园为保教质量综合考核）。以 2014—2015 学年度，各学段校（园）教育质量综合考核方案为例分析，可以看出新教育实验在考核中的权重。幼儿园的质量考核总分 100 分，新教育实验的内容占 52 分，包括兴趣课堂和课程建设 10 分、教师成长 15 分、文化建构 3 分、特色发展 5 分、书香建设 5 分、完美教室 4 分、家园合作 5 分和亲子活动 5 分。小学的质量考核总分也是 100 分，新教育实验的内容占 43 分，包括专题教育 3 分、每月一事 3 分、特色项目 2 分、特长发展 16 分、理想课堂建设 4 分、教师成长 3 分、文化建构 3 分、特色发展 3 分、卓越课程 3 分和完美教室 3 分。初中的质量考核总分也是 100 分，新教育实验的内容占 32 分，包括专题德育 2 分、每月一事 2 分、课堂变革 4 分、教师成长 2 分、阳光体育 7 分、特长发展 8 分、文化建构 2 分、特色发展 2 分、卓越课程 2 分和完美教室 1 分。高中的质量考核总分 180 分，其中文化考试 100 分，新教育实验 44 分，包括德育课程研发 3 分、主题阅读 5 分、课堂变革 15 分、特长发展 8 分、教师成长 5 分、文化建设 4 分和特色发展 4 分，新教育实验权重为 24.4%。对海门中专的质量考核，总分也是 100 分，新教育实验内容占 22 分，包括德育课程 5 分、特长发展 5 分、教师成长 5 分、创新文化建设 4 分和新教育实验亮点 3 分。各学段考核方案中，新教育实验权重的设置保障了新教育实验在各学段学校（幼儿园）的实施底线，激励了基层学校（幼儿园）推进新教育实验的积极性。

海门市中小学教师研修中心和新教育培训中心在学科建设、理想课堂、卓越课程、完美教室等方面持续地跟进研究，组织推进，引领了新教育实验项目向纵深推进。

海门市新教育培训中心是 2013 年新成立的机构，也是全国仅此一家专门承担新教育实验培训的机构。从 2013 年初至今，海门市新教育培训中心共承接了海门市内的新教育培训 2 万多人次和来自北京、新疆、青海、西藏、山东、河南等地的教育同仁新教育培训 300 多批次、5 万多人次，在新教育实验推广中发挥了积极的作用。

从实验体系架构看，海门新教育是市、集团（共同体）、校（园）三级全员参与的完整系统。所有新教育实验推进措施通过市、集团、校三级的逐层传递、层级互动，得以贯彻落实。

3. 突出重点，以行动项目作为新教育实验的主抓手。

新教育实验是以“营造书香校园”“培养卓越口才”等十大行动为途径的教育改革实验。行动项目是新教育实验的主抓手。10 多年来，海门新教育着重推进了如下项目：

（1）“营造书香校园”，让每一个师生丰富精神的底色。

海门的书香校园建设以阶梯阅读的构建为主，全面指向为每一个儿童寻找到此时此刻最适当的阅读书籍，为每一位教师探求到此时此刻最适合的指导方式，为每一所学校营建起此时此地最适宜的阅读情境，并在阅读的高效性、问题的针对性和学习生活的改变上，放大阅读的功能，让师生浸润于幸福而完整的阅读世界中。主要推进策略：一是不断完善阅读机制，特别是“晨诵、午读”“师生共读”“亲子共读”和“阅读挑战”机制，提高阶梯阅读的针对性，形成阅读引领成长的完善体系。多年来，先后研发、出版了《小学生英语美文诵读》、《初中英语美文赏读》、《好书伴我成长——阅读手册》（小学）、《名著导读》（初中）和《给孩子们上的阅读课——“中国小学生基础阅读书目”阅读指导设计》等书。二是抬高主题阅读研究的标杆，各教育管理集团组织核心团队，深度开展阅读与教学、阅读与习惯养成、阅读与校园文化建设等方面的路径研究，还把阅读与学科课程、社团活动、特色发展等有机结合，不断整合阅读资源，丰富阅读的内涵。三是加强阅读活动的常态化建设，新教育阅读节成为各学校的基本节日，以教育集团为单位组织“我的阅读故事”系列征文、经典诗文诵读电视大赛、书本剧展演等活动，以提供更多阅读活动的展示与交流平台。热爱阅读，以阅读撬动教育质量提升方式的变革，已成为海门各中小学、幼儿园的共同价值取向。

（2）推动公民教育，让每一个学生形成良好的人格素养。

2006年起，海门围绕江苏省教育科学“十一五”规划课题“新公民教育行动的研究”，出台了《海门市新公民教育行动指导纲要》，以“每月一事”项目为抓手，推进新公民教育行动。“每月一事”项目的特色主要体现在从小处、从身边和孩子的实际出发培养学生一生有用的十二个好习惯，通过“主题阅读、实践活动、展示交流、评价反思”这一基本操作流程开展活动，将公民教育、生命教育贯穿其中。“每月一事”的主题分别为：1月，让我们学会吃饭；2月，让我们不闯红灯；3月，让我们一起去种树；4月，让我们踏青去；5月，让我们学会扫地；6月，让我们学唱一首歌；7月，让我们玩球去；8月，让我们笑着和别人打招呼；9月，让我们每天阅读十分钟；10月，让我们给爸爸妈妈写一封信；11月，让我们做一回演讲者；12月，让我们每天记录自己的生活。全市多次召开新公民教育行动推进会及专题研讨会，“推进‘每月一事’”项目，其经验成为南通市和江苏省文明办推广的典型。海门总结“每月一事”实验成果，于

2009年结集出版了《一生有用的十二个好习惯》一书。该书成为全国新教育实验"每月一事"项目操作手册。

（3）"构筑理想课堂"，让每一节课堂焕发生命的活力。

2008年始，海门以"让每一个学生成为热爱学习的天使"为价值取向，以推进"学程导航"教学范式为基本路径，加大了"构筑理想课堂"的力度，致力于打造幼儿园的"兴趣课堂"、小学的"活力课堂"、初中的"智慧课堂"、高中的"高效课堂"和职业中专的"技能课堂"，在观课、研课中夯实了有效教学基本框架底线，形成了一批课堂教学改革成果，在研究与实践中展现了海门课堂教学研究的勃勃生机。如今，海门已经构建起中小学各科"学程导航"备课和课堂教学的基本范式及课堂教学评价标准。2011年《学程导航·活力课堂》一书出版，学程导航教学范式的影响力正在走出海门，走向全国。2014年12月，海门举办了全国新教育开放周暨中学"构筑理想课堂"研讨会。

（4）探索共同体建设，让每一位教师获得成长的平台。

2005年9月，海门启动了区域教育研究共同体建设。2006年，"区域教育共同体建设和研究"申报为江苏省教育科学"十一五"规划立项课题，2009年又成为全国教育科学"十一五"规划课题，并于2014年成功结题。在实践和探索的过程中，海门逐步形成了区域教育共同体的五种形态：市直学校协作发展共同体、城乡联动发展共同体、学科发展共同体、校长俱乐部、名师（名品项目）工作室。这五种形态的共同体打破了校际间的壁垒，浓厚了区域研究的氛围，发挥了特级教师、骨干教师在区域层面上的引领作用。各学校的研习共同体更是丰富多样，为教师的专业成长搭建了校本化的平台。其中，城乡联动发展共同体于2012年发展为教育管理集团。如今，海门市共有12个以市区直属学校为核心的城乡一体化的义务教育管理集团，并正在积极深化义务教育管理集团机制和集团法人治理结构改革，进一步激发集团运行活力。校长俱乐部活动每月一次，是海门市中小学校长定期集中研究、总结、交流工作的平台。每次活动都确定研讨主题，由一所学校承办，该学校在活动中围绕研讨主题进行现场展示。海门市的名师（名品项目）工作室有祝禧"文化语文"名师工作室、张炳华"智慧管理"名师工作室、陈铁梅"审美人生教育"名师工作室、"学程导航"项目工作室、"完美教室"项目工作室等。这些工作室在名师引领下，有计划地组织经典共读、观课评课、主题沙龙、专题讲座、课程研发等活动，逐渐发展成为海门市名师成长的孵化器、教育成果的集散地、教育智慧的辐射源和品牌项目的催生婆。

（5）启动特色发展，让每一所学校拥有不同的跑道。

特色教育的出发点和归宿是提高育人质量。为此，海门努力打破百校一面的格局，追求学校的特色化和学生的个性化发展。从2006年始，海门用4年时间推动了“达标创特”工程，到2010年上半年，全市38所小学、32所初中全部实现了“达标创特”目标。“达标创特”工程培育了乒乓文化、绣品文化、海港文化、京剧教育、责任教育、童诗教育等一批高水平的特色项目，推动了全市学校管理水平、教科研水平、教师素养、学生素质等大幅提升，全面提高了海门的整体办学水平，促进了城乡教育的内涵发展、特色发展、优质发展和均衡发展。如今，高中的特色化、多样化发展已全面启动，幼儿园的特色建设也在全面推进。

（6）推进文化立魂，让每一所学校怀有独特的气质。

早在2008年，海门新教育人已经前瞻教育发展的趋势，开始了学校文化建设的探索，全市各中小学的特色创建渐渐演变成了文化再造的生动实践。文化再造背景下的特色创建，就不再局限于一个个具体的项目，而把着眼点投向学校的核心价值观，指向学校的文化发展。许多学校的特色原是某一个项目，但他们能积极发掘特色项目的精神内涵，推演为统领学校发展的核心思想，如排球文化、海洋文化等。在核心思想统领之下，各学校又架构起了包括办学愿景、育人目标、校训等在内的理念系统，建设了各具特色的环境文化、制度文化和行为文化，通过“营造书香校园”“研发卓越课程”“构筑理想课堂”“缔造完美教室”“师生共写随笔”等多种途径，重建师生幸福完整的教育生活。随着学校文化建设的深入，2010年下半年，海门开始分期分批组织学校文化展示。每次学校文化展示，都安排校长主题报告、完美教室和特色项目展示等内容。文化展示是对各学校新教育实验、文化建设成果的隆重检阅，是各学校特有文化气质的生动演绎，彰显了各学校的精气神，践行了新教育“月映千川”的文化建设理念。至2013年下半年，全市义务教育阶段学校全部完成了文化展示活动。一所所学校的特色文化成就了海门教育万紫千红的新局面。

（7）“缔造完美教室”，让每一间教室成为幸福的源泉。

2010年，海门率先提出“缔造完美教室”概念，并开始从完美教室价值系统的建构、卓越课程的研发、课堂文化的打造、共同生活的营建、节日庆典与社团活动的组织、班级博客建设等方面全面推进“缔造完美教室”行动，致力于让每一间教室成为师生幸福的源泉。2010年10月19

日，海门市“缔造完美教室”现场研讨会在海门镇城北小学举行。会议中，时任海门市教育局副局长的许新海博士第一次阐述“完美教室”的内涵。他说：“教室是图书馆，是阅览室；教室是实践场，是探究室；教室是操作间，是展览室；教室是信息资源库，是教师的办公室；教室是习惯养成地，是人格成长室；教室是共同生活所，是生命栖居室。”他的这个表述在新教育共同体影响很大，被新教育人广泛引用。2010 年 11 月，海门市专门成立了“缔造完美教室”工作室，致力于班级文化的内涵研究，对全市班主任进行了培训，推出了以俞玉萍、倪颖娟、殷卫娟、高波、刘宇禹等为代表的榜样教师。2011 年 11 月和 2012 年 11 月，海门两次举行全国新教育开放周暨“完美教室”专题研讨活动。2012 年 6 月，《完美教室——中国百合班的故事》和《一间可以长大的教室——新教育“完美教室”叙事》两书出版。这两本书是海门新教育人“缔造完美教室”行动研究的理论和实践总结。2013 年 5 月 2 日，《中国教育报》刊登了许新海博士所撰写的《让每一间教室无限长大——区域推进“完美教室”项目的实践与思考》一文。

（8）“研发卓越课程”，让每一位学生享受适切的课程。

从 20 世纪 80 年代开始，海门中学、东洲中学、东洲小学等学校先行探索课程研发，改造学生的教育生活，致力于让每一个学生享受适合的课程。全市层面自觉的课程研发缘起于 2010 年起的“缔造完美教室”行动。2013 年作为海门市中小学课程研发年，先后于 4 月和 11 月，在小学和幼儿园举办了两次全国新教育实验海门开放周暨“研发卓越课程”专题研讨会，实验小学、海师附小、东洲小学等 13 所城乡小学和东洲幼儿园、海南幼儿园等 10 所幼儿园进行了新教育特色课程展示，受到来自全国各地新教育同仁的广泛好评。2014 年起，海门开始在义务教育阶段学校组织卓越课程展示活动。近几年来，海门出版的《一生有用的十二个好习惯》一书荣获新教育卓越课程特别奖，海师附小的童话课程、东洲中学的心理健康教育课程、通源小学的整本书阅读课程先后被评为新教育“十大卓越课程”。

（9）“家校合作共育”，让每一位家长掌握科学的家教之道。

海门乃清末状元张謇故里，又地处经济发达、文化昌盛的长江三角洲，素有重教之名，民众以养育子女成人成才为荣。家校合作，各司其职，是海门教育的良好传统。2007 年，海门新教育人在全国首创了家庭教育日活动。海门从 2007 年 1 月 6 日（星期六）始，把每年元旦后的第一个周末确定为家庭教育日。2007 年，第一个家庭教育日的主题是“构建和谐家庭，与孩子共同成长”。以后，每个家庭教育日，围绕一个主题，举办丰富多彩的活动，向全社会广泛宣传先进的家教理念。2012 年，新教育萤火虫亲子共读公益项目组海门分站成立，至今已组织了 40 多期亲子读书会，成为推动亲子共读、促进家校共建的有力推手。

4. 搭建舞台，以多彩活动作为新教育实验的催化剂。

丰富多彩的活动是新教育实验的重要推手。各新教育学校师生在活动中展示实验成果，交流实验经验，分享成长智慧。海门市的新教育活动大致分五类：

（1）常规的活动。这类活动数量最多，最频繁。如，全市层面的幼儿园和义务教育阶段学校每月一次的校（园）长俱乐部活动，高中阶段学校每月一次的高中教育教学研究会（简称高研会），市、教育管理集团（或共同体）、学校三级层面的教科研活动、培训活动、检查评比活动等。由于海门的新教育实验推进已经常态化，这些活动中都包含着新教育实验的内容。如，每学期的开学工作检查中，都对全市中小学、幼儿园的“营造书香校园”“缔造完美教室”等项目的推进情况进行检查。

（2）新教育专题活动。这类活动是专题性的新教育实验活动，小范围的活动包括集团、学校层面的完美教室展示、卓越课程展示、入学仪式、期末庆典等。大范围的活动包括对海门市内的新教育工作会议和对海门市外的新教育开放周活动。对海门市内的新教育工作会议，如，2008 年的海门市“每月一事”推进会，2012 年的海门市小学“完美教室”推进策略研讨会，2010—2013 年的海门市义务教育阶段学校逐校进行的学校文化展示活动，2014 年始的海门市义务教育阶段学校逐校进行的新教育卓越课程和卓越教师展示活动等。对外的新教育开放周活动，在 2011、2012 年各举办过一次，皆以“缔造完美教室”为主题。从 2013 年始，海门每年于上、下半年举办两次面向全国的开放周活动。2013 年 4 月，举办新教育海门开放周暨小学“研发卓越课程”专题研讨会；11 月，举办新教育海门开放周暨幼儿园“研发卓越课程”专题研讨会；2014 年 4 月，举办新教育海门开放周暨“新艺术教育”专题研讨会；12 月，举办新教育海门开放周暨中学“构筑理想课堂”专题研讨会；2015 年 4 月，举办新教育海门开放周暨“新生命教育”专题研讨会；12 月，举办新教育海门开放周暨海门市新教育“研发卓越课程”推进会。每次开放周活动，皆吸引了来自全国各新教育实验区的校长（园长）、教师代表参会，少则二三百人，多则逾千人。2012 年 11 月的新教育海门开放周，吸引了全国各实验区 1500 多名代表参会，规模堪比新教育年会，一时海门县城大小宾馆人满为患。

（3）课题研究活动。海门新教育人积极地把新教育实验课题化，通过课题引领新教育实验向纵深发展。海门市先后了承担了全国教育科学“十一五”规划课题“区域教育共同体建设和研究”、江苏省教育科学“十一五”规划课题“新公民教育行动研究”、江苏省第八期重点教研课题“区域实施‘学程导航’教学范式的实践研究”等课题的研究，并皆已成功结题。“新教育实验的研究”的课题成果获第三届江苏省教育科研成果一等奖。

（4）承办南通市、江苏省、全国性的各类专题活动。如，2015 年 3 月的南通市第四届“通派小学语文教育”研讨活动暨特级教师发展论坛，6 月的“江苏省人民教育家培养工程”第二期小学校长（园长）组教学展示活动，8 月的全国小学科学教育与科学阅读专题研讨会等先后在海门举行，这些活动不属于专题性的新教育实验活动，但无不与新教育的理念紧密相关，蕴含着丰富的新教育元素。承办这三个活动的通源小学、东洲小学、海南小学，都是新教育实验学校。这类活动的承办无疑对新教育实验工作是一种促进。

（5）国家、省、市级的各类创建活动。如，2013 年江苏省示范性县级教师发展中心的创建，2014 年全国义务教育发展基本均衡县市和江苏省学前教育改革发展示范区的创建，各类创建本来并非为了推动新教育实验，但在创建的过程中，海门教育人总是把新教育实验作为特色性工作做好做亮，一次又一次地赢得了专家评委的称赞，成为海门市成功通过各类创建的重要加分点。海门借助各类创建工作推动了区域内新教育实验的加快发展。

5. 榜样引领，以卓越典型作为新教育实验的风向标。

“一朵具体的花，远胜过一千种真理。”呈现榜样、言说榜样，让榜样吸引大家向前走，是推进教育发展的有效策略。十多年的新教育历程，海门培育了一批新教育榜样学校、榜样校长、榜样教师。榜样学校有江苏省海门中学、海门市实验学校、证大中学；东洲中学、海南中学、能仁中学、实验初中、东洲国际学校、开发区中学；东洲小学、实验小学、海师附小、育才小学、通源小学、海南小学、实验附小、开发区小学、能仁小学；东洲幼儿园、海南幼儿园、少年宫幼儿园、实验幼儿园、机关幼儿园、锦绣幼儿园等。榜样校长有石鑫、祝禧、滕玉英、吴建英、卞惠石等。榜样教师有俞玉萍、倪颖娟、殷卫娟、高波、夏冬平、刘宇禹等。这批学校、校长、教师是海门教育的高峰，是支撑海门教育名市创建进程的代表，在引领海门新教育进程、展示海门新教育成果的过程中发挥了积极的作用。如祝禧是东洲小学教育集团总校长，又是江苏省特级教师、江苏省人民教育家培养对象、南通市文化语文工作室领衔人。她所领导的东洲小学是全国新教育实验示范学校，是海门市，乃至江苏省小学的办学标杆，在全国也有很大的影响。她的文化语文工作室是小学语文名师成长的摇篮，现任海门市通源小学教育管理集团总校长、江苏省特级教师、江苏省人民教育家培养对象吴建英就曾是她的工作室的成员。

6. 强化宣传，以多元媒体作为新教育实验的增值源。

媒体的发展经历了三个阶段：机械媒介的报纸杂志时期、电力媒介的广播电视时期、网络媒介的互联网时期。海门架构了由三个阶段媒介组成的立体式宣传网络，机械媒介有每周一期的《海门日报·教育周刊》、双月一期的《海门教育研究》，电力媒介是海门电视台教育频道，网络媒介有海门教育信息网、海门教育微博、海门教育微信公众号，同时借助《中国教育报》、《江苏教育报》、“教育在线”等宣传平台，及时、深度报道区域新教育实验进展情况，快速传递新教育实验的典型人物与事件，较好地发挥了传播信息、推广理念、引导舆论的作用，使多元媒体成为新教育实验的增值源。

## ▶ 三、 海门新教育的丰硕成果

1. 15 年新教育历程，海门教育人实现了生命的拔节。15 年中，海门先后有石鑫、何仁毅、丁建强、张炳华、祝禧、卞惠石、滕玉英、吴建英、顾徐达、俞玉萍、陈铁梅、王丽、黄卫华、崔志钰、施俊进、施健、沈荣、仇丽君等 23 人被评为江苏省特级教师。许新海被《中国教育报》评为 2010 年全国推动读书十大人物。俞玉萍老师被评为新教育“完美教室缔造者”、江苏省特级教师、全国优秀教师、全国“五一巾帼标兵”。倪颖娟被评为“中国好教师”、全国优秀教师。殷卫娟被评为新教育实验 2015 年度榜样教师。倪颖娟、殷卫娟、夏冬平、高波的班级先后被评为新教育“十佳教室”。

2. 15 年新教育历程，海门教育质量获得了持续攀升。优异的学业成绩是海门新教育的额外奖赏。在体艺科技各类竞赛中，海门捷报频传。2012 年暑假，海门市海选出的 18 名“读书达人”参加了央视科教频道《读书》栏目组海选活动，东洲中学陈舒琦、东洲国际学校曹安东、实验学校附属初中虞锦雯、东洲小学顾人豪等4名同学闯入全国30强，进入CCTV总决赛。陈舒琦、顾人豪2位晋级全国十强。2014年，海门中学倪梓强在国际“最强大脑”争霸赛终极对决中为国夺冠，海门中学杨焕州获第31届全国中学生物理竞赛金牌。近几年，海门学生在全国中学生物理竞赛中共荣获5金10银4铜的好成绩。2015年，海南小学足球队勇夺全国青少年U13男足锦标赛亚军，实验小学的校园剧和海门中学的五重唱在江苏省第五届中小学生艺术节苏中片展演中分别获得小学和中学组第一名，海门中专在江苏省技能大赛中获1金2银11铜的好成绩，海南中学获全国中小学信息技术“物联网创新设计”初中组一等奖，东洲中学3名学生获江苏省青少年科技创新大赛一等奖。近几年，海门高考成绩更是在江苏省持续领先。2017年，海门市普通高考再创历史新高，一类本科上线率52.4％；其他本科上线率98.3％，清华、北大上线数达16人。在近几年江苏省义务教育阶段教学质量检测中，海门市小学、初中的成绩均居全省前列。

3. 15年新教育历程，海门教育社会影响得以不断扩大。2009年，海门承办了全国新教育实验第九届研讨会。新教育研究会秘书处、新教育研究院课题管理中心、新教育培训中心等纷纷落户海门。东洲小学、东洲国际学校等6所学校被评为全国新教育实验示范学校。全国义务教育发展基本均衡县市、江苏省义务教育均衡发展先进县、江苏省教育现代化建设先进市、江苏省基础教育课程改革先进集体、江苏省学生阳光体育运动先进市、江苏省学前教育改革发展示范区、江苏省首批校园足球试点县市等荣誉接踵而至。全国各地教育同行纷至沓来，近6年共有8万多名外地教育同行来海门参观、学习、培训。《中国教育报》、《人民教育》、《新华日报》、《江苏教育报》、中央电视台等新闻媒体纷纷报道海门教育的成功经验。海门教育成为展示海门实力和魅力的一张靓丽名片。

15年艰辛探索，海门新教育人收获了幸福，享受了成长。今天，海门新教育人仍然在路上，向着明亮那方，只顾风雨兼程……

（注：2017年12月，海门实验区供稿。）

# 9 播一粒种子，听花开的声音
——成都市武侯区新教育实验叙事

## 一、引子：传承千年的际遇

巍巍天府，美哉成都。自古及今，大凡人杰地灵之处，必倡文风，演教化，荟人文，泽后世。自蚕丛开国，文翁筑室，千载以降，无数文人、哲人、伟人、奇人皆出于此间，从汉司马到唐李白，从宋苏轼到明杨慎，蜀地之文教不可谓不盛。

物换星移，几代春秋。延续千年文脉之成都，传承历史文教之成都，在新的时代背景下，再次成为国家西部地区最闪亮的明星。而作为成都核心的武侯，更是当仁不让的一面旗帜。

随着近年来成都国际化趋势的愈加明显，武侯教育以敢为人先的探索勇气和赶超一流的实践锐气，创新发展思路，引入先进理念，大刀阔斧地进行了教育改革，在不同层面都做出了有益尝试。

武侯教育着力探索从“学有所教”向“学有良教”全面跃迁的路径，以建设“全市一流、西部领先、全国知名”的教育现代化强区为目标奋力前行，“两自一包”“新教育实验”“教育综合改革”……一串串新鲜的足迹，让武侯教育呈现出“百花齐放、百舸争流”的多元化发展盛况。其中，新教育实验是不得不说的一件大事。

什么是新教育实验？那是一颗“花种”，只要播下一粒种子，从此春风春雨，只须静待花开。它的发起人朱永新教授曾说：“新教育实验，让我们听到了花开的声音，看到了花开的过程。”

那么，我们不禁要问，武侯区新教育的这一粒种子，是何时种下？何人种下？这便不能不提到一个人——全国著名教育专家李镇西。

## 二、坚守初心：一个人的执着

一切，似乎要从2006年的那个夏天说起。

彼时，在国家“教育家办学”的号召下，武侯区教育局诚意邀请著名教育专家李镇西老师出任武侯实验中学校长。

彼时，新教育实验在全国范围内刚兴起四年，远远没有今天的规模和影响力，教育战线上的许多人甚至根本就没听说过。

彼时，作为新教育实验诞生的最早见证者和直接参与者，李镇西老师在他此前多年的教育生涯中，就已在无意中践行了新教育实验的宗旨和理念，并得到其导师朱永新教授的赞赏。

得到武侯实验中学这“一亩三分地”后，李镇西老师把它当作了“试验田”，在这所地处城郊、农民工子弟居多的学校，执着地开始了长达十多年的新教育实验。

“所谓‘新教育实验’，就是通过提升教师的专业化水平，促进教育水平的提高，因此，对教师的‘打磨’是我们学校工作的核心。”李镇西老师如是说。

教师成长是新教育实验的起点。为提升教师水平，李镇西老师在全校教师中发起“五个一工程”：每天上好一堂课，每天至少找一个学生谈心或书面交流，每天思考一个教育问题，每天写一篇较有深度的教育随笔，每天读书不少于一万字。

很快，“五个一工程”被全校绝大部分教师所接受，整个教师队伍的精神面貌为之一变，李镇西老师以一已之力点亮了众多“小火苗”。

只想做班主任、不想做办公室主任的唐燕老师，曾写下长达 1 万多字的后进生转化教育研究案例；只愿带班讲课、不愿“登台露脸”的潘玉婷老师，多次拒绝评优申报，一心扑在学生身上；与学生打成一片的蒋长玲老师，善用身边的每一个教育契机引导孩子成长；抱定信念让每一个孩子都成才的物理教师邹显慧，不仅赢得了学生的心，还赢得了学生亲手煲的教师节鱼汤……

在“动”教师的同时，以“因材施教”对抗“一刀切”的教育改革实验也在全校轰轰烈烈铺开。所谓“教改”，即学生在初三时将按特色分班培养，优秀的学生加强文化课程学习，并可由校长推荐进入名校；而准备选择职业学校的学生，则可在校提前体验和学习生活技能课程。

“作为校长，如果眼睛只盯着冷冰冰的分数而无视教师的职业幸福，我的良心何安？作为教师，如果眼睛只盯着冷冰冰的分数而无视孩子的成长快乐，我们的良心何安？”李镇西老师一贯坚持“办适合每一个孩子的教育”。

伴随着“教改”而来的，是公共课与选修课相结合的四大课改体系搭建、大班和小班相结合的班级模式改革、师资人事的补充调整，以及新教育“十大行动”的一步步开展。

武侯实验中学一天天悄然改变着，教师们灿烂的笑容，孩子们欢快地奔跑，校名上稚嫩的笔迹，雕塑上朴素的赞许，还有那校庆亭下寄给90后学子的殷殷叮咛……在这座满是故事的校园里，由教师、学生及家长组成的教育共同体，第一次真正携手迈步，共同编织教育生活的美好。

凭借一个人的执着，守得花开见笑容。武侯实验中学向人们宣告了“过一种幸福完整的教育生活”的可能性与现实性。

## ▶ 三、星火燎原：一群人的探索

家有好花千里香。武侯实验中学的“芳香”，渐渐在全区传扬，吸引了众多“尺码相同的人”。

大家邀请李镇西老师去讲新教育，然而，他不讲理论，只讲“故事”：他和学生们的故事，他和老师们的故事，他和新教育的故事……这些朴素而真诚的故事，深深触动了前来听讲的普通老师们：包虹婧、杨芳、刘俊秀、王兮、黄雪萍、卢晓燕……这些日后的新教育榜样教师，当时就被点燃了内心的激情，从此成为新教育的坚定追随者。

王兮老师在2012年9月18日第一次接触到“新教育”后，便把每年的这一天定为自己的“新教育生日”——教育生命的重生之日。后来的她更是迅速成长，活跃在新教育大家庭中，很快成为了全国新教育榜样教师。

苦心研发“少儿影视读写课程”的谢建萍老师，只因有的孩子无法提起对书本的阅读兴趣，就想到用孩子喜欢的电影来带领他们穿梭光影，扩展阅读。

黄雪萍老师在北师大礼堂被新教育触动的那一刻，忍不住激动，奔跑在冬天寒冷的操场上，后来更在她的“破壳班”开展三月茶文化节、四月才艺大赛、五月登山插秧、七月远足、九月编剧共读、十一月写诗圆梦等活动。

詹彦婷老师用未泯的童心带领她的“鱼儿班”以“玩”为班级文化，构建吟诵、行走、乐学为一体的“玩美课程”，用行动书写充满童趣、快乐、自由的教育生活。

卢晓燕老师先后带领着她的“毛虫家族”“点点班”开展“且行且绘”的行走课程、写绘课程，与孩子们一起赏秋菊、赏银杏、诵诗歌、读绘本……她的教育风景总在转角处。

李霞老师带着班上孩子开展种植“蒜宝宝”课程，不仅种，还要取名字，蒜苗收获时还由家长做成“蒜苗炒回锅肉”一起分享，一点一滴的感动都汇集成了班级文集《爱如阳光》。

包虹婧老师把《三国演义》作为资源库，独立研发出“三国成语”“三国脸谱”“三国故事”等系列课程，与以前那个每天上班路上只知听歌看手机的姑娘判若两人。

杨芳老师自己不会做什么菜，竟能灵光一闪，发动家长们的力量来一场“舌尖上的四川”地方特色饮食课程，乐得孩子们拍手叫好……

除了普通的一线老师，校长们也是激情满满、斗志昂扬。

荣获“新教育智慧校长”的武侯实验中学衡智蓉校长，武侯实验中学附属小学谢华校长，龙江路小学中粮祥云分校黄成凤校长，桐梓林小学王毅璐校长，马家河小学李维校长，华兴小学严雪梅校长，机投小学金艳校长等，不但积极支持教师们做新教育，自己还先后在武侯区校长工作会、全国开放周以及武侯新教育讲师团中，与各校分享本校的新教育推广经验。

从“一枝独秀”到一片鲜艳，从一个人的执着到一群人的探索，武侯区新教育已渐成气候。

## ▶ 四、 花开武侯： 一片心的聚落

武侯区的教育面貌正在悄然改变，越来越多的星星之火终于汇聚成一片璀璨星空。

2014 年 7 月 13 日，经新教育研究院审批同意，“成都武侯区新教育实验区”正式成立！

2015 年 9 月，武侯区教育局又成立了“新教育建设办公室”，聘请李镇西老师作为负责人，深入推进各实验学校的新教育工作。

随后，武侯区先后多次组织各实验学校校长、种子教师，前往江苏海门、北京、河南郑州等地参加各类新教育活动，拓宽眼界，学习经验。同时，李镇西老师“送教上门”陆续在各校开展新教育通识培训及主题讲座，并不时邀请著名教育专家张华教授、程红兵教授、杨东平教授等开展专题讲座，让老师们感受教育的另一重境界。

从此，各校教师开展新教育的积极性更高了。目前，全区已有 42 所中小学、幼儿园自愿加入新教育，“过一种幸福完整的教育生活”，近 5 万名

师生受益。

“新教育就是真教育，就是朴素的教育。”李镇西老师一次次诚恳地告诫老师们，“这是新教育的实质，也是教育的本质。”经过几年的发展和总结，武侯新教育现已形成“三个一”建设模式：

建立了一种机制——每月一次的新教育实验阶段性成果展示机制，侧重展示学校新教育实验某一阶段的思考与实践，供全区实验校借鉴。现已先后举办了 16 次区域展示活动。

培养了一支队伍——一支既具有区域影响力又具有全国知名度的种子教师队伍。通过提供高品质培训学习的机会，搭建著书立说、宣讲展示的舞台，让老师们迅速成长起来，成为区域乃至全国新教育领域的知名教师。

打造了一个讲师团——一个以校长、种子教师为主的新教育讲师团，赴全国各地传播新教育理念。现已先后前往广安、广元等地宣讲，把“过一种完整幸福的教育生活”理念带给更多教育同仁。

在全区浓厚的新教育氛围中，各实验学校也一直在不断摸索，呈现出各自的特色与不同层次的丰富性。

在“营造书香校园”中，“读书节”“风采秀”“幸福书香会”“小书虫换换乐”“跳蚤市场”“悦读世界·悦游世界”“亲子共读展示会”等活动，让师生们培养起阅读的好习惯。

在“缔造完美教室”中，一大批班级名字闪亮登场：“萤火虫班”“破壳班”“雏鹰班”“星星班”“君子兰班”“七色花班”“自由精灵班”“小脚丫班”“蜗牛班”“新竹班”“毛虫班”“向日葵班”“启明星班”……每一间“完美教室”都是一本厚厚的故事书。

在“研发卓越课程”中，上百种校本、班本课程为孩子建构了多元化、丰富性、实用性的课程体系，涵盖影视、种植、剪纸、油画、风筝、川剧、舞蹈、乐器、球类、武术、国学、节日、创客空间，等等。

在“构筑理想课堂”中，红专西路小学的“三段式思维型课堂”，红牌楼小学的“翻转课堂”，桐梓林小学“有情、有趣、有问、有序”的“四有课堂”，行知小学激发思维的“真·爱课堂”，太平小学 100％学生参与共建、80％学生走班学习的“三有”课堂……无不展现了对于“理想课堂”的重视和思考。

在“家校合作共育”中，武侯实验中学的“六个途径”，龙江路小学分校的“家长百家讲坛”，华兴小学的“闪亮秀场”，等等，无一不标志着新教育“将家长卷进来”的初步成效……

无论从质量规模，还是面貌气象来看，武侯新教育都有了较大的跨越。这一片片新教育的真心、纯心、赤子之心，让武侯教育的大花园愈加美丽。

## 五、尾声：我们还有一个梦想

“‘新教育’其实并不新，新教育所做的一切努力都是为了最终消灭‘新教育’这个概念！新教育，就是‘教育’！”铿锵有力，掷地有声。让教育回归教育，这就是我们的梦想，共同的梦想。

为着这一梦想的实现，我们不顾艰辛，提着水桶奋力去擦拭每一颗星星。我们笑对前路的坎坷，只因我们内心坚定地相信：“教育，就是用思想照亮思想，用激情点燃激情，用爱心滋润爱心，用个性发展个性，用梦想唤醒梦想，用创造激发创造，用浪漫缔造浪漫，用情趣营造情趣，用人格铸造人格，用心灵赢得心灵……”

播撒一粒种子，收获一季花香。在无数平凡的日子里，让我们一起来静静守候，静静倾听花开的声音！

（注：2018 年 6 月，武侯实验区供稿。）

# 二 新教育实验学校叙事

## 1 最美在路上，生命更丰盈

——重庆市长寿区第一实验小学校新教育实验叙事

重庆市长寿区第一实验小学校（长寿一小），建校于1904年，设立凤岭、古镇两个校区。从清末的“女子小学”，到重庆市首批示范小学，到全国新教育实验示范学校，从“志趣教育”，到“过一种幸福完整的教育生活”，112年的办学之路上，长寿一小从未停止过对教育理想的追寻。

### 一、百年老校，焕发生机

2009年以来，学校整体推进新教育实验，先后获得全国红旗大队、全国家庭教育示范校、全国百所德育实验名校、新教育实验示范学校等10余项表彰；连续5年获评全国新教育实验优秀学校；21人次获评新教育实验先进个人或榜样教师；“小溪流”班级被评为全国新教育实验“十佳教室”；“七色花”“小种子”“满天星”班级获新教育实验“十佳教室”提名奖；全人课程、毕业课程、种植课程、长寿文化艺术教育课程、社会主义核心价值观晨诵课程获新教育实验“卓越课程”提名奖；学校文化建设、“推进‘每月一事’”等实验项目经验在新教育年会上交流……众多殊荣让学校不仅成为重庆小学教育的风向标，且在全国也享有盛誉。

### 二、最美路上，丰盈生命

1. 架构儿童课程，缤纷儿童生活。

我校儿童课程是根据苏霍姆林斯基“两套教学大纲”的教育思想，确保学生通过“充满挑战的智力活动”而获得成就感、尊严感，所研发的一系列课程。通过全校每班每周两节晨诵课，养成一种与黎明共舞的生活方式，又能习诵、领略优美的母语；在一、二年级每周开设1节绘本课，将阅读、情感、思维、表达整合为一体，让家长、老师、孩子更全面、立体、和谐地共同成长；在三至六年级每周开设 1 节童书共读课，每学期师生共读 3 本以上经典童书，亲子共读 1 本书，共写读书心得，让阅读助推成长。师生通过写日记、故事、案例等进行暮省，记录、反思师生的日常生活，养成“三省其身”的习惯。

如今，泥塑课程、运动课程、毕业课程、种植课程、养殖课程、梅花课程、农历课程、冬爷爷的礼物课程、电影课程、新生入学适应性课程、童话剧课程、社会主义核心价值观晨诵课程、班级新学期开启仪式课程、班级学期总结仪式课程、语文学科结合晨诵、午读和教材的小主题课程、数学文化阅读课程、长寿文化艺术教育课程等，就像一朵朵绚烂的花朵盛开在长寿一小的实验园里。

2. “缔造完美教室”，丰富班级课程。

以道德人格为核心，通过浪漫的儿童课程和精确的学科课程，缔造完美教室。把师生汇聚在一间教室里，以道德人格发展三境界六阶段学说和马斯洛需求层次理论为指导，通过儿童课程与学科课程的整合，形成班级课程，形成“缔造完美教室”的一个整体。如今，呈现出富有个性特质的“小溪流”“七色花”“蝴蝶梦”“喇叭花”“小蜜蜂”“小脚丫”等“完美教室”班级文化和班级课程。例如，小溪流班级的“西餐文化课程”、小脚丫班级的“小脚丫走天下赶场课程”、蝴蝶梦班级的“MV 拍摄制作课程”，等等。同时，学校为孩子们设立固定的节日，如星光大道、体育节、艺术节、阅读节、科技节、毕业庆典等，让固定的节庆成为学校传统。

3. 搭建三专模式，促进教师成长。

以“共读、共研、共同成长”为宗旨，通过专业阅读、专业写作、构建专业发展共同体，开展教师专业发展课程研究，促进教师专业成长，重拾教师职业尊严与自信。

我校成立教师读书会，每月举行一次教师共读“百家讲坛读书交流会”，老师们轮值进行专题引领。7 年来，我们一起共读了《给教师的建议》《窗边的小豆豆》《帕夫雷什中学》《静悄悄的革命》《教学勇气》《第 56 号教室的奇迹》《破译命运密码——童话人格》《教育的目的》《儿童的人格教育》《跟着佐藤学做教育》《有效教学策略》《第三只眼睛看教育》《致教师》等专业书籍。

每次共读，教师要写读书笔记，发到“‘教育在线’专题帖”共享；每学年要写下年度叙事，教师书写自己的教育故事与教育传奇，学校编辑出版教师年度叙事集《最美在路上》共四本。

“专业阅读+专业写作”起步，学校教师学习的风气越来越浓，“尺码相同的人”越来越多，专业发展共同体逐渐形成。

4. 推行框架备课，追求理想课堂。

推行有效教学框架备课，追求理想课堂“三重境界”，实施精确的学科课程，形成“志趣课堂，七色绽放”的活力与魅力。

我校课堂文化是多年来老师们心中的课堂价值朝向和追求，逐渐形成七彩阳光课程体系，展现出“志趣课堂七色绽放”的魅力。“七色花”缤纷的色彩体现出办学理念：“让每一个孩子都能幸福健康地成长”，片片花瓣代表着我们的校训：做最好的自己，成世界的公民。七个花瓣代表课堂成败的七个方面：观念领航、框架保底、训练有素、模式助推、完美教室、有效教研、共享开放。七个花瓣共同朝向花心，即七个方面共同朝向伟大事物，片片花瓣既各自独立，其根部却是联系紧密，七个花瓣看似各占其位，实则相互融合，相互关联。

从2012年起，我校连续三届代表长寿区参加重庆市优质课竞赛，获得市级语文教学一等奖3人次，数学一等奖1人次；全国优质课录像比赛获得第一名1人次；参加微课制作比赛获得市级以上一等奖10余人次。

5. “推进‘每月一事’”，养成良好习惯。

学校将“每月一事”课程的研发融入到各项工作计划中，每月实施一个主题。为此，我们专门建立了课程研发团队，团队中有班主任、行政干部、大队辅导员、科任教师，还有学生及学生父母。课程实施中，孩子们的思维是活跃的、富有创意的。有很多活动的创意就是他们的点子，如：11月“每月一事”“自信”主题行动中，五、六年级举行“做最好的自己”辩论赛活动；3月“每月一事”“公益”主题行动中，全校学生种植长寿花装扮校园活动等。正是有了教师和学生的共同努力和参与，学校“每月一事”的活动丰富多彩，深入人心。2018年7月，我校“每月一事”课程研发的经验成果在新教育年会上进行了交流。

## ▶ 三、 科学实验，促进发展

在新教育实验的基础理论和实践模式的支撑下，我校以“全面发展学说”与“实践哲学”等为指导，用新教育“榜样+底线”的管理铁律，采用行动研究法、辅助文献法、实验法、个案（案例）分析法、调查研究法、经验总结法等研究方法，唤醒教师沉睡的激情，投入到新教育行动中，从而收获教育的快乐与幸福。通过改变教师的行走方式，来改变学生的生存状态。通过促进教师的专业发展，来促进学生全面和谐而具个性的发展。

在研究形式上，充分利用“教育在线”论坛记录实验开展情况，各班建立班级帖，记录课程的进展；通过校园网发布相关实验信息；建立办公群、新父母群、班级家长群、“缔造完美教室”群，进行教职工交流、教师与专家交流、家校沟通，开展各种培训；通过师生共读、亲子共读经典童话，经历故事与抉择，编排童话剧，编撰出版了《长寿一小童话剧剧本集》《七彩阳光童话剧剧照集》；通过整理实验过程资料，编辑出版了反映实验成果的12册《送给黎明》晨诵读本，分低、中、高三个学段共3册的《社会主义核心价值观晨诵》读本，数学文化课《别样的天空》《别样的天空——学生数学文化日记选编》《别样的天空——学生数学课堂日记选编》等课程成果书籍；通过教师撰写生命叙事（个人或班级），每年9月表彰新教育年度榜样教室、榜样教师，让教师总结反思实验工作，找到成就感，激发老师们再度创造的热情。

七年多来，长寿一小通过整体推进新教育实验，从教育教学管理到具体一个一个的小主题课程，从班级文化到学校文化的构建，从学生评价、班级考核到教师个体评价，形成了一套较为完善的体系，得到了重庆市政府、重庆市教育科学院、新教育研究院、新教育研究中心等专家的肯定。多年来，我校对川、黔、陕、渝、鲁、豫、冀等地的老师进行了公益培训，每学期举办一次新教育实验开放日活动，组织区域新教育培训。《长寿日报》《长寿教育》《今日教育》《教育·读写生活》等报刊多次报道了我校新教育实验的经验。

因为我们在路上，所以留下了许多风景在背后；因为我们在路上，所以我们学会不断向前拼搏；因为我们在路上，所以我们努力并快乐着。也许，我们留下的仅仅是一道道辙痕，但我们无悔，毕竟新教育实验带给我们的希望还很美很美，脚下的路还很长很长。

（注：本文发表于2016年12月《新教育》报，作者为樊力。重庆市长寿区第一实验小学校为2014年度全国新教育实验示范学校。）

## 2 过一种朴素宁静的阅读生活
### ——西安市高新区第四小学新教育实验叙事

有城墙，有雁塔，有兵马俑的地方，是古都西安；

有梦想，有行动，有创新的教育，是新教育；

有诗，有书，有戏的学校，是高新四小……

在古城西安都市之门的西畔，有一所新教育实验学校——西安市高新区第四小学。

在全国2700多所新教育实验学校中，高新四小或许很普通，但与这座城市里上千所其他学校相比，它又是那么与众不同。走进高新四小的校园，你会有一种别样的感觉，这里似乎没有一般学校的喧嚣，而多了一份宁静；似乎没有许多学校的艳丽色彩，而多了些许书香的质朴。在这所年轻的学校里，有一群朝气蓬勃的年轻人，爱在左，热烈在右，走在新教育的路上，他们以“书”撒种，用“心”浇灌，将这一径长途，点缀得花香弥漫，使穿枝拂叶的孩子们，享受学习的快乐，感受生活的多彩。

高新四小的校园干净、朴素、简洁，除了悬挂在行政楼上的“为幸福人生奠基”几个大字外，很少再能看到其他夺人眼球的各种标语、装饰品。

那么，高新四小有什么呢?

这里有朴素的、常态化的师生阅读行动——教师专业阅读和儿童阶梯阅读已经成为高新四小最日常的生活方式。

为了实现新教育儿童课程的常态化，学校做好了三件事：一是指导教师将阅读课程化，努力使阅读不再仅仅是语文课的补充，而是学生各科学习和日常生活的重要内容；二是坚持“底线＋榜样”的管理铁律，不断发现和培养榜样教师和榜样学生，在校刊和各种会议上宣传榜样师生的事迹，以榜样引领大家向前走；三是学校每年投入3万元固定经费，加强学校图书馆和班级图书角的建设，为孩子们提供足够多的可供选择的优质图书。

每一学年开学的第一天，学校都要为一年级新入学的孩子们举行一个朴素、庄重、寓意深远、不同寻常的入学点灯仪式。在点灯仪式上，学校特意设计了教师赠书、亲子共读两个环节，让孩子和家长们从一开始就认识到阅读的重要意义，并且将亲子阅读的理念深深植根于家长和孩子的心间。学校希望从开学的第一天起，每个教室都能亮起一盏灯，亮起一盏阅读的灯，而教师就是那点灯的人。

接下来，就是一个又一个与书相伴的平静的日子——

每天早晨8:00，学校QQ群会按时发布"早安四小"，内容以教育教学理论或职业价值探讨为主，并结合学校的实际做深入浅出的剖析与点拨。在"教师读书会"群，每天由项目组的教师负责导读，就共读的章节提出问题，引领教师进行讨论。这种讨论没有时间限制，非常自由。每个月还会围绕近期共读的书籍进行沙龙式的深入交流。在书籍的选择上，他们不求新猎奇，而是选择那些教育的根本书籍，如《给教师的建议》《教育的目的》《静悄悄的革命》等。通过这些根本书籍的共读，奠定教师精神及学术的根基，帮助教师形成专业的思维方式。老师们还自发组织起许多小型的学习共同体，如"读书会""电影俱乐部""研课小组""教育沙龙""小网师"等，彼此促进，共同提高。

每天早晨8:20，是全校的晨诵时间，孩子们在语文老师的带领下，结合不同的时令节气，诵读学校精心编辑的经典童谣、诗词。他们给晨诵取了一个非常诗意的名称——与黎明共舞，希望孩子们在每天的黎明时分与经典诗歌共舞，让孩子们的生命在每天的第一时间得以舒展，灵魂得以灵动，师生共同传达一种愉悦、饱满的精神，并以此开启一天的学习。学校践行的晨诵是一个结合了古典诗词、儿歌与儿童诗、现代诗歌的复合课程，并且已经形成了一个较为完备的晨诵课程图谱。其主要形式有晨间诵诗、日常诵诗、生日赠诗和情境诵诗等。

每天早晨9:00左右，在各个班级的家长QQ群内，由热心的家长委员会成员转发朱永新老师为"新教育萤火虫"书系编撰的《新父母晨诵》中的内容，随后家长们在群内自由交流各种教育孩子的话题，借此推动亲子共读，影响和改变家庭教育生态。

每天中午12:30，午读时间到了，孩子们在老师的带领下进行绘本或整本书的共读。午间阅读有导读课、以分角色朗读为主的推进课和主题探讨课等多种形式。绘本阅读每天一本，整本书阅读每个月至少一本，全校各班按照阅读计划推进儿童阶梯阅读。

除了师生共读外，更为重要的是孩子自由自主的阅读。学校要求一、二年级的孩子每天阅读一个绘本故事，每学年至少阅读100本；三至五年级孩子每学年挑战800至1000万字的课外阅读量。语文课程标准对小学阶段课外阅读总量的底线要求是 145 万字。在高新四小，大部分孩子的阅读量都远远超过这个底线要求，完成了学校制定的看似不可能的海量阅读计划。

高新四小的阅读行动并不仅仅停留在读的层面。每个学年，学校都会为孩子们策划一个持续整整一学期，主题为“冬天里的童话”的童话节。在童话节中，各班以班级为单位，将本班一年来阅读过的最经典的一本书改编为童话剧或书本剧，在全校公开演出。排演过程中，从编写剧本、竞选演员和剧组工作人员、制作背景道具，到排练，到最后演出，孩子们全程自己做主，人人参与，所有的家长也会参与进来。童话节到了，孩子、家长和老师们便共同生活在一个个经典的童话故事里，陶醉在剧目排演的过程中，沉浸在共读共演共生活的氛围里。

童话节展演的落幕，象征着一学年阅读计划的完成，新的阅读行动也随之开启。

就这样，新教育所提倡的“晨诵、午读、暮省”这一儿童生活方式在高新四小已经被具体化为每日一首诗、每月一本书、每年一部剧。新教育儿童课程已在学校常态化、生活化，朴素，宁静，融入当下的每一个生命、每一个日子……

新教育，特别是新教育所倡导的阅读行动，到底给高新四小的孩子们带来了什么呢？我们发现，乐观与向上、爱心与责任、诚实与朴素、专注与宁静、理想与勇气、自由与想象等这些美好的词汇似乎正在被逐渐刻写在越来越多的孩子身上。

在多年的实验过程中，高新四小发生了大量感人的故事，其中有这样一个故事在当地广泛流传。

2009 年 4 月，当时担任五年级班主任的贾卫平老师和远在温州的一位老师联手，共同研发了一个课程——“翘望，山海与古都的对话”。短短一个学期中，身处两个城市的孩子先后通信 7 次。每次，孩子们收到远方伙伴的来信时，那份激动真是溢于言表。为了给远方的伙伴更好地介绍自己所生活的城市，孩子们课余时间查阅了大量资料，阅读了很多与自己生活的城市有关的书籍，学习老师研发的课程内容也是格外用心。

这种课程方式，不仅丰富了孩子们的文史常识，锻炼了孩子们的书面表达能力，更将孩子们的视野引向了远方。课程给孩子们所带来的深刻影响出乎老师们的意料。当年 8 月中旬，台湾遭受“莫拉克”飓风灾害，当时正是暑假期间，他们班的杨卓西同学在家里看电视时知道了这个消息。

并没有人动员，她把自己积攒的20.8元零花钱寄给了台湾国民党中央，同时还写了一封慰问信。她在信中说："我把攒了很长时间的20多元钱捐给你们，虽然钱很少，微不足道，但是，那也是我的一点心意……希望你们的家园早日重建……"时任台湾国民党秘书长的吴敦义拆阅后，大为感动，随即批示以国民党主席吴伯雄的名义回函感谢。后来，国民党副主席蒋孝严先生来西安时专门安排接见杨卓西同学。中央电视台、凤凰卫视等国内各大媒体均对此事进行了跟踪报道。

这似乎是一个偶然的事件，但其实是杨卓西同学内在情感的一次自然流露。我们在翻阅她的一次晨诵作业时发现了这样一首仿写的诗：

如果我能使一个人永远开心
我就不虚此生
如果我能解除一个人的疲劳
消除一种劳累
帮助一条快死的小鱼
重新回到水中
我就不虚此生

正是新教育儿童课程，在日复一日地滋润着孩子的身心；正是这持续了一个学期的与温州孩子的通信活动，使得孩子的眼界跨越了西安，跨越了陕西，在台湾遭受灾害时，才可能奉献出自己的一份爱心。像杨卓西同学一样，因为书香的浸润，高新四小的孩子们身上，普遍多了一点柔软，一点温暖，一种特有的气质。

从2007年到2015年，高新四小走过了八年的新教育历程。八年的追梦，高新四小成为西安高新区一道美丽的风景；八年的坚守，高新四小擦亮了古城新教育的一方天空。八年多来，阅读已经成为高新四小最靓丽的肤色。因为阅读，因为新教育，高新四小在陕西省内外影响日渐扩大。2013年10月，在全国第十届北师大版小学语文课内外阅读指导研讨会上，作为西安唯一受邀请的学校，高新四小在会上介绍了他们推进学生课外阅读的经验；同年11月，在"阅读的力量——2013年新教育国际高峰论坛"上，学校作为中国新教育团队成员学校之一，受邀在大会上做主题发言；2014年，学校策划的主题为"小阿力的大学校"的大型实景体验式开放日活动，让来自陕西西安、安康及甘肃、河南等地的与会代表耳目一新，赞不绝口；同年7月，学校被评为新教育实验示范学校；2015年，学校拍摄的以新教育儿童课程为背景的微电影《幸福蜜药》，在第十二届圣地亚哥国际儿童电影节获奖，网络点击量超过 200 万，产生了广泛而良好的社会影响……

有诗，有书，有戏，
朴素而热烈，宁静而悠远，
这便是高新四小师生幸福完整的教育生活！

（注：本文发表于 2015 年 9 月《新教育》报，作者为贾卫平。陕西省西安市高新区第四小学为 2014 年度全国新教育实验示范学校。）

## 3　且歌且行，创造卓越人生
——日照市实验中学新教育实验叙事

总得有人去擦星星，
它们看起来灰蒙蒙。
总得有人去擦星星，
因为那些八哥、海鸥和老鹰
都抱怨星星又旧又生锈，
想要个新的，我们没有，
所以还是带上水桶和抹布，
总得有人去擦星星。

“我们，也可以改变世界，我相信！”当朱永新教授和一批新教育人满怀激情与梦想，投身实践与改革，坚信“星星会亮起来”的时候，日照市实验中学的校长老师们也加入了“擦星星”的行列，投入到新教育的实验中来。

加盟新教育实验，学校始终遵循“过一种幸福完整的教育生活”这一核心思想，全力落实新教育“十大行动”，本着“创学校特色，育现代少年”的办学目标，力图通过多种途径和方式让实验中学的老师和学生体验新教育实验给校园生活带来的幸福和快乐，力求使学生成为“尚德、修艺、益智、健体”四者和谐发展的新时代少年。

在实验中学的土地，新教育像是一剂上好的给养，滴灌在学校每一个学生、老师的生命底色上，让生命之花绽放得夺目而绚烂。

## ▶ 一、 学生的成长添色彩

正如于漪先生所说："教育的本质是培养人，它的基本职能是促进青少年的发展。"当新教育的和风吹进实验中学的校园时，也就带来了学生成长的更多可能性。

"营造书香校园"，学校确立了"书香校园、人文课堂、涵养教师、儒雅学生"的目标，围绕"植根经典的土壤，建设书香校园"的核心，开展了四项基本活动：

领：提倡晨诵，早读有计划地领读、背诵。

新教育推荐了张中行先生审定的《中华经典名篇诵读本》，还有《英文名篇诵读本》，这给予了我们很好的借鉴。我们也推出了"经典诗文"诵读材料。项目组老师在初中教材的基础上，又精选了一百篇优秀古典诗文作品，以每周推荐的形式发送给各位语文老师，由此灵活机动地展开诵读。

读：推行"阅读周计划"，提倡每天读书半小时。

初中生课程多，阅读时间远远少于小学生，而阅读量却远远大于小学生。因此，为达到有效阅读，我们创新式推行了"阅读周计划"。以一周为一个学习周期，每周推荐一位优秀作家，由项目组的老师精心选择相关材料，如作家简介、作家自述、作品精读、名人评论等，对作家进行全面推荐，既培养学生的精读意识，又引导其经典意识。目前，我们已完成了十六位作家的推荐活动，其中包括沈从文、冰心等，也包括席慕容、三毛等，还包括日照名家夏立君等。在此基础上，以读书报告会与读书笔记相结合的方式展示读书成果。

讲：利用语文课及校本课程，适当讲解。

仅仅依靠家庭读书是不够的，我们还将读书纳入我们的课程体系。在调整语文课的基础上，开设专门的校本课程"阅读写作课"，每周两课时，以经典名著导读、"阅读周计划"读物等材料为读本，对学生进行阅读指导。

创：提倡"晚省"，提倡"读、赏、创套餐"周记。

我们提倡学生写"读、赏、创套餐"周记，要求学生每周坚持阅读并摘抄一篇好文章，并简要写出摘抄理由；每周坚持写一篇高质量的读后感，或每周仿写一篇较高质量的文章，既可“与名家名作写同题作文”，也可“与名家名作唱对台戏”。其中读是“吸收”，赏是“内化”，创是“表达”。这些富有挑战性的活动，使学生敢学敢想敢写，又节约了学生的投入时间。

“培养卓越口才”，口才的训练不能游离于日常的教育生活之外。我校根据学校特点，从以下几方面着手：

1. 晨诵为契机。

每天早上的晨诵，是培养学生口才的摇篮。因此，我们不放过这种训练的契机，学生在齐诵、独诵、领诵等方式中，享受着美妙，激发了信心。

2. 课堂为阵地。

语文课堂上，注重课前三分钟的利用。我校实行“三三五”智慧课堂模式，全班根据人数分成十个小组，为了让每个学生都有训练的机会，按小组顺序，每次每小组推举一人，每天两组进行演讲，以周为单位，评选出优秀演讲者和进步者，纳入小组量化。三分钟虽短，但这背后是精心的准备和一次次的苦练，学生们在每一次的备战中提升着自己，也在一次次的演讲中变得自信起来。

另外，课堂不是教师“一言堂”，我们不应该剥夺学生的话语权，因此，我们要注重在课堂上留给学生思考、表达的时间。课堂是个大舞台，课堂不是教师一人的阵地，为此，我校所提倡的“三三五”智慧课堂做到了把时间还给学生，把话语权交给学生。导学案的使用，给了学生更多思考的时间和机会，而课堂上我们可以看见学生精彩的展示、思维的交流、智慧的碰撞，每一节课都展现了“唇枪舌战”。愿说，敢说，会说，学生不再是被动接受知识的容器，而是充满了思想的独立个体。

3. 班会为载体。

结合特色班级建设，班主任根据自己的班级特点和学生特长，制订适合自己班级的特色演讲活动主题。如初一新生的“自我介绍”活动，初三年级“无悔初三，奋战未来”的青春演讲。除了特色班会，学校还在每周一下午第四节课规定同样的班会主题，有些适合交给学生的主题，班主任大胆放手，由班干部组织筹划，每名学生参与其中，收到了良好的效果。学校响应日照市创城工作，还要求每个班级认真举办“道德讲堂”活动，相关材料要统一上交。在这个活动中，不仅留给了学生关于美德的思考，而且也在“润物细无声”中培养了学生的口才。

4. 活动为平台。

各种文体活动的开展，丰富了校园文化，更是为学生口才的训练提供了平台。“我的中国梦”演讲比赛、“向国旗敬礼”演讲活动、“金话筒”主持人大赛、经典诵读大赛、美德少年竞选演讲、学生会换届竞选演讲比赛、日常行为规范（文明礼仪）知识大赛、课本剧大赛、国学达人大赛……比赛次次有新意，选手人人有高招，在这些活动中，很多优秀选手大放异彩。

## 二、 教师的拔节有助力

“教育，就是一棵树摇动另一棵树，一朵云推动另一朵云，一个灵魂唤醒另一个灵魂”，学生就像是一棵棵茁壮成长的小草，需要教师这个园丁的浇灌和呵护。

“师生共写随笔”，新教育提倡，从原点——学生出发，践行教师的理想，提倡师生共写教育生活，分享教育成果。

为铭记我们的教育历程，我们着重建设了以下平台：

1. 班级日记。

班级日记，是一个集学生、教师思想交流、资源共享和互助互进的平台，旨在记录班级成长的精彩瞬间，搭建学习、生活、写作等沟通的平台。学校统一配备班级日记本，每天安排一人书写日志，语文教师负责指导。每学期末，由学校教研处收集整理班级日记，举行班级日记评比及“优秀作品”评选活动，给予奖励。目前，我校王素梅老师已组织学生印发了班级日志刊物《晨歌》，备受好评。

2. 教育叙事。

理想的教师应该成为新教育实践中的“有心人”，要及时地记录教育现象，记录自己的感受，记录自己的思考。因此，我们提倡教师书写“教育叙事”。课堂叙事、班主任笔记、教育案例等，记录了教师成长的痕迹，绽放出教育的花朵。

3. 文学班刊。

在学校“新月文学社”的指导下，由代士晓、张萍老师倡导并具体指导的“文学班刊”活动也结出了丰硕的果实，各个班级的各具特色的“班刊”图文并茂，如雨后春笋般大批涌现，成为学生抒写性灵的又一方沃土。

4. 校刊《方舟》。

校刊方舟，也是我校文学教育的有力阵地。学校投入了巨大的人力、物力、财力等，组编了校刊《方舟》，每两月刊行一期，全校师生人手一册，校刊《方舟》曾获“山东省优秀校刊评选一等奖”。

“聆听窗外的声音”，助力教师生命拔节，加大教师的培训力度。首先，通过新教育论坛与各种学习交流，聆听同伴声音，催生教育智慧。其次，通过外出考察学习，聆听校际声音。再次，通过专业引领，聆听“大师”声音，积累知识，提升理念。只有这样才能从窗外汲取力量，吸纳百家之长，形成自身特色。学校组织工作室负责人和实验教师进行校本培训，每学期 5 次以上；每位实验教师每学期写 1 份实验交流材料。

## 三、 学校的课程新突破

教育目标的达成和价值的体现主要通过课程来完成，从这个意义上讲，课程是教育的关键，是素质教育落实的着力点。在具体的教育实践中，课程如何与学校的育人目标相契合，是需要统筹把握与缜密思考的深层次问题，它直接关系学校的育人质量。因此，几年来，市实验中学围绕培养“现代少年”这一目标，结合新教育实验的要求，实施了以构建“现代少年”课程体系为核心的校本课程探索与实践工程。在教材的开发与建设、实施策略与方法、反馈矫正与补偿等方面取得了一些突破，引起了教育系统乃至社会的关注。

市实验中学在促进教育均衡发展的“城区一体化”建设过程中，立足当前，着眼未来，重视培养学生成长所需要的基本素养和能力，调动一切力量，整合资源，推进国家课程校本化，打造助力学生个性发展和能力提升的成长平台，凸显了校本课程嵌入式、活动化、自主性三大特色。

1. 嵌入式：让校本课程与国家课程完美对接。

嵌入式课程就是将学校课程嵌入国家课程中，其核心就是将国家课程校本化。学校在传承已有办学经验的基础上，逐步将学校课程嵌入国家课程中，实施国家课程校本化，既实现了国家课程的教育目标，又充分彰显了学校自身的课程特色，也满足了全校学生成长的需求。

2. 活动化：校本课程和学校活动有机融合。

丰富多彩的学校活动是促进学生健康成长的重要载体。基于这种理念，学校积极探索校本课程建设路径，努力构建“开放多元、以生为本、回归生活、科学严密”的校本课程，大力实施“四类特长课程”和“四大社团活动课程”，不断推进校本课程多元化进程，精心打造了经典诵读、研究性学习、风景数学等校本品牌课程。

3. 自主性：让校本课程成为学生成长的助推器。

（1）整体设置分层课程。

学生选修课程实行“2＋1＋1”方案。“2”代表基础课程＋拓展课程。优秀学生选修的第一个1是指“延伸课”，中等生选修的第一个1是指“兴趣特长课”，后进生选修的第一个1是指“补弱课”。第二个1代表“特长课”，即完成学校“教育均衡发展，让每一个孩子至少具备一项艺体特长”的目标。

（2）实施待优生补弱教学课程。

运行“班级统管＋小组学习（学生学习共同体）＋基础强化（学科包干、教材过关、训练过关）＋关注行为（自信、习惯、方法）＋管理过程（读、写、记）”的综合提升模式，实行“分层作业、分层批改”。实施导师辅导责任制，对待优生进行发展设计和学习诊断，落实课程学习“五清”过关制，做到堂堂清、日日清、周周清、学段清、学期清，并对待优生进行全程激励和责任追究，帮助他们赶上学习进度，实现生生均衡发展，达到基本育人目标。

有怎样的课程，就会有怎样的儿童生活，有怎样的儿童生活，就会有怎样的儿童成长方式。新教育倡导通过研发课程来“缔造完美教室”，只有通过积极研发课程才能深刻领会实施新教育理念。努力与我们的学生共同过上幸福完整的教育生活，需要探索精神与浪漫情怀。完美教室课程的研发需要理性思考，教室是师生共同学习、实践、生活、经历、成长的地方，“缔造完美教室”就是让师生形成共同的愿景，在这样的目标引领下，师生共同缔造和编织快乐的、多彩的、美好的教室生活。而我们老师要做的就是研发一个个卓越课程，通过课程的实施与孩子共享美好的教室生活，从而实现生命的自觉成长。

一株植物的生长，从萌芽状态到芳香馥郁，从枝叶蓁蓁到花木扶疏，需要阳光的照耀，需要雨水的浸润，需要大地的滋养，需要园丁的修剪。新教育为这株植物带来了温暖的阳光、甘甜的雨露、适宜的土壤、热情的园丁。当这些具有勃勃生机的幼苗成长起来，这块具有鲜明特色的教育土地才能春意盎然！

（注：山东省日照市实验中学曾获评2016年度全国新教育实验示范学校，本文为该校当年的申报材料。）

## 4 开出一朵属于自己的花儿
### ——洛阳市高新区孙旗屯小学新教育实验叙事

洛阳市高新区孙旗屯小学始建于清朝，前身为孙家私塾。现在的校区 1983 年建成，已有 30 多年的历史。2012 年，在区文教体局的引领下，全体师生以“过一种幸福完整的教育生活”为愿景，开创了“阳光教育七彩童年幸福人生”的特色发展之路。六年多来，学校先后获得全国新教育实验示范学校、河南省师德师风建设先进校、洛阳市全面特色学校、洛阳市教师发展学校等 43 项殊荣。徐良惠校长被评为首届全国新教育实验年度智慧校长，七色花班被评为河南省书香班级……学校的新教育实验成果分别被《中国教育报》《教育时报》《河南青年报》《大河报》等众多媒体报道。

自开展新教育实验以来，“营造书香校园”“师生共读共写”“推进‘每月一事’”等新教育行动打开了孩子们心灵的一扇扇窗，让教育工作者感受到了生命的神奇。

### 一、营造书香校园

实验之初，学校就紧紧围绕“营造书香校园”开展各项工作，努力让学校的每一个角落都能闻到书香，让校园成为师生的精神家园。

1. 书香萦绕诗意校园。

学校全方位、多角度地创设浓郁的阅读氛围，装修改造三块童心阅读区、六条主题阅读长廊、三个诗意楼道、220 平方米的图书室。将每间教室都建设成开放的阅览空间。在每一个精心装饰的角落里，都放着一本本用心挑选的书籍。高大的阅读树伸展枝条延伸到彩色的天花板上，绿色的长凳随树摆放，充满哲学情思和童话色彩；挺拔的翠竹、涓涓的流水、自由自在的小鱼，在这样的阅读环境里，孩子们可以坐、躺、靠、倚、卧，随手采撷智慧的花絮，汲取经典书籍的营养……

“新孩子乡村阅读公益行”活动走进学校，活动项目组为学校捐赠 10 万元的童书；新教育童书馆在学校落成；超星集团向学校捐赠价值 30000 多元的阅读机……近 40000 册的图书，学生们可以自由借阅。

2. 课程解开生命密码。

研发儿童课程，全校师生利用午读和每周固定时间开展整本书阅读，老师为学生精心推荐阅读书目，开展师生共读、亲子共读、“图书漂流”等活动；家庭制订共读计划，填写阅读存折，与孩子一起共读共写。《蜻蜓眼》《吃狼奶的羊》《爸爸的故事》等优秀童书走进教室，成为孩子们手中爱不释手的礼物，曲折的情节成了孩子们畅谈的共同话题；《活了一百万次的猫》《石头汤》《窗边的小豆豆》等趣味十足的童书在孩子和家庭中传递……阅读成为师生最日常的生活方式，让孩子、父母和教师拥有了共同的语言密码，让我们的生活多了“诗和远方”。

3. 教研推进课程落地。

学校组建阅读工作推进团队，开展以阅读课为主题的研讨活动。导读课的引领、推进课的释难、分享课的展示、阳光亲子故事会的开展，让孩子们对书籍充满了渴望。孩子们手捧一本本新书，恨不得三餐不食，一气读完。老师与孩子们行走于文字中，留下深深浅浅的脚印、磕磕绊绊的步履，在阅读中仿佛又一次经历了人生之旅；孩子们通过手抄小报、思维导图、读书卡片、交流感悟等形式，让生命因阅读而春意盎然。

4. 活动助推阅读生根。

自 2011 年开始，学校相继开展了“沐浴书香”系列读书月活动。每年的读书月，是师生的狂欢。“超级模仿秀”“故事达人争霸赛”“品质书柜”……丰富的活动形式，使书籍成了师生身上最有价值的配饰；读书海报评比、读写绘作品大赛、童话剧、课本剧……新颖的活动，激发了孩子的阅读兴趣，提高了他们的阅读水平。学校先后承办了河南省教师读书会“带一本书到学校”、洛阳市“789 少儿阅读推广联盟”阅读研讨、洛阳市诗歌协会诗会、洛阳市书香阅读年启动仪式……活动的开展，在社会上引起广泛的影响。

## ▶ 二、 教师专业发展

一个人要成为幸福的人，首先要拥有一个明亮的精神世界，而能够提供给这个世界养分的，只有那些伟大的书籍。要成为一个始终处于成长状态的老师，只能去读书，构建一个由本体性知识、专业知识和人类基本知识组成的“合宜的大脑”，才能更好地思考当下的问题，产生新的教育思想，更好地指导教学。

1. 专业阅读寻找个体自我。

为了更好地寻找与自己生命气质相契合的榜样，学校确定先以办公室为单位开展共读活动，有意识地向大家推荐中外教育家的著作、新教育的书籍，使老师们拥有大视野、大情怀，能够站在更高的层面面对当下的问题，寻找解决问题的途径。

七年来，教师共读了《新教育》《一间可以长大的教室》《致教师》《我的阅读观》等四十多本书籍，拥有了共同的知识背景和语言背景。“新阳光”QQ群、微信群成为教师发表感悟的固定“房间”；“知行读书会”成为推进教师读书的“社区”；“相约星期二”成为教师思想碰撞的约定时间；“读书分享会”成为教师展示阅读成果的“大市场”。一次次主题鲜明的分享活动，让大家充分感受到书的美好、书的力量，从而不断完善自己，提升人生品位，促进专业发展。

2. 专业写作成就本真自我。

写作成为教师的生活常态。老师们及时书写自己的读书感悟、教育随笔、班级叙事……学校将评选出的优秀教育笔记汇编成册，编成校本作品集《爱在阳光下》《春暖花开》《成长的足迹》《回眸与展望》《七彩梦阳光情》等，阳光教育系列丛书《守望教育的初心》由河南省大象出版社出版。每学期的期末，阳光教师用生动活泼的形式，演绎着班级叙事和办公室叙事，诉说着感人至深的故事。一个个难忘的镜头、一次次温馨的场面，永远定格在阳光人的心中，积蓄着，蕴藏着，爆发着……让生命之花绚丽绽放。

3. 专业交往飞扬生命自我。

教师借助专业交往，加入专业发展共同体，寻找志同道合之人。名师工作室、项目培训群、种子教师群、七彩联盟……共同体的建设，成为阳光教师成长的另一个摇篮。在共同体中，教师互相学习、沟通，提高自身专业水平。老师们承担市少年儿童图书馆的“萤火虫”公益项目、公益研训班会务接待活动……把学校、班级、种子教师的故事与更多的人分享，在众智汇聚的大海中成长。

## ▶ 三、“推进‘每月一事’”

新教育实验一直在探索如何“教给学生一生有用的东西”，将“推进‘每月一事’”作为新教育的十大行动之一，它让教育不断在创新中创造奇迹，为校园增添了许多色彩，让师生之间多了许多美好的回忆，让每一个幼小的生命在那间充满温馨的教室里，如花绽放。

一月调查（双眸观世界），重拾乡村记忆，了解家乡的风土人情，撰写小调查报告；二月民俗（传承传统文化），集对联、拍照片、耍龙灯、逛庙会……增加孩子们对传统文化的热爱；三月感恩（行动回报社会），坚持每天做一件好事，植绿护绿，用点滴的善行回报社会；四月踏青（拥抱大自然），亲吻自然，涉足山水田园，让美蕴藏心底；五月劳动（幸福小主人），明白劳动的意义，做光荣的劳动者，服务家庭、学校、社区、社会；六月歌唱（绽放阳光精彩），校园文化艺术节、毕业季，为孩子们的童年注入七彩的颜色；七月环保（感受低碳生活），走进大自然，低碳出行，用实际行动保护祖国的大好河山；八月游历（印象祖国山水），载着知识走向远方，让旅行成为一场思想的盛宴；九月仪式（写下明亮诗篇），开学典礼、新生入学仪式、读书月启动……用仪式和希望开启新的学期；十月演说（爱我中华家园），朗诵诗歌、唱红歌、敬老活动，诠释爱国的内涵和意义；十一月阅读（诵读经典美文），用书籍启发心智，开启美好生活；十二月安全（生命贵在珍惜），回忆一年的收获，让安全教育贯穿于生命的每个瞬间。

生活中的许多大道理，都蕴藏于这些小事之中。每一个活动，都传达着最真挚的情感；每一件事，都有感恩之情存于心间。在校园中的每一天，都有温暖的春风拂过脸庞，都有和煦的阳光洒落肩头。

## 四、 十大行动的蝴蝶效应

在重点项目的推动下，在榜样教师的言说中，大家一次次地感受着新教育的执着、纯净、向善。发生在自己身边的故事，更为生动和鲜活；身边的榜样，更有说服力。新教育唤醒了心底最深处的渴望，于是，阳光人欣然行动，展现着教育的精彩。

1.“缔造完美教室”。

一间完美教室，可以为孩子们编织一个美丽的梦想，能够引导每一个生命走向卓越。老师们根据班级的实际情况和孩子们的愿景，确立了班名、班徽、班歌等，设计内容丰富、形式多样的班级文化，并研发实施班本课程。随县教育局杨光明局长在参观完学校后，说：“在这里，我知道了教室的最美模样！”

2. “构筑理想课堂”。

课堂文化是学校文化的重要组成部分，是学校文化的一种表达形式和基础载体。为构筑理想课堂，发现知识的内在魅力，学校提出建设“阳光·成长课堂”。通过教师自主研修、定期开展主题教研、校级公开课等活动推出年轻教师过关课、青年教师研讨课、骨干教师示范课、新教育特色课……使课堂更加注重师生的创造品质，把固有教学设计的预设目标变成成长目标，让知识的学习过程成为师生展现与创造生命意义的过程。阳光少年们吮吸着课堂“公平、温暖、多彩、和谐”的甘露，健康茁壮地成长。

3. “聆听窗外声音”。

走出去，开阔教师们的视野，与大师进行对话，让教师们感受激情，学有榜样。学校为教师学习创造一切机会，老师们视学习为最好的福利。上北京、去温州、飞重庆、到南京……在教育主题论坛学习培训中，有学校老师的身影；首师大附小、万航渡路小学、史家小学、翔宇学校……都留下了老师们学习的足迹；听朱永新教授、李镇西院长的报告，点燃了老师们的教育激情。我们从“窗外”汲取力量，促进教师成长。

和全国大多数的新教育实验校一样，我们是普通的，以践行“阳光教育”为使命的阳光人在新教育实验中扎根田野，躬耕实践，不因土地贫瘠而忘却了绽放；同时，作为一个普通的实验学校，我们又是幸运的，朱永新教授、李镇西院长、陈东强副院长、张硕果主任等一大批新教育实验的领导专家先后走进学校，对学校的工作进行指导。学校生长模式不断创新，村小的面貌和精神气质发生了变化。村小的生长，经历了从破土到繁茂、从平凡到奇迹的蜕变。

追随新教育，践行新教育，享受新教育，阳光人带着爱和使命，在乡村教育的沃土上播种、耕耘，留住生命的诗意，在贫瘠的土地上开出一朵属于自己的花！

（注：河南省洛阳市高新区孙旗屯小学曾获评2017年度全国新教育实验示范学校。）

# 5 牵手新教育，爱在每一天
## ——诸城市实验幼儿园新教育实验叙事

诸城市实验幼儿园坐落在舜文化的发祥地——山东诸城。幼儿园自2002年建园以来，以集团化办园模式发展，一园六址，现有文化路、紫藤、香榭里、城北、观海园、繁华六所分园。

幼儿园先后荣获山东省十佳幼儿园、山东省示范幼儿园等称号。幼儿园以“向真·向爱，尚善·尚美”为办园理念，以培养“健康、阳光、灵气、自主”的幼儿为育人目标，着力打造有活力、有文化、有内涵的师生共同成长的幸福家园。

十年树木，百年树人。在孩子们3－6岁，为他们带来一场教育的庆典，那是一种最幸福的遇见。

早在实验幼儿园成立之初，实验人就在找寻着一种与幼儿心灵契合的教育，一路前行，在摸索中前行，直到遇见新教育，遇见新教育的十大行动。在开始接触的日子里，实验幼儿园就在新教育和3—6岁幼儿中间找寻着契合点，将新教育十大行动中能够真正适合幼儿身心发展的行动演化为学前教育的新教育。

于是，时间记录着新教育在这里发生的种种改变。新教育实验使诸城市实验幼儿园这棵常青树又焕发出了勃勃的生机，不断收获着喜悦与成功。

2012年，诸城市实验幼儿园成为新教育实验学校。

2014－2017年，诸城市实验幼儿园连续获评全国新教育实验优秀学校。

2016年，诸城市实验幼儿园承办全国新教育实验第十六次研讨会的分会场，进行以阅读为主题的“每月一事”展示。

2016年，诸城市实验幼儿园的“七彩生活课程”获得全国新教育实验年度卓越课程提名奖。

2017年，诸城市实验幼儿园获评全国新教育实验示范学校。

在与新教育牵手的这段日子里，实验幼儿园紧紧围绕新教育的十大行动，将幼儿的发展放在第一位，让孩子的童年溢满七彩。

## ▶ 一、营造书香校园——书香氤氲润实验

新教育认为：每一个人的生命都是一粒神奇的种子，童年蕴藏着不为人知的秘密，而阅读能够唤醒这种潜在的神奇力量。实验人就将幼儿早期阅读作为幼儿教育的核心理念。在实验幼儿园，不仅有会读书的老师，还有会读书的父母以及会读书的教室和会读书的墙壁，班班建立班级绘本馆，家家建起家庭绘本馆，让阅读充实孩子的每一天。

1. 让班级绘本馆成为搭建亲子阅读的桥梁。

在实验幼儿园的45个完美教室中，每班班名就是绘本馆名，每班根据班级文化依托阅读区，进行绘本馆环境创设。彩色花绘本馆、彩虹鱼绘本馆、彩虹鸟绘本馆、小蚂蚁绘本馆……每个馆名都以经典绘本命名。幼儿园投入的绘本、家委会捐赠的绘本、家庭中闲置的绘本都是绘本馆中的阅读资源，目前每个绘本馆馆藏量为500本左右。

在班级绘本馆中，“书香伴童年”流动小书包、阅读漂流、共享阅读三种形式的绘本流动方式让孩子们每周的人均绘本阅读量达到3本以上。班级绘本馆的绘本阅读，从幼儿园延伸到家庭，真正搭建了亲子阅读的桥梁。

2. 为园本课程打上阅读的底色。

实验幼儿园一直秉承“一日生活皆课程”的教育理念，并以生活为核心，构建七彩生活园本课程。幼儿园将班级绘本馆与阅读课程有机融合，真正实现课程的整合性。每一个课程都以阅读为底色，闪耀着最美的光芒。

以红色安全课程为例，安全周是红色安全课程之一。这期间，班级绘本馆根据幼儿不同的年龄特点，投放不同的安全类绘本。小班的孩子们读《不要随便跟陌生人走》，中班的孩子们读《驼鹿消防员的一天》，大班的孩子们读《消防车吉普达》。通过阅读，幼儿对抽象的安全知识有了形象的认识。幼儿园再通过消防安全演练等生活实践增强幼儿的安全意识。将安全教育延伸到家庭中，让家长和孩子共读安全类的绘本；由家委会组织家长和孩子们实地参观消防大队；由家长和孩子们在家寻找有安全隐患的地方，并张贴安全提醒标志。通过阅读和实践让孩子们从小养成安全习惯。

3. 用阅读丰富孩子的每一天。

实验幼儿园结合新教育推荐图书，每年都实现绘本更新和替换。打造

班级绘本馆、读书长廊、绘本区域，让孩子与书为伴，让绘本浸润孩子的心田。从清晨一入园，每周的好书推荐就呈现在家长和孩子的眼前，午睡故事陪伴着每一个孩子进入梦乡，每天晚上的“月亮哥哥”讲故事让亲子阅读有了更深远的意义。“月亮哥哥”讲故事自2018年10月份开播以来，点击量已达到40多万，月亮哥哥的声音从实验幼儿园传遍整个诸城大地。

## 二、“聆听窗外声音”——外面的世界真精彩

1. 走出去，让生命生动起来。

在实验幼儿园，精彩的活动总是不断。每年的春天，我们都会走出园门到我园课外实践基地走一走。春天，孩子们在这里踏青赏春；夏天，孩子们在这里捡拾垃圾，做环保小卫士，听虫鸣蝉叫。来到大源社区基地参观，孩子们收获的是更多的精彩。走近恐龙公园，和爸爸妈妈一起在游戏中增进感情。到超市去走走，争当购物小达人……每一次活动，孩子们经历着，感悟着。

走出去，孩子们的收获是不一样的。我园的家长委员会发挥了桥梁的作用。每个班级的家长委员会都是课外活动的组织者，他们走进常山、竹山、卢山、五莲山，勇攀高峰；走进诸城市野生动物园与动物亲近；走进葡萄园，去采摘秋天的果实。

2. 动起来，让生命丰富起来。

每逢节日，实验幼儿园是最热闹的。根据节日，实验幼儿园设置不同的主题活动，让幼儿不必走出园门，就能聆听窗外的声音。

一月，万象更新，新年亲子诗歌朗诵会开始了，别看幼儿园的孩子年龄小，志气可不小，他们和爸爸妈妈一遍一遍练习，直到熟练朗诵诗歌为止。小班的孩子或许发音还不那么准确，爸爸妈妈就用简单的方式与孩子们配合着，当孩子们用稚嫩的声音喊出“爸爸妈妈，我爱你们”的时候，那一刻，拥抱成了最亲密的动作。

二月，亲子灯谜会将幼儿园装扮得喜庆极了，爸爸妈妈、爷爷奶奶齐上阵，忙着猜谜语，兑换奖品，充满了欢声笑语。

三月，妇女节是妈妈和奶奶的节日。妇女节这一天，幼儿园邀请女家长来接幼儿。教师们精心准备，让每一位小朋友亲手制作一个发夹。当老师开门的那一刻，小朋友们齐声祝福，祝奶奶、妈妈节日快乐，并亲手为家长们带上发夹。那一刻涌动的是爱的温馨与美好。三月的植树节，老师

和孩子们一起种下象征着希望的种子，亲手为大树浇灌，这一刻孩子们感受的是劳动的喜悦。

四月，有实验幼儿园的阅读节。这一个月，实验幼儿园的宝宝们除了每周五带回阅读小书包与爸爸妈妈一起读故事、记录故事，还要与爸爸妈妈分享更多的绘本和亲子活动。大二班为此专门开辟了“亲子故事”专栏，整整一面墙都贴满了故事，家长听着宝贝们那略显青涩、不太生动地讲这样那样的故事，心里都乐开了花。清明节的主题教育，孩子们用稚嫩的声音吟诵着“清明时节雨纷纷，路上行人欲断魂”。

五月，康乃馨总是那样红艳，那是送给母亲的花。孩子们与妈妈一起分享描写母爱的绘本、给妈妈梳头……妈妈们陶醉其中，那一点点眼泪是感动的、欣喜的眼泪。更令妈妈们难忘的是——《我和妈妈一起去旅行》，孩子们紧紧拉着蒙上双眼的妈妈的手，穿过不同的障碍，那一刻信任成了妈妈心中最重的分量。

六月，孩子们唱起来、舞起来了。实验幼儿园为孩子们隆重举行了“七彩童年、七彩梦”的“六一”庆祝会。孩子们有的唱、有的跳、有的演，每一个节目他们都是主角，幸福着，收获着。

七月，又迎来了毕业季，大班的孩子们就要上小学了，“参观我的小学”是必不可少的。孩子们学着哥哥姐姐的样子端坐在教室里，听小学的老师们讲课，那一刻每个小朋友仿佛都成了一名光荣的小学生。

九月，教师节主题活动，每位孩子都为老师画张像。这就是孩子们心目中的老师。

十月，国旗飘起来，飘过实验幼儿园孩子的心田，让国旗红红地插遍实验幼儿园的每个角落。

十一月、十二月，我们迎来了幼儿园园庆。园庆那天孩子们听园长妈妈讲述幼儿园成长的故事，每一位小朋友都感到很荣幸。就要过新年了，包饺子是必不可少的，别看实验幼儿园孩子的年龄小，但是本领可不小，他们捏起饺子来真带劲。

一年 365 天，每一天实验幼儿园的孩子们都用不同方式探索着这个美好的世界，聆听着窗外的声音。

## 三、“研发卓越课程”——让孩子的童年溢满七彩

在实验幼儿园，一日活动皆课程，幼儿们每天的活动就是最好的课

程。实验幼儿园用七彩生活课程构建幼儿一日活动。七彩生活课程以生活为核心，以七种颜色的课程为子课程，包括红色安全课程、橙色亲子课程、金色游戏课程、绿色生态课程、青色习惯课程、蓝色节日课程、紫色阅读课程。红色是热烈、向上的色彩，也是点亮生命之火的主色调，也是安全的警戒色，将红色定位于安全课程，以养成幼儿“珍爱生命、关注安全”的核心素养为课程目标。橙色是最温暖的颜色，也是代表亲子的色彩，以养成幼儿“敬老爱亲、感恩父母”的核心素养为橙色亲子课程目标。金色是开启智慧的象征，以养成幼儿“锻炼体魄、启迪智慧”的核心素养作为金色游戏课程的课程目标。绿色是春天的颜色，象征着生机勃勃，代表着希望和自然之本。生态课程恰恰符合这一寓意。绿色生态课程以养成幼儿“崇尚自然、敬畏生命”的核心素养为课程目标。青色是中国特有的一种颜色，介于蓝绿之间，是厚重的象征。习惯是人生的基石，七彩生活课程将青色定位于习惯课程，以养成幼儿“养好习惯、自理自立”的核心素养为课程目标。紫色是高贵、浪漫的色彩。紫色阅读课程以养成幼儿“爱上阅读、自信表达”的核心素养为课程目标。

七彩生活课程以多姿多彩的活动形式贯穿整个课程始终，用活动扮靓童年，让孩子在七彩的童年中，享受幸福人生。

## ▶ 四、“家校合作共建”——家园牵手，为了那场美好的相遇

家园牵手，让爱做主，实验幼儿园用心和家长沟通，让爱溢满实验家园。

1. 家长到幼儿园里来办公。

每到周五，对于实验幼儿园的家长来说有一件特别的事儿，那就是到幼儿园里来驻园办公。每次驻园办公，家长和教师、幼儿一起参与一日活动，可以随时深入课堂听课、到伙房了解餐饮加工制作情况等。家长们还可以发挥个人专业特长精心备课，给孩子们上一节生动的活动课。这样的驻园，密切了家园联系，让家长更加了解幼儿园，成为家园沟通的新桥梁。

2. “光之塔”家委会闪耀和谐的家园之光。

在实验幼儿园，“光之塔”代表着三级家委会。每一级家委会设置四部一主任，“一主任”即家委会主任，“四部”即组织策划部、后勤安保部、财务采购部、信息宣传部。家委会分工明确，人人参与，共同为班级

发展添砖加瓦。在幼儿园和家委会协商组织精心筹备的各项活动中，孩子们的优良品格得到了塑造，各种能力得到了锻炼，亲子关系更加和谐温馨。

新教育带给我们一场不期而遇的美好，或许这里没有闪亮的水晶和圆润的珍珠，但是在路上，我们扬帆航行，去遇见人生的点点滴滴，与孩子共同成长……

（注：山东省诸城市实验幼儿园曾获评2017年度全国新教育实验示范学校。）

## 6 “新教育”为媒，幸福完（玩）美

——海门市通源幼儿园新教育实验叙事

海门市通源幼儿园是1998年创办的教育局直属幼儿园，2002年被命名为“江苏省示范性实验幼儿园”。2004年被确认为江苏省优质幼儿园。幼儿园先后获得全国读书育人特色学校、全国教育科研先进单位、全国艺术教育特色单位、江苏省青少年科技教育先进学校、江苏省首批和谐学校等几十项荣誉。自开展新教育实验以来，已连续4年被评为全国新教育实验优秀学校。

我们秉承“用真爱和真知引领师生的幸福人生”这一办学理念，以“真知、真爱、通济、通才”为园训，坚持“新教育·新生命·幸福完（玩）美”的探索与实践，引领全园师生过一种幸福完整的教育生活，让生活充满阳光，让生命绽放色彩。

### ▶ 一、教室为媒：让生命在互动中完（玩）美启程

2010年，许新海局长在海门实验区“缔造完美教室”的实验行动启动仪式上描绘了新教育“完美教室”的愿景——教室是图书馆，是阅览室；教室是实践场，是探究室；教室是操作间，是展览室；教室是信息资源库，是教师的办公室；教室是习惯养成地，是人格成长室；教室是共同生活所，是生命栖居室。

在这样的愿景之下，我们通幼的老师结合幼儿的年龄特点，从孩子最喜爱的形象入手，用儿童化的方式，积极构建着完美教室的“文化价值体系”，提出了“缔造完美教室”的“六个一”：一个富有寓意的个性班名、一个简约美丽的班级标识、一种积极向上的班级精神、一句振奋人心的班级宣言、一首催人奋进的班歌或班诗、一系列促进发展的班级公约。这“六个一”彰显出了每个班的班级特色与文化魅力，成了独特的班级名片。

各班“八仙过海，各显神通”，建立了班级博客空间、班级家长 QQ 群，定期自编自印班报、文集；和孩子一起养护自然角，探索生命的秘密，让孩子们能随时看见生命的成长，感受自己以外的生命呼吸。幼儿园的每个角落都呈现着以图文形式记载的师生共同成长的生命历程，记载着他们共同的生命细节。在共同缔造“完美教室”的旅程中，我们思考着、实践着，一步步用心创造着，书写着共同的传奇！孩子们投票选出最喜爱的动画片中最受欢迎的动物形象，师生共同挖掘这一动物形象身上的闪光点，提炼出班级精神。全园 16 个班集结成册，全新推出园报《新教育新生命幸福玩美——完美教室专刊》，让生命在互动中完（玩）美启程。相信种子，相信岁月，种子在岁月中，经过时间的洗礼，必将萌芽、成长！

## ▶ 二、课程为媒：让生命在环境中完（玩）美穿行

新教育认为课程的卓越性决定着生命的卓越性。课程始终指向一个个永无重复的生命个体，始终以“成全每一个健全和富有个性的人”为根本目标。在这样一种目标引领下，“为师生设计他们所需要的课程”成了我们孜孜以求的理想。

通过《幼儿教育指导纲要》及《3—6 岁儿童教育行动指南》的认真学习，我们积极打造卓越的完（玩）美课程，让师生生命在环境中完（玩）美穿行。

完（玩）美课程的实践愿景：力图通过实践，探索游戏化的审美活动对幼儿生命成长的影响、作用、意义，拓展儿童美育的延伸功能，研究其课堂教学范式和策略，以实现幼儿生命的完美成长，即“通过完（玩）美的教育方法，引领孩子玩转美丽世界，达到完美的教育目标”，为幼儿一生成长所需的人格、生活奠基，帮助幼儿成长为人格健全的、生命充实的人。

幼儿园主要从以下角度建构完（玩）美课程：完（玩）美安全课程、

完（玩）美公民课程、完（玩）美阅读课程、完（玩）美游戏课程、完（玩）美运动课程、完（玩）美节日课程、完（玩）美特色课程、完（玩）美班级课程、完（玩）美共育课程。

完（玩）美安全课程：我们结合主题活动、实践活动和每月一主题的安全教育活动，引导幼儿认识生命、欣赏生命、尊重生命、珍惜生命、保护生命的安全，进而不断超越，把握生命发展的无限可能。

完（玩）美公民课程：我们积极倡导“日行一善、月习一德”。从一个个日常生活细节入手，把公民基本道德养成、良好行为习惯养成与主题课程、国旗下讲话、综合实践活动有机结合，探索符合不同年龄段的幼儿身心发展规律的行为习惯养成机制，不断丰富孩子的“公民教育”课程体系，把“教给孩子一生有用的东西”这一新教育理念落到实处。

完（玩）美阅读课程：我们开发丰富的阅读资源，营造良好的读书氛围，扎实开展晨诵、午听、暮讲活动，师生共读每天不少于半小时。与全体家长相约每周五，进行亲子阅读指导，带动家庭全员参与亲子阅读。

完（玩）美游戏课程：我们根据《幼儿教育指导纲要》精神科学合理地安排幼儿一日活动内容，科学创设开放性、操作性、多边性、实用性的游戏活动环境与资源，充分发挥区域活动的多样化功能。在课程设置上，将游戏与主题课程、特色课程科学整合，保证游戏活动的时间、空间和材料投放的丰富性，保证每周2次的特色展示，保证专用游戏室的使用。鼓励幼儿充分探索、质疑，培养幼儿的好奇心与浓厚的求知欲。让孩子在快乐自主的游戏活动中发展潜能，健康成长。

完（玩）美运动课程：我们以海门市双月一题教研开放活动为契机，深入园本化的体育锻炼课程。以《3—6岁幼儿教育行动指南》为依据，建立生命运动的语谱体系，内化“走入自然”“走进阳光”等，开展生命运动的教研探索：幼儿团体徒手操、器械操的编排指导；幼儿民间体育游戏整理与教学策略探索；生活中废旧材料在体育锻炼中的使用探索；运动活动中的幼儿安全教育与保护，全员参与新生命运动：健身操的编排表演赛；民间体育游戏大荟萃；亲子阳光运动会等等。这些课程让我们的生活充满阳光。

完（玩）美节日课程：我们把开学仪式、毕业庆典、艺术节、科技节、运动节等教育生活中的重大日子，进行全方位的设计，系统策划，生动演绎，使之成为孩子成长过程中难忘的时刻。让节日活动既有统一的主题，又能体现其丰富性、特色性，形成我园特有的节日文化课程，让孩子的生活天天有游戏，周周有节日。

完（玩）美特色课程：充分关注教师的个性特长展示与孩子的个性发展需求，以课题引领，深入实践“十二五”课题《新生命教育理念引领下的玩美教育的实践研究》与《非物质文化海门山歌在幼儿园传承教育的实践研究》，在实践中提升教师的专业成长，让师生获得全面而富有个性的发展。

完（玩）美班级课程：以完（玩）美教室的建构与《海门市幼儿成长手册》制作为契机，我们全力促进班本化课程建设，引领老师充分发挥专业教师的特长，开发和构建属于自己班级的课程，如童话剧课程、声乐课程、舞蹈课程、故事课程、礼仪课程、远足课程等；从不同视角开发形式多样、生动活泼的班本特色课程，关注各班幼儿《成长手册》图文资料积累的丰富性，让《成长手册》成为体现班本化课程特色、展现班级特色活动的载体；开展每月一次的《成长档案》制作评比或抽查活动，实现“班班有课程，班班有特色”的目标。

完（玩）美共育课程：有效整合幼儿园、家庭、社区的丰富教育资源，通过家长开放日、新父母讲坛、亲子共读、家园书信、家长志愿者等多种有效的方式，丰富家园共育课程，形成教育合力。

我们期盼通过研发课程、创造课程，让所传授的内容与孩子当下生命产生共鸣，让他们的生命丰盈而深邃起来。我们期盼通过卓越课程的研发，使幼儿享受学习的乐趣，体会成功的喜悦，体验生活的幸福，感悟生命的价值。

## ▶ 三、课题为媒：让生命在艺术中完（玩）美绽放

再丰富的课程资源如果没有卓越教师的理解与阐释，也会变得索然无味。再贫瘠的课程资源，如果教师足够卓越，能够大量调动个体生命体验融入课程之中进行二次开发，也会有卓越课程的体现。只有当教师将自己的生命体验融入课程之中，课程才能真正滋润学生的生命。

为此，我们充分发挥教师的主动性积极性。从幼儿园的特色发展和教师的特长出发，以课题引领师生的生命的成长。江苏省规划立项“十五”课题《幼儿园、家庭、社区环境教育一体化的实践研究》、“十一五”课题《幼儿美术技能与创造力协同发展的实践研究》、“十二五”课题《新生命教育理念引领下的玩美教育的实践研究》与《非物质文化海门山歌在幼儿园传承教育的实践研究》、江苏省“十二五”规划立项课题《基于幼儿快乐成长的玩美教育的实践研究》、江苏省教学研究立项课题《“玩美”活动促进幼儿心智成

长的实践研究》等一系列课题的滚动研究，让教师的专业能力在实践中提升，让师生的生命在艺术中完（玩）美绽放！

幼儿园每个班级中每位教师的特长和个人爱好均有不同，就美术领域而言：有人擅长水粉、有人喜欢尝试简洁的线描……我们根据各班教师个人的特长，找准自己所在班级美术特色技能学习的重点，围绕线描画、水墨画、水粉画、蜡笔画、挂蜡画、版画、纸浆画、粉笔画等不同的侧重点进行技能学习与指导方法的探索。每月围绕一个相对统一的主题内容，挖掘富有创意的教学模式，深入实践，集体交流分享，筛选优秀的活动方案在同轨班推行再次实践，使教师的美术教学实践本身成为一种创造活动。同一班级的不同时间段，在表现内容上进行创新实践，达到技能练习推进创意表现的效果；不同班级的相对同一时间段，围绕相对统一的主题进行不同的表现形式的创意探索。纵横交错的教研展示模式，便于教师与幼儿横向观摩，开拓思维。

## ▶ 四、叙事为媒：让生命在对话中完（玩）美记录

新教育倡导：完美教室的缔造，一定要有故事，而且要有伟大的故事。

我们的新生命完（玩）美教育“从关注每一个幼儿开始，从尊重每一个幼儿开始，从满足每一个幼儿需求开始，从善待每一个幼儿开始，从开启每一个幼儿的智慧开始，从相信每一个幼儿的意义开始，从成全每一个生命发展开始”。老师们在和孩子生活的一个个平凡的日子里，不断创造着属于他们的生命叙事。在举办《我们一起成长》讲述活动中，我们为每一个孩子建立了《成长档案》，用挚爱的情怀、赞赏的目光记录孩子的童言稚语；用相机记录孩子生命的精彩瞬间，记录他们成长的心路历程，留下宝贵的童年记忆。

一本本凝聚着教师、幼儿、家长浓浓爱意的《成长档案》，折射出我们新生命完（玩）美教育的生命观：关注所有生命的价值，肯定所有生命的意义。关注生命的差异性，努力去成全所有生命各不相同的发展目标。我们期待用新教育生命叙事的理念引领师生共同播种、浇灌、培育，让生命之果丰盛芬芳。

过一种幸福完整的教育生活是每一个通幼人永远的目标。全体通幼人将秉承“让生活充满阳光，让生命绽放色彩”的理念和新教育“只要行动，就有收获”的价值追求，不断书写属于自己的生命传奇。

（注：江苏省海门市通源幼儿园曾获评 2018 年度全国新教育实验示范学校，本文为该校当年的申报材料。）

# 7　朝着“新教育”那方

——南通市通州区兴仁中学新教育实验叙事

2015年8月，南通市通州区兴仁中学迎来了新校长包春华。包校长将“新教育实验”的种子带到这一所农村初中。“建设数码社区”“缔造完美教室”“研发卓越课程”“建设联想课堂”……校长自己开设个人微信公众号，坚持每天听一堂课、写一篇听课随笔；每天向家长推荐一篇家庭教育方面的文章；一周写一篇工作反思。从此，兴仁中学刮起了一股新教育实验旋风，在省、市、区乃至全国产生了不小的涟漪。现在，兴仁中学的新教育实验已成为通州区教育的亮点。

## 一、仁学教育：构建卓越课程的“第一只螃蟹”

四年前，我们学校加盟新教育实验，新教育实验的理念如春风吹拂着我们的校园。朱永新“新教育十大行动”让我们兴中人跃跃欲试。我们梦想研发我们自己的“卓越课程”。我们想到了“兴仁者善”的校友顾耀东先生的“兴中文化”情结。2008年兴仁中学50年校庆，校友顾耀东先生向学校捐赠了横幅“兴仁者善”。一个毕业三十年的校友，以这样一种形式表达校友的一份仁人之情、一份抹不掉的思念之情。我们想，“兴中文化”应该行走在传统与现代之间，不断吸纳、传承、创新，成为现在的“仁爱文化”，使其既继承传统的经典，又拥有新课程的视野，彰显出现代追求，于是确立了“兴‘仁爱文化’，立‘博雅公民’”的办学宗旨，建设属于我们学校自己的第一个卓越课程——“仁学教育”校本课程。

1. 与春天约会，我们去踏青：让基地成为“仁学教育”的活动之平台。

朱永新教授指出：“学生的课外活动一定不能少……不仅如此，还要多搞些这样的户外活动，哪怕是附近的博物馆、园林等，使学生所学的知识在大自然中得到实践。”我们的“仁学教育”活动课程来自学校、来自社会、来自家庭，可以说是就地取材，为我所用。为此，我们将“四在”仁学教育活动课程设计为“仁学教育行动在校园”课程、“仁学教育行动在班级”课程、“仁学教育行动在社区”课程、“仁学教育行动在家庭”课程。“与春天约会，让我们去踏青”，这是朱永新教授为我们确定的活动主题，也是我们自己确定的主题。每年，兴仁中学要组织学生到当地的通州忠孝文化园，祭拜忠孝仁义的精神导师孔子，到学校隔壁的天竺山禅寺寻找仁至义尽的民族英雄文天祥足迹，在校园内的爱国教育基地祭扫杀身成仁的抗日英雄单学优烈士墓。

2. 同经典对话，我们去品味：让国学构建“仁学教育”的理论之源泉。

朱永新教授指出：“没有阅读就没有个人心灵的成长，就没有人的精神的发育。”为此，我们通过组织学生学习国学经典、诵读仁学名句、宣讲传统美德、研讨仁学精神，打造仁学理论学习课程。“用同一首诗歌来‘开启’黎明，为每一天注入生命的源泉。”学校按照朱永新教授的理念，开展晨诵活动。把晨读的前十分钟统一为诵读时间，学生要在教师的指导下有选择地背诵经典诗文；每周安排一节阅读指导课，进行必要的阅读方法指导，解决阅读过程中遇到的疑难。学校潜心研究读书规律，提出以诵开端，背诵跟进，重在感悟，积极展示，内化于心、外化于行。9 月 28 日是圣人先师孔子诞辰纪念日，兴仁中学 1000 名学子每年齐聚“仁学广场”在古乐声中诵读《论语》抒发情怀。学校校本课程研发组编撰了《仁学教育学生读本》，旨在“用经典滋润心灵，用行动彰显精神”，以达到知仁、求仁、兴仁之根本。学校开办了“仁学大讲堂”，学习仁爱理论，学讲仁爱故事，宣讲仁爱典型，传递仁爱精神，唤醒学生“仁”的内在力量。

3. 用花木传情，我们去陶冶：让环境承载“仁学教育”的文化之色调。

我们围绕一场一路一树一石一杆一墙一室一课一书一刊等十方面，精心策划建设“仁学教育”校园文化课程，努力营造仁学教育的外部环境，引导师生“兴仁爱文化，立博雅公民”。古诗说：“随风潜入夜，润物细无声”。学校立足“仁”，突出“雅”，从环境建设入手，创设一个无处不“仁”的校园氛围。学校构建“仁学”广场，学生在这里尽情舞动“仁爱”的青春。学校冠名“仁”字系列树，流连其间，既亲近自然，时时看到“仁爱”的绿色，又收获知识。学校命名“仁学”路名，让学生步步走上“仁爱”的道路；学校在校园各个花圃雕刻着“知仁”“兴仁”“达仁”“思齐”“慎独”“忠恕”等一块块文化石，漫步其中，可以体会到“仁学”传统文化的博大精深；学校制作“仁学”橱窗，让学生一抬头就可以接触文化，一转身就可以学到知识……通过这些，学校希望在“仁爱”文化精髓的感召下，学生能继承儒学之风，做现代文明人。

## ▶ 二、 馨仁课程：绽放卓越课程的“兴中特色之花”

新教育认为，课程就是生活。课程的丰富性，决定了学生生活的丰富性；课程的卓越性决定了学生生命的卓越性。兴仁中学自2015年加入新教育实验以来，积极开发和实施了校本课程——馨仁系列课程，以满足学生发展的需求，助力学校办学特色的形成。

1. 顶层设计：让学校教育理念决定课程发展的方向。

兴仁中学校本课程顶层设计，首先建立了校本课程项目组、课程教学组和课程评价组等组织指导机构。校本课程项目组主要负责对校本课程建设的过程进行决策；制订课程规划文本以及各项保障制度；督导检查校本课程开发方案的落实情况等。课程教学组主要负责学生的选课指导、课程教学过程管理、教师培训、指导建立师生档案等。课程评价组主要对课程本身、课程实施、学生学习等情况进行评估，同时根据评估报告进行阶段性的改进和调整。

其次，学校规范了校本课程实施程序。课程论证审批通过后，利用学校网站公布所有课程的开设和人数的一览表，并让执教教师通过自己网页向学生介绍课程开设的目的、内容和授课方式。学生在校园网根据自己的喜爱程度选取课程。对于最喜爱课程没有选上的，可以向课程教学组提出申请，在课程人员有调整情况下再进行微调，确保学生的需求尽可能得到满足。课程教学组还对每一个学期课程评价比较差、学生喜爱程度不高的课程进行调整，以提高课程开设的实效。

2. 众人拾柴：为馨仁课程彰显学校特色与学生个性。

学校以各种形式激发教师的参与热情，充分发挥教师特长，开发校本课程。物理教师杨国民从小喜欢放风筝并对南通风筝有一定研究，开发了《南通风筝》课程；生物教师王红云喜欢蔬菜等农作物种植，开发了《幸福农事》课程；物理教师赵永启对创客实验室课程感兴趣，开设了《创客实验（室）》课程；体育教师保越峰对广场舞很热心，开设了《青春广场舞》课程；美术教师洪桂娟老师对“服装彩绘”很擅长，开设了《服装彩绘》课程；语文教师保亲明对《弟子规》有研究，开设了《悟学〈弟子规〉》课程；英语教师刘冠芳对南通蓝印花布感兴趣，开设了《蓝印花布工艺》课程；音乐教师冯玉国有吹葫芦丝的专长，开设《零基础学吹葫芦丝》

课程；数学教师吴佑华对中国古诗词很感兴趣，开设了《诗情·画意·数学眼光：换一种视角欣赏诗》课程……共研发了近30门“馨仁课程”供学生自主选择，

所有这些“馨仁课程”分成三类：一是馨仁成长体验课程，二是馨仁学科拓展课程，三是馨仁潜能开发课程。学校设立自主选课学习日，为富有特长、兴趣广泛的学生提供自主学习的时间和空间。《小厨美食》让学生学会了做家常菜，《零基础学吹葫芦丝》让学生初识艺术的魅力，《国学课程》让学生深刻领会传统文化，《幸福农事》让学生体会劳动的艰辛……此外，校长亲自为教师开设了一门《校长教师共读一本书》课程，每周写一篇随笔，引领师生开启幸福阅读生活。

3. 对外展示：给馨仁课程增添蓬勃活力和价值。

馨仁课程成果的对外展示主要包括学生参赛展示、师生开课展示、教师叙事展示等。

学生参赛展示：学校以赛促建，激发潜能，使学生综合素质不断提升。学生在手绘封、作文、科技等各级各类竞赛中获奖。学生韩玥、张乐瑶荣获通州区第十一届中小学生“独奏”比赛中初中组一、二等奖。参与篮球、足球等课程的学生参加通州区比赛荣获一等奖，他们又代表通州区参加南通市比赛荣获一、二等奖。参与“电子百拼”课程的学生参加第十七届江苏省青少年电子技师认定活动（南通）选拔赛，多人荣获电子百拼（光纤）类初中组个人一、二、三等奖。王舒翼、陈敬徐等参加第13届全国青少年机器人奥林匹克竞赛荣获一、二等奖，任鑫杰、王安然等在中国青少年人工智能及创客大赛南通市选拔赛中荣获一、二、三等奖。

师生开课展示：学校新教育实验风生水起，社会影响不断扩大，吸引了全国各地的教育考察团来校考察交流。学校当好“东道主”，让教师在磨课展示中提升专业水平。2016年10月，学校作为“第四课全国课改博览会”通州分会场之一，对外开设校本课程——馨仁课程24节，接受来自兰州市教育代表团和全国各地的代表的观摩，受到一致好评。近三年，共有全国各地的60多个教育代表团先后来我校考察馨仁课程实施情况。

教师叙事展示：从2015年始，学校实施“选课走班”校本课程改革。学校鼓励“师生共写随笔”，对馨仁课程实践进行叙事研究，产生了一批高质量的课程叙事文章，多篇（次）被全国、省市区报刊、新闻媒体录用。《名师之路》2016年第12期，以《德配天地尊仲尼，道冠古今崇仁爱》为题，专题介绍我校“仁学教育”校本课程研发与实践经验。2016年

6 月 1 日，《通州日报》在 A8 版，以大半个版面的篇幅，以《在耦耕园中享受生命成长的美妙》为题，报道我校《幸福农事》校本课程。2016 年 6 月 6 日、13 日，有中国德育第一报之称的《德育报》，在第 1343、1344 连续两期，以较大篇幅刊登我校开发《幸福农事》校本课程的新闻报道《曾经化为淤泥，换来今日芳香》（上、下）。2016 年 6 月 14 日，《南通日报》在 B4 版以一个整版的篇幅，报道学校校本课程——馨仁课程《幸福农事》的开发与实践的经验及思考。

## 三、电子书包："建设数码社区"的"珀尔修斯之盾"

"珀尔修斯之盾"是古老神话中英雄克敌制胜的关键。

兴仁中学原来是一所完中。为顺应区政府教育区划调整的要求，2012 年学校撤销高中部，同时，兴东初中整体并入。学校整合后教师教育理念存在差异，学生层次参差不齐。课堂上或多或少存在着这样或那样的问题。如何解决这些问题？正当校长困惑之际，一个喜讯让校长开心不已：2014 年学校申报的江苏省基础教育课程建设项目"初中数学学习平台建设"获得省教育厅批准立项，学校利用省、区项目扶持资金，完成了"互联网＋教学"和"电子书包"教室建设。由此，学校希望电子书包成为助推教师改课的"珀尔修斯之盾"。

1. 星星点灯：专家驻点，请进来，走出去，重在培养应用骨干。

电子书包应用教学对于教师来说毕竟是新生事物，具有较高的技术含量，不经过学习培训，教师是不能胜任的。即使只是接受培训，教师的接受能力、掌握程度也是参差不齐的。为了能够让教师更好地接受学习培训，学校采取了两轮的专家驻点，手把手教的方法，重在培养应用骨干。

基于"互联网＋"的研学课堂是我校的教学特色，学校已成为区教育局向外推介的农村学校的课改窗口。学校利用经常有全国、省、市、县的教育考察团来我校学习交流的机会，组织教师通过展示促训的形式，让教师在磨课实践中提升电子书包应用能力。学校借助全国各地的教育考察团来校考察之机，促进教师积极练兵，踊跃展示，促进电子书包培训，使教师应用电子书包能力在磨课实践中得到提升。此外，学校还组织教师走出去学习取经。

2. 理想共同体：集体行动，应用比赛，重在创新升级融合。

新教育实验倡导的是一种"新教育共同体"的集体行动。为了更加有效地激励教师学习“电子书包”应用教学新技术，激发教师的学习潜能，学校组织“电子书包”应用教学技能大奖赛，比赛分类别、分时段进行。一是35周岁以下的青年教师，参加“仁学杯”比赛；二是35－45周岁教师，参加“仁爱杯”比赛；三是45周岁以上教师，参加“仁人杯”比赛。每人上一节课，写一篇课后反思。学校规定：每一类别一等奖获得者享受特别奖励。学校还承担了江苏省教育科学规划重点课题《以学为导向的低小多快课堂教学建构与实践研究》，以课题研究为抓手，深入基于“互联网＋”的“研学课堂”模式理论探究和实践探索。

3. 榜样力量：案例示范，强调坚持，重在领悟精神实质。

学校自开展“电子书包”项目建设以来，一些做法得到《南通日报》等新闻媒体的关注。2015年6月16日，《南通日报·南通教育》头版以“一所乡镇学校搭上信息化快车”为题，隆重报道兴仁中学“电子书包”教学应用研讨会情况。2017年12月18日，《中国教师报》以《朝着“教学做”合一的方向》为题进行了相关报道。

学校不定期为教师提供“电子书包”应用教学的教学案例，各个学科全覆盖，类型从课堂实录、教学录像到课堂分析样样都有。各年级组利用业务学习时间组织教师学习培训材料，同时组织教师结合“电子书包”课堂教学实践，围绕学案设计、小组合作学习时机选择等开展交流，通过培训和交流不断渗透“电子书包进课堂”模式，提升课改意识。

学校每周语数外等学科各开设一节校级“电子书包”公开课，当轮到某个年级的某位老师开课时，这位老师所在的年级备课组必须全力以赴磨课，以保证展示的质量，使公开课起到示范引领之作用。学科组各年级教师必须全部参与听课和评课，通过集中评议，让学科组全体教师在交流和评价中体验“电子书包”、感悟“电子书包”、反思“电子书包”，逐步形成共识，让“电子书包”教学模式渗入每一位教师的心里。

后记：兴仁中学开展新教育实验4年多，学校、教师、学生，乃至家长的精神面貌都发生了改变。他们在教育过程中共同成长，共同享受教育的幸福。应该说新教育实验已成了兴仁中学一道亮丽的风景线。学校先后获评全国新教育实验优秀学校、全国新教育实验示范学校。《南通日报》《江苏教育》《德育报》《中国教师报》《新教育》《教育》等多家媒体报道了兴仁中学新教育实验的经验。

（注：江苏省南通市通州区兴仁中学曾获评2018年度全国新教育实验示范学校，本文为该校当年的申报材料，作者是吴佑华。）

# 8　遇上你是最美的缘

## ——安康市汉滨区培新小学新教育实验叙事

“汉江河畔有座美丽的校园，那就是金州城里的培新小学……”这是培新小学传唱多年的校歌，优美的旋律总会将人带入美妙的意境。创建于1929年的培新小学，是一所省级示范小学，现有49个教学班，在校学生3722人，在职教师108人。2013年11月，学校用新教育理念聚合力量打造书香校园，不断构建温馨和谐的文化育人环境，结合实际创造性地开展“共读、共写、共成长”活动。从学习实践新教育，到新教育实验挂牌校，在汉滨实验区发挥着引领作用，走出了一条独具特色的发展之路。

### 一、缘起——遇上你是最美的缘

2013年，校长程怀泉读了《新教育》以后，他认为新教育的很多理念、观点非常适合学校正在开展的“营造书香校园”这项工作，于是他就把这本书推荐给大家，并由学校为每位老师购买了《新教育》，要求大家在规定时间内读完。学校领导以身作则带头读书，然后再利用周一例会时电脑随机抽取进行全校交流，又多批次选派教师赴海门学习，回校后再对全体教师进行培训，用新教育理念指导“营造书香校园”工作。2013年11月，学校结合实际启动了“共读、共写、共成长”活动，推动“营造书香校园”工作，促进学生、教师、家长共同成长。

2015年4月中旬，程校长带领骨干教师赴江苏海门交流学习。培新小学自己编写的晨诵教材得到了朱永新教授的亲笔签名。他听了程校长关于我校践行新教育的想法和做法后，又亲笔为学校题词——“追寻教育理想，享受教育幸福”。带去的晨诵教材被新教育培训中心留在新教育成果展厅展出。

2015年4月22日，朱永新教授来培新小学视察，对学校营造书香校园工作所取得的成效给予了极高的肯定，鼓励学校尽快加入新教育实验。在他的鼓励下，学校积极申报加入新教育实验，开通了培新小学新教育实验主题帖。2015年7月，培新小学成为安康市第一所新教育实验挂牌校。

## 二、定位——共读、共写、共成长

我们的目标：培新小学的学生，在小学的6年里必须读300本书（不含课本、教辅资料），阅读能力强的达到或者超过500本书（不含课本、教辅资料）。

在“共读、共写、共成长”活动启动前和进行中，校长程怀泉多次召开“共读共写”专题家长委员会会议和全校家长会，他耐心向家长详细讲解。老师们也在家长会上反复强调“共读、共写”的意义，让家长理解活动的意图、设想，最大限度地争取家长的认同、支持和配合。

学校编制共读书目，指导共读活动。学校成立了“小学生阶梯阅读研究小组”，对共读书目进行研究，研制了2013年版小学生阶梯阅读书目。经过广泛收集，慎重遴选，反复论证，又研究出2014年版小学生阶梯阅读书目（共220本），并把书目全文刊登在《培新小报》上，推荐给每位家长。2016年，学校又推出了2015年版小学生阶梯阅读书目（共301本）。

家长备书，确保共读书目。在备书的问题上，学校明确要求，备书由家长负责，推荐书籍由学校负责，老师只负责组织活动，指导学生、家长读书，并和学生、家长共读。各班的家长委员会协助订书。通过各种方式提醒、督促家长为孩子备书，协助备书有困难的家长。

## 三、行动——走进一段幸福的旅程

以新教育理念为指导，通过营造浓郁的阅读氛围、整合丰富的阅读资源、开展丰富多彩的读书活动，让阅读成为师生、家长日常必不可少的生活方式，让师生共同成为真正的读书人，为师生的未来发展打好基础。

晨诵、午读、暮省，唤醒生命的种子。学校安排每周两次晨诵课、两次午读课，并纳入课表。学校成立晨诵校本教材编写小组，负责研制每个年级的晨诵读本。现已编纂晨诵教材12册，制作晨诵PPT课件432课。学校还安排了晨诵课堂，全校师生在精美的课件引领下，在课堂上诵读优美的诗文，汲取人类文化的精髓。午读时间，校园一片安静，师生手捧同一本童书专心阅读，让书籍滋养灵魂，唤醒生命的种子。

组织师生共写，记录真实的生活。学校提倡学生坚持写读书感受，记录自己成长的烦恼与喜悦；倡导教师坚持撰写博文，记录真实的教育生活。如今，49个班，每班都有自己的班级博客，那里成为师生记录生活的一方天地，成为师生的精神家园。

引导亲子共写，加强亲子关系。近年来，家长频频走进校园和孩子们一起阅读：给孩子们讲故事，与孩子们互动读书，举行亲子阅读交流活动。因为共读，家长和孩子拥有共同的心灵密码，共诉衷肠，亲密无间；因为共写，家长和孩子搭起彼此的学习桥梁，同写佳话，共享人生。

举办读书节日，丰富生命的历程。学校每年的4月份举办读书节活动，时间跨度定为一个周，学生、家长、教师都参与其中。在教师中开展经典诗文诵读、图书漂流、读书沙龙等活动；在学生中开展经典诵读表演、读书演讲、读书交流会等，丰富了孩子们的读书生活。此外，学校还开展亲子阅读展示、每天一场的跳蚤书市等活动，家长和学生、教师一起策划、亲身参与。

通过作家引领，滋养美好的童心。近年来，学校不断邀请作家进校园，为师生讲学，让优秀的文学滋润着孩子们美好纯真的心灵。学校先后邀请了南北极科考专家、著名儿童文学作家位梦华教授，著名儿童文学作家殷健灵、张之路、黑鹤做专题报告。精彩的报告让大家体会到科学探索、文学创作的乐趣。与此同时，学校还举行了“与书籍约会，同作家共勉”座谈会，让学生与名作家零距离接触，点燃了孩子们阅读的热情，培养浓厚的写作兴趣。

展示精品阅读，开拓学生的视野。在开展“共读、共写”活动中，语文老师把经典名著引进课堂，加强教学研讨，先后举行了整本书阅读指导课、绘本阅读课、阅读前导读设计课、阅读后交流展示课等研讨活动，逐步形成阅读指导的基本课型。

亲子阅读，享受幸福时光。学校利用多种方式引导家长开展“亲子共读、共写”，创建书香家庭活动。各年级各班家长频频走进校园参加年级或班级的读书活动。在潘多拉故事盒亲子共读活动上，情景剧《我的一天》真实再现了学生在校晨诵、午读、暮省的快乐生活。《春暖花开》在区教育局校园文化展示中惊艳亮相，充分展现了“共读、共写、共成长”活动的喜人成果。

诵读经典，传承国学文化。品读国学经典，在传统中寻找和丰富精神家园。每周三早读15分钟为国学经典诵读时间，学校项目组精选诵读内容，规划每学期诵读任务，先后引导学生诵读了《弟子规》《三字经》《千字文》和《论语》的相关章节。学校计划学生在校期间诵读不同的国学经典，六年一循环。让国学经典浸润人生，使学生在国学的滋养中健康成长。

晨诵庆典，点燃阅读激情。每一个年级根据晨诵的内容举行庆典，如

《畅读，在梦开始的地方》《悦读，向着明亮那方》《春天，美丽的季节》《童年，在诗歌中畅想》等隆重的庆典仪式，是师生共同穿行在诗歌中并享受生命的仪式，让孩子的生命充满诗意。

书本剧展演，提高学生的综合素养。各年级充分利用阅读资源，为提高学生对课文的演读能力并体悟人物内心的丰富情感，相继开展了书本剧展演活动。《灰姑娘》《小王子》《小鹿的玫瑰花》《夏洛的网》《负荆请罪》等优秀的书本剧表演，培养了学生的创新意识和创新能力。

## 四、激励——唤醒美丽的生命姿态

为激发教师、学生、家长持续阅读的兴趣，学校制订了详细的学期共读共写工作方案、读书计划、检查量化表、各种评优方案，用有效的激励机制唤起美丽的生命姿态。

多种评价体系，激发长效阅读。学校细化并拟定了学生阅读存折的使用方法和积分兑换制度，以调动学生持久阅读的热情。学校还设计了适合学生的《寒（暑）假阅读手册》，为学生推荐阅读书目，有效地指导学生阅读，固化学生的阅读习惯。

开办家长征文比赛，挖掘教育资源。学校现已成功举办三届家长征文比赛、四届书香家庭评比活动。三届家长征文比赛，征文篇数逐届攀升，由最初的 121 篇征文到第三届 623 篇，征文无论从数量还是从质量看都有了大幅度的提升。学校还举行家长征文比赛颁奖典礼，颁奖典礼隆重盛大，得到了社会各界广泛好评。

定期评优表彰，发挥榜样引领作用。每年的读书节期间，各班结合平时评选的月读书之星、学期读书之星按要求进行申报，学校在全校范围内评出校级年度读书之星、书香教师、书香班级（采用二级评选方法）、书香家庭（采用三级评选方法）。学校还利用学校网站、微信公众号、《培新小报》等平台向家长和学生推介书目，表彰、宣传共读、共写活动中涌现的先进和优秀作品。

## 五、融合——让行动凝聚力量

新教育实验中的十大行动是相互融合、相辅相成、不可分割的整体。培新小学在大力开展“共读、共写、共成长”活动时，实现了十大行动高度的融合，取得了可喜的成绩。

“家校合作共育”，走进一个新时代。近年来，家长纷纷走进学校，为缔造完美教室出谋划策，亲力亲为，发挥自己的特长，做出自己的贡献：有的家长经常来到学校举办“亲子大讲堂”，成为班级的“故事妈妈（爸爸）”，定期到校开展活动；有的成为志愿者家长，经常为班级做服务；有的家长配合老师带领学生走出校园参加社会实践活动，成为老师得力的助手……家长和教师成为真正意义上的“教育共同体”。

“聆听窗外声音”，拓展校外资源。学校充分利用校外的教育资源，整合学校、家庭、社会的各方面力量，逐步构建一个立体的教育运作体系。如带领学生到安康气象站、城市展览馆、安康水电站、瀛湖旅游风景区进行实地学习。依托学校家委会，定期把社会名家，以及各行业的优秀分子请到学校，为学生做报告，开展交流活动。

“推进‘每月一事’”，坚守不变的信念。在实施新教育“每月一事”的时候，学校根据自己的特点，进行创造性的探索与尝试，开展丰富多彩的活动。主题的内容都是从一件小事展开，具体落实中则在更高的层面不断丰富完善，把公民教育、生命教育贯穿其中。

“缔造完美教室”，形成优秀的班级文化。如今，许多班级把“缔造完美教室”当成一项任务，逐步形成自己的班级特色，创设优美的育人小环境。老师们在一间间普通的教室里做出不普通的事情，使教室书香充盈，有着自己独特的文化氛围，有自己固定的行为规范，引领着学生的生命成长。

## ▶ 六、 信仰——朝向最美的风景

岁月见证着我们成长，我们仍在继续耕耘。相信新教育，追随新教育，朝向最美的风景。近年来学校学生在省、市、区各类读书活动、演讲比赛等竞赛中频频获奖；多名老师撰写的文章分别在国家、省级刊物上发表；学校建立了由 9 个版块构成的“书香校园”网站专栏；学校汇编了各种成果集 625 册，其中学生阅读手册 528 本，学生自创诗集 23 本，童话集 9 本，小说 2 本，教师随笔、读书心得 15 本，学生读书心得、博文 16 本，家长征文、博文等 11 本；学校研究、编印了 1—6 年级 12 册晨诵教材；学校先后接待各地教育同仁参观学习 40 余次 1500 余人次。

短短的三年时间，培新小学在新教育实验中探索着最美好的教育，且歌且行……

（注：本文发表于 2016 年 10 月《新教育》报，作者为程怀泉、任毓萍。）

# 三　新教育实验教师叙事

## 1　我一直在这里

河南省焦作市马村区工人村小学　赵素香

从2007年与新教育相遇到现在，不知不觉已是第十个年头，三千多个日日夜夜的酸甜苦辣，既幸福了学生，也成就了自己。一句话，这十年，我的生活因新教育而变得幸福完整。

我一直在这里，十年了！

### 一、享受新教育的幸福

2012年，我的第一届新教育孩子毕业了。那一年，我们班的崔靖文同学在中央电视台举办的“我喜欢的一本课外书”活动中，获得了“全国读书十佳小榜样”的光荣称号，朱永新教授亲自为他颁奖。当朱教授得知崔靖文是马村区工人村小学的同学时，便问：“你是马村工小的，你知不知道赵素香老师啊？”靖文自豪地说：“她是我的老师！”活动中，钱文忠教授说靖文是选手中的一匹小黑马。也许，这就是新教育的魅力吧！

三年之后，崔靖文以总分第一名的好成绩，夺得焦作市中招状元，被省重点高中录取。他只是一个普通工人家庭的孩子，能有如此可喜的成绩，不能不说是阅读改变了他，是新教育改变了他。三年级时，崔靖文在爸爸的帮助下，建立了班级假日读书会，他任会长。他也是我班第一个在网上开博的孩子。

不仅仅是崔靖文，班里的很多孩子都很优秀。前几天，在路上遇见班里的一个孩子。她看到我，马上把行李箱丢给妈妈，跑到我面前，说：“赵老师，我想抱抱你。”特别感谢这些孩子的优秀给我带来的幸福和感动。

### 二、遇见新教育的传奇

2007年4月，在张硕果老师的带领下，在山东临淄金茵小学我第一次知道了新教育。在临淄的两天时间里，白天听报告，观摩儿童课程展示，晚上阅读刚刚在会议上听到便从书店里买来的经典童书。第一个晚上我读完了《一百条裙子》，在回程的车上又读完了《苹果树下的外婆》。几天的学习，让我感受到了新教育课程的美好，看到了新教育师生的幸福生活。学习归来，我写下了三千多字的学习心得——《鲜花盛开的四月，我与新教育相遇》，并暗暗下了决心，我也要做这样的教育，我们也要过这样幸福的教育生活。

拿着专家推荐的绘本书单，我和学生家长们跑遍焦作市所有书店，但没有买到一本。我们在焦作市最大的一家书店做了缺书登记后，开始学着在网上购买。那时我的女儿上二年级，看到这些绘本爱不释手，每晚我都和女儿沉浸在美好的故事之中。第二天，我就在班里分享这些故事。那段日子，我天天手捧着绘本给孩子们读，每天过着简单快乐的生活，我踏上了新教育这条路。

走进新教育，我开始疯狂购书，到现在为止，我家新增图书近两千本。班里，我们也有了三个大书架，有一千余册优秀的童书，这些书让我们班孩子爱上了阅读。我还利用这些书，让学校其他班级和周边学校的孩子爱上了阅读。我经常把我们读过的图书漂流出去。我们的《一年级趣多多》，不仅到过焦作武陟育才学校宋新菊老师的班，还远漂到武汉天微晓的班级，现在这些书又到了我支教学校孩子手中。为了推动阅读，我喜欢给人送书，这几年送出也有几千元书了。最多的一次，2014 年六一儿童节我送给“萤火虫工作站”的优秀孩子及义工近千元图书。

## 三、 接受新教育的历练

做什么事都不是一帆风顺的，新教育也是一样。那是一个尘封已久的故事，故事从一个匿名电话开始。

2008 年 2 月 24 日，我永远都不会忘记。那天下午，我接到一个家长的电话，她说有位家长向教育局打匿名电话，举报我向学生推荐课外书。我一下子愣在了那里。伤感中，我在 QQ 群里给张硕果老师留言，向她倾诉着自己的委屈，张老师热心地回复我，引导我，让我倍感温暖。

纠风办前来调查此事，我就从自己在班里开展新教育实验的第一次家长会，谈到了亲子共读、师生共读，谈到了我们快乐二（5）班的班级主题帖，谈到了专家对实验的引领，谈到了孩子和家长的改变。一封封写给家长的信、一本本学生的写绘作品、一次次家长会的记录、一条条家长的回复……纠风办的同志静静地看着、听着，最后，纠风办主任只说了两句话："我孩子的学校怎么没有开展如此好的实验呢？我的孩子怎么没有遇到这样的老师呢？"听到这些话，所有的委屈似乎都不再重要。

那天下午，我召开了家长会。会上，我把故事《当一颗石头有了愿望》和谢尔的《桥》读给了家长们。按照惯例，家长会结束时，向家长征集建议。收上来的建议中，有一张与众不同的便条。这其实是一封真诚的道歉信。我知道这次家长会成功了。

这件事也引发了我更多的思考，做教育一定要学会与家长沟通，一定要引领家庭的成长。之后的日子里，我每学期召开 3 次家长会。近十年的时间，我召开过 60 多次家长会。在 2008 年，我建立了班级 QQ 群，很多问题都可以在群里得到及时解决。由于家长的支持和深度参与，我们班的新教育实验越做越顺手。

因此，当 2012 年童喜喜让我负责萤火虫工作站焦作分站时，我们班的优秀家长做了义工，我做起来就得心应手。4 年多来，萤火虫焦作分站从参与家庭人数，到组织线上线下活动次数都走在全国前列。焦作分站开启了很多第一，第一个每周做分享，第一个好故事进社区，第一个暑假每周故事汇，第一个每天站内语音分享，第一个小朋友在线上讲绘本，第一个挂牌拥有萤火虫活动基地……

## ▶ 四、 坚守新教育的信念

十年来，我始终坚持"过一种幸福完整的教育生活"这一理念，用一个个小课程编织孩子们生活，入学课程、春之旅课程、迷人的秋天课程、神奇的冰雪世界课程、萤火虫课程、苏轼课程、李白课程、古诗中的月亮课程等；用一个个庆典和仪式擦亮每一个日子，毕业庆典、期末庆典、感恩母亲节、六一儿童节庆典等；用一次次活动让孩子们的生命鲜活，走进敬老院，走进消防队，走进工厂，走进大学校园，孩子们的生命因此变得丰盈多姿。在课程的穿越过程中，孩子们在一首首诗歌中舞蹈，在一本本经典童书中徜徉，孩子们的生命因此变得厚重，我知道是课程让知识拥有了生命的温度。

上一届的家长和孩子的确很优秀，但孩子们的艺术素养有所欠缺，我希望这届孩子没有缺憾。于是，我与家长委员会成员商量，决定让孩子们学习葫芦丝。我们邀请刚刚毕业于东北师范大学的刘辰龙老师教孩子们。刘老师爽快地答应我，义务为孩子们授课。真是天大的喜事！

现在我们的乐队已经组建三年了。孩子们已经连续两年参加焦作市的艺术节并且两次获得一等奖。

现在我们开始策划更换乐器——学习萨克斯。那可是刘老师最擅长的乐器。我们的目标是，做河南省一流的萨克斯乐队。

## ▶ 五、 传播新教育的美好

去年，我来到张弓学校支教。这是一所农村学校，学校安排我担任一年级班主任。全校一年级只有 28 个孩子，但其中 17 个孩子的家庭一本课外书也没有，17 个家庭从没给孩子讲过故事……我在想，我能做点什么呢?

为了迎接孩子们进入小学学习，为了让他们爱上这个要陪伴自己六年美好时光的地方，我精心研发了入学课程。开学第一周，我每天讲一个故事，通过故事和儿歌消除孩子们对新环境的恐惧，我还带孩子们认识学校，认识学校各个功能室，结识新朋友。我们还举行了隆重的入学仪式。入学仪式上，孩子们向家长展示了开学半个月所读的儿歌，展示了他们多彩的学习生活；我给与会的家长讲了《等一等聪聪》绘本故事，告诉他们孩子的教育不能等，播放了《选择美则美》的小视频，告诉他们要相信选择，希望家长能见证孩子的成长。

近一年来，我利用每一个早读课，陪孩子们诵读了 400 多首儿歌；利用每一个午读课，给孩子们讲了 200 多个绘本故事，为孩子们提供近 200 本绘本，建成了两个班级书架和一个班级书柜，渐渐地调动起孩子们读书的热情。

我通过开家长会、给家长写信、发短信、请家长进课堂等多种形式，唤醒家长参与教育。我每天为每一个家庭提供共读书籍。现在家长朋友和孩子们已经共读了 54 本玛蒂娜系列故事书、28 本绘本，以及《一年级趣多多》《月光下的肚肚狼》《安徒生童话》等书籍。

我为孩子们买了 100 多本作业本、几十支铅笔、28 个握笔器、28 本写绘本、28 本《日有所诵》、28 本《安徒生童话故事》、28 本《木偶奇遇记》，为孩子们借了 28 本《新编儿歌 365》，为每一个孩子订了语文、数学《学习周报》……所有的费用都由我和我的一个朋友承担。我想在这里做新教育，想让他们感受教育的温暖。

我邀请萤火虫工作站义工莹儿来给班里的孩子们组织中秋节活动，给孩子们的家长分享《如何进行亲子共读》。

上学期，我组建了“童话剧社团”，组织孩子们练基本功，读剧本、编剧本、表演，极大地调动了孩子们的积极性，取得了比较满意的效果。

支教期间，我走上了教育科研的道路。我帮助学校申报并立项了省级课题《童话剧对农村学生全面发展的研究》，自己也申报并立项了两个省级课题《合理开发课程资源促进学生全面发展的研究》和《利用网络推动家校共建的实践研究》。

我参加了为期三天的“全国种子教师研训营”活动。活动中，我做了一节识字、写字的示范课。这节课尽管不够完美，但它是我追寻新教育理想课堂的又一次挑战。

我在这里，为全省国培教师做了一次讲座。

我在这里，为萤火虫工作站线上活动做了五次讲座，分享我的成功经验；收听了每周三的全国萤火虫工作站活动直播，向先进的萤火虫义工学习；我还不断实践，策划了全国萤火虫工作站周年庆“焦作分站展示活动”。

我在这里，参与了《新教育晨诵读本》的编写工作。

…………

我在这里，我爱支教班的孩子，也爱我原校班级的孩子。我仍然会为他们做一些晨诵课件，会给他们写信，会给他们推荐每学期共读和自由阅读的书目，会在假期陪他们上乐器课，会督促他们建立个人博客……也会给家长写信，告诉他们如何参与孩子的成长，会在假期召开家长会交流家庭教育的方法；会与他们一起带孩子参观大学校园、赏樱花、赏牡丹。

支教的日子过得很辛苦，但很充实，我很欣慰地看到，我支教学校的很多老师开始拿起相机，关注孩子的成长。支教期间，我还对另一所学校的新教育进行跟踪指导，很高兴看到这所学校的新教育实验正蒸蒸日上。全新的工作也给我带来极大的收获，我正在尝试用另一种方式做着新教育。

在新教育路上，从孤单、犹豫、徘徊，到坚持、坚定、坚守，一路走来，幸福完整的教育生活给了我一双隐形的翅膀，让我有力量在教育的天空翱翔，收获一次又一次丰盛的果实。

感谢新教育，让我知道教育原来可以如此美丽；感谢新教育，让我和孩子们拥有幸福完整的教育生活——这就是我能够一直坚守在这里的原因。接下来的日子我还会守住自己的教室，守住新教育……我在这里，我一直在这里，我还会一直在这里，将新教育进行到底！

（注：本文发表于2017年3月《新教育》报，作者曾在2012年新教育年会，即全国新教育实验第12次研讨会获评特别荣誉奖——全国新教育实验“完美教室缔造者”。）

## 2 新教育六年，重拾教育的信心与生命的信仰

重庆市长寿区桃源小学 冉泽明

我是一名非常普通的新教育人，从2009年与新教育相遇，我获得了前所未有的幸福，新教育让我重拾了教育的信心与生命的信仰，获得了此生的意义。

### 一、 结缘新教育，承受蜕变之痛

1986年，我以略高于分数线的成绩进入师范，跳出“农门”。刚工作的五年，我把教书仅仅当作一种谋生的手段，基本上是在浑浑噩噩中度过的。1994年，我被调入长寿一小，踏实、勤奋地工作，上市优课，破格评中高职称，逐渐从教师成长为教研组长、办公室主任、发展处主任、教科室主任，曾被评为全国优秀教师。2007年8月，刘建文校长来到长寿一小，引领学校突破发展瓶颈。2009年6月，我与新教育结缘，开始负责学校新教育实验的整体推进工作，承受着蜕变之痛。2010年10月，刘建文校长调任实验二小，李刚书记接任实验一小校长，我们继续推进新教育实验。2013年8月，因为轮岗，我离开了长寿一小，来到了长寿区最大的一所小学——桃源小学。

在践行新教育的路上，我深深地感到：教师做一次秀很容易，难的是坚守着属于师生的每一个日子，带着孩子从优秀走向卓越；做一次讲座容易，难的是把那些伟大的思想化作真正的日常行动，用自己的行动“活”出来。新教育人的忘我投入，在别人眼里是“疯子”“傻子”，觉得你这样

做总会有什么企图。因此，总有刚刚在新教育之路上起步的教师被世俗所淹没，我常常为之深感惋惜。

## ▶ 二、 六年的耕耘，重拾教育的信心

2008年，我阅读了朱永新教授的讲演录，第一次接触新教育。2009年6月，我到江苏宝应实验小学、苏州娄葑二小实地考察后，确定了学校整体推进新教育的思路，在校内组织了为期3天的全员培训，并以项目为抓手整体推进新教育实验，从此与新教育结下了不解之缘。

开展新教育实验的第一年，在校长的领导下，我重点在新教育实验项目的基础培训和落实上下功夫。我们安排许多教师外出学习。8名学校中层以上干部到江苏海门学习；18名教师到江苏宝应实验小学，与宝应实小的教师深度交流；袁其珍等4名教师深入到常丽华老师的教室，实地感受班级课程；9名中层以上干部和教师参加了新教育萧山开放周，坚定了研发课程的信心。我们借贵州凤冈龙泉三小的领导和老师来我校开展交流活动之契机，掀起了观课、议课、研课的热潮，开启理想课堂的探索之旅。干部带头上示范课，教师人人上教研课，关注课堂，深度教研。我主动执教阅读指导课，带领五（3）班学生共读《秘密花园》，走完了共读整本书的导读、推进、总结探讨整个流程。通过举办面向长寿区的新教育开放日，促进学校上台阶。朱永新老师来校和老师们座谈，更是鼓舞了大家的士气。

第二年，我的工作重点则在“培养榜样教师”“研发卓越课程”上，推进的节奏适当放缓，让老师们更好地适应、跟进实验。我校举办了全国新教育开放周，搭建区域及全国新教育的展示、研讨平台。在学校内，晨诵、读写绘、童书共读逐渐成为各个教室共同推进的实验项目。通过深化教研，尝试课程研发，逐渐形成了学校的学术核心团队（新教育工作室）。我带领骨干教师组织学生排练演出了学校的首部童话剧《青鸟》。暑假，我为长寿区内兄弟学校举行了为期两天的新教育培训，时任新教育研究院院长卢志文来校做讲座。长寿区教委成立新教育领导小组、工作小组和工作室，制定推进新教育实验的方案，其他8所学校加盟新教育实验，长寿区开始区域推进新教育实验。

第三年，我侧重于推进“缔造完美教室”项目。随着新教育实验的深入，我们很自然地遇到了一些困难和问题，但我不抱怨、不推责，把困难

当作挑战，把问题当作课题，继续引领教师增强职业认同，让新教育成为全校师生的生活方式。我多次组织青年教师交心谈心，分享参与新教育的体会，激励青年教师成长。我们成立新父母学校，每天开展新父母晨诵，引领家长文化；通过基于问题解决的主题教研，组织教师人人上教研课，开展课堂技能竞赛，“构筑理想课堂”；组织教师撰写年度叙事，评选“十佳年度叙事”，表彰新教育年度教师；开展“童书让我插上想象的翅膀”为主题的阅读节系列活动——共读经典童话故事或绘本故事、研发教材与儿童课程整合的主题课程、研发穿越童话剧、组织分年级童书共读研讨会。学校两次承办长寿区新教育开放活动，并面向四川西充二小、占山小学、重庆北部新区康庄美地小学的校长和老师，举办了为期三天的新教育开放活动。为了培育区域新教育榜样教师，以“共读共研共同成长”为宗旨组织读书会，从3月起，组织共读《静悄悄的革命》和《教学勇气》等书籍，每月一次相约在长寿一小，开展阅读、交流活动，促进了榜样教师的成长，逐渐形成了通过培养榜样教师带动各校新教育实验推进的方式。

第四年，我们还成立了学校“缔造完美教室”联盟，着力推进完美教室的建设和理想课堂的研讨。我将自己的生命融入到长寿一小的新教育实验之中，实现了从事务型向业务型的转变。晨诵、午读、暮省成为日常生活方式，共读共研成为教师的专业发展路径，追求理想课堂“三重境界”奠定了“缔造完美教室”的基础，形成了一套学术型的项目管理策略，梳理和架构了长寿一小的课程。

四年的耕耘，我们也获得了许多奖赏：3次被评为全国新教育实验优秀学校，9名教师被评为全国实验先进个人，勾红琼老师的小溪流班级被评为全国新教育实验的“十佳教室”，彭克利老师的七色花班级获全国新教育实验“十佳教室”提名奖，我组织研发的“长寿一小毕业课程”获全国新教育实验卓越课程提名奖，《长寿一小推进新教育三大课程的行动研究》一文获重庆市政府教学改革成果三等奖。

新教育实验在长寿一小的成功，引起了长寿区的关注。区教委非常重视新教育的推进，实验区工作由区进修学校全面接手管理，在全区小学全面铺开，一项民间的实验在长寿区得到了基本认同。

2013年8月，我调至桃源小学工作。每一件事总有开始和结束的时候，我在长寿一小工作的结束，到桃源小学，又是新的开始。带着对桃源小学的新期待，我走进了我和新教育的第五年。桃源小学虽然校名是新确定的，但却有五年的办学历史，教师队伍年轻有活力，具有做好新教育的基础。在校长的支持下，开学前，我组织新教师培训，召开项目负责人会议，准备课程，确保开学进入正轨。开学后，我迅速了解情况，与校长一起组织师生、家长代表共同制订学校发展规划，对学校进行顶层设计，建构学校文化。教导处、科研处合并实行教学科研一体化，避免政出多门。举行“拜师学艺”师徒结对仪式，开展新教师亮相课活动，梳理学校的课程体系，进行教材解读和主题教研，组织全校教师进行“缔造完美教室”项目培训，组织一年级家长参加每天的新父母晨诵。举办体育节、阅读节、科技节、艺术节，组织教师将新教育理想课堂“三重境界”因校制宜地发展为桃源小学的参与式课堂，不少班级开展课程总结，实施毕业课程，举行毕业庆典，每位教师撰写年度叙事，举办“幸福在一起”桃源教育论坛，评选桃源小学榜样教师和“十佳教室”。

在我走进新教育的第六年，一次体检给了我严重的警告，我无法再熬夜加班，不得不在网师申请了休学，不得不放弃编写《新教育实验学校操作手册》工作，但我仍然没有放弃学校和区域的新教育实验工作，因为我想新教育这样好的教育不能让我所遇到的学校错过，也不能让我所遇到的孩子错过。在学校，我举行了新生一年级“幸福在一起”点灯仪式，启动入学课程，为大渡口区进行新教育项目培训，主动为病假的老师代上童书共读和晨诵课，与六年级老师一起研发改进毕业课程，组织全校教师人人上达标课，参加“一师一优课，一课一名师”活动。学校有 9 名教师参加重庆市评选，组建 78 个社团，每周用半天时间让学生自主选择参加社团活动，参加与长寿洪湖镇称沱小学、三合小学的捆绑发展结对帮扶活动，参与师生体验活动，送课送讲座，并帮助三合小学启动“新孩子乡村阅读公益项目”，邀请著名儿童文学作家童喜喜两次走进桃源小学与师生交流，为家长做讲座。

## ▶ 三、 收获成长的喜悦，继续前行

几年践行新教育，我也收获了成长的喜悦。我曾两次走进贵州凤冈，参加开放周活动，交流长寿新教育的经验；两次到成都金堂培训新教育教师；曾帮助四川西充实验二小、三小及重庆北部新区康庄美地小学、大渡口区推动新教育实验。长寿电视台、《长寿教育》对我和新教育进行了专题报道。我先后被评为全国新教育实验先进个人和新教育实验 2015 年度榜样教师。我曾经工作的长寿一小、桃源小学先后被评为新教育实验示范学

校，在长寿实验区乃至西南地区产生了一定的影响。

未来在远方，我愿自己继续向前，沿着自己选择的路继续向前……

（注：作者曾获评全国新教育实验2015年度榜样教师。）

## 3　陪着你慢慢长大

山东省滨州市滨城区逸夫小学　卢振芳

每一次捧起证书都是幸福的徜徉，每一次站在镜头前都是超越梦想，每一次意外的惊喜都凝聚着无穷的力量，每一次笑容的绽放都是记录成长。享受幸福的是逸夫小学海燕班的小海燕们。

### 一、“筑巢”，开启幸福旅程

2014年8月31日，多情的秋雨如一首缠绵的心曲催醒了我和小海燕们的故事……8月28日，突然获悉自己荣升为“老班”，顿时感觉措手不及——怎样才堪称完美？如何叫生命开花？……《一间可以长大的教室》《缔造完美教室》与知我、懂我的人不期而遇，雷夫老师神奇的教室、常丽华老师温馨的教室，小百合们的温暖故事……瞬间，我这位新教育的旁观者就深深地爱上了这份神奇与浪漫，内心激起了“我要上路”的涟漪。筑巢，自雨声中开启。

征求了孩子们的意见，我将原有的“海燕中队”传承为“海燕班”。欢呼雀跃中，孩子们拥有了一个全新的名字——小海燕。新的教室、新的气息、新的孩子、新的开始……

### 二、 生日，初尝幸福滋味

优美的环境，仅仅是外在因素。要想让生命开花，需要唤醒内心的驱动力。在那个万物复苏的花开季节，小海燕们的生日也绽放在春天里。

熟知每一个孩子的生日。新生命教育强调对生命的尊重和接纳，关注“每一个”，激活“每一个”。于是，一张海燕班的《生日统计表》诞生了。

有了这张表，海燕班充满了人性关怀，洋溢着暖暖的爱意，让教室拥有了生命的温度。又一年的学习生活，小海燕们的生日再次被放大，继续闪亮每一天！

唤醒每一个孩子。子旭，我班的一个特殊宝贝。因为长时间被冷落、被遗忘，造成了他孤僻、自暴自弃的性格。在他生日那天，我选择了一首《打开窗子》送给他。当小海燕们读到“欢迎子旭一起进来呀，赶快把窗子打开”时，子旭长期呆滞的脸上露出了一丝笑容：“卢老师，我知道了/您让我把心灵的/窗子/打开！”这来自心灵深处的话语强烈撞击着我的内心：我的孩子啊，假如早知道一首诗就能唤醒你，老师早就应该这样做！一整天，我都在观察他。他真的把心灵的窗户打开了。整个人悄然改变：能够主动写字、主动诵读、主动交流……

祝福升级——小古文版。又一年的开始，我们的祝福升级为小古文版，于古韵中送出祝福，孩子们的新鲜感悄然膨胀。时隔一年，打开心门以后的子旭心灵舒展、阳光满面……至此，生日祝福已经不再是祝福，而是一剂良药，溶解孩子心中尘封的冰冻；是一曲优美的旋律，唤起孩子对美好生命的追寻……我也拥有了心动的称呼：海燕妈妈、卢妈妈、卢妈咪。得到孩子们如此高的褒奖，我能回报的唯有妈妈般的关爱！

在不知不觉中，我和小海燕们一起开发了海燕班的生日课程，陪孩子编织了一段珍惜生命、敬畏生命的旅程。今后的生命旅程该怎样穿越呢？思忖过后，海燕班的生日课程体系清晰呈现。别样的祝福，别样的快乐，让幸福伴随小海燕快乐成长每一天！

## 三、共写，溅起幸福涟漪

2014年12月，获悉《快乐日记》编辑部将于2015年开展“坚持之星”的评选活动。一个月内只要做到“天天写，一天不落”，就有机会当选为“月坚持之星”，如果坚持一年，就会被评为“年坚持之星”。带着“是小海燕就应该挑战远方，是小海燕就应该展翅翱翔”的信念，我们出发了！

1. 追逐。

2015年2月9日，快乐日记博客公布了1月份“坚持之星”。4只小海燕激动不已。小武告诉我，妈妈激动地把这个好消息告诉了所有亲人，自己得到了比往年更多的红包，成为他们的骄傲。2 月，正好在寒假，热闹的氛围非但没有激发小海燕的写作热情，反而滋长了他们的惰性。2 月份“坚持之星”仅仅有 3 只小海燕。

2. 唤醒。

看着稀稀拉拉的“坚持之星”，我感觉有些不安。假如真的败下阵来，那就大煞了海燕班的锐气。怎么办？迷茫时，叶先生的话提醒了我：“唯有老师善于读书，深有所得，才能教好读书。只教学生读书，而自己少读书或者不读书，是不容易收到成效的。”习作不也是如此吗？于是，我做出了“写日记”的决定：《海燕班的温暖故事》诞生了。与此同时，“小海燕在翱翔”的主题帖也在“教育在线”有了一席之地。师生共写，化作相互搀扶、相互切磋的力量，掀起了你追我赶做“坚持之星”的热潮。

3. 点燃。

为了擦亮每一个日子，我们开始编织每一天：每逢节日，班内就会搞活动，实施“加一分、赠一分”策略，激发生活情趣；圣诞节，小海燕还会收到我这个圣诞老人的来信和礼物，感受来自大洋彼岸的惊喜；我外出学习回校，孩子们还会收到一份小小的礼物……此外，还举办了辩论赛、好书推荐等活动。

不知不觉间，陪小海燕们度过了一年的共写时光。“坚持之星”也从 1 月份的 4 人暴涨到 12 月份的 26 人，年累积有 150 多人次获得“坚持之星”的称号。凭借着超强的毅力、完美地表达，小海燕们成为了“坚持之星”的常胜将军。经过长时间的积累，有的孩子写了 20 多本共 800 多篇日记，满满的都是幸福的味道。更为惊喜的是，梦瑶被当选为“年坚持之星”，并有幸成为 2016 年 1—2 期的《快乐日记》封面人物，刊登了 4 篇日记，获得了百元稿费。我们的师生合影也有幸进行了“风采展示”。当在散发着墨香的书上看到自己的合影时，小海燕们忍不住欢呼起来。所有的付出和汗水都化作继续坚持的动力。

4. 初绽。

12 月 8 日，意外地发现了慧颖的《低头族》。最触动心灵的是右上角的“写时想法”和醒目的“转一下”。这是来自孩子内心的呼唤：我想让天下的父母放下手机，陪陪孩子。在写的过程中，小海燕们已经不拘泥于记录一天的生活，而是拓宽视野，阅读生活、感悟生活。日记已经跳出了简单的累积与描述，一跃为思维的跃动，激活了孩子更多的灵感。

有的还写出了大量观察日记。马钰程的《木耳菜的成年》系列，共写了10篇，共3495个字，折射出对植物、对生活的热爱。

懒于动笔的宝贝李旭飞，在目睹了“坚持之星”11次颁奖后，也于12月份加入了写日记的大军，创造了坚持写日记30天的神话。

我不知道孩子们在哪儿得知了我的生日，竟然在我生日当天举行了隆重的庆祝仪式。有计划、有组织，井然有序。现代诗、小古文祝福，像极了我给他们过生日。如此意外的惊喜，我幸福得哭了，我可爱的小海燕们却开心地笑了，笑得那么甜、那么真。那天，我写下了字数最长的一篇温暖故事，分5部分共2326个字记录了自己内心的感动。我可爱的小海燕们全部以此为题材记录快乐、传递幸福，做到了首次没有统一命题下的完全一致。有的甚至超出了千字，诉说着意犹未尽的快乐。

我和小海燕们有个约定，寒假也照样上传日记。那天是1月30日，放假后的第5天。发布完当天的日记后，小封突然说：“卢老师，我好想您!”顿时，一股暖流涌到心房，满满的都是幸福……也许这就是我们师生的心灵密码。

习惯成自然。正如梦瑶所言：“写日记已经成为我生活中必不可少的一部分，我没感觉是种负担，反而觉得是种享受。”岂止是小海燕们，我自己不也是吗？夜深人静的回眸，成为一天中最幸福的时刻。每晚9：00按时上传我的日记，成了一种雷打不动的习惯。有时稍微晚一些，孩子们就会问：“卢老师，日记呢?”“卢老师，我想看日记。”……没有谁忍心辜负他们那期待的眼神，更何况是他们的卢妈咪呢！为了小海燕，我会坚持写下去！不仅是孩子，家长也极为关注：每一次点赞都是宽慰与鼓舞，每一次围观都是鞭策与激励。回头看看自己的记录，有时也令自己敬佩：坚持，实际上是在为自己积累能量和财富。经过一年的记录，《海燕班的温暖故事》已经敲击下了20多万的文字。记录了每一个温暖的日子、每一个温暖的孩子、每一个温暖的故事……想到这些文字将作为毕业礼物送给孩子们，敲击键盘便有了无穷的动力！

平淡的生活因为有了文字的描绘，变得熠熠生辉、闪亮无比；平凡的日子因为有了语言的编织，变得丰富多彩、旋律多姿。不仅孩子，自己也乐在其中，几篇随笔相继发表，新教育生命叙事《呵护生命的阳光》有幸于2015年6月在四川金堂进行分享展示。

其实，春尚浅，水还瘦，花未开。我和小海燕们将继续行走在春天里，追逐迷人的花香！

### ▶ 四、续航，共筑幸福梦想

心中/始终有一个彼岸/遥远、灿烂/追逐很久/就在希望那边
眼前/总有一片海/湛蓝、深远/细细品味/亦是风景无限
梦中/摇曳的是明天/璀璨、丰满/追逐寻觅/总有属于自己的那片天

（注：本文发表于2016年4月《新教育》报，海燕班曾获评全国新教育实验2016年度完美教室。）

## 4 “玩”出来的最美鱼儿班

四川省成都市锦里小学　詹妍婷

### ▶ 一、你在哪里，教室就在哪里

2013年，我20岁。

我从未想过，在那样一个“乳臭未干”的年龄，我竟为人师。如同很多还未做好当父母的准备却要迎接新生命的人一样，我的心里充满了惶恐、不安。我多想说，其实我也是个孩子啊。

2013年9月，“鱼儿班”的班主任回家待产，作为学校的临聘老师，我接到了我教师生涯的第一个班——鱼儿班，成为了一个名副其实的“后妈”。在大学就耳闻“后妈”带班的艰难，会遇到很多因与前任老师教学习惯、带班风格不同而带来的风波。而我又是这样一个最没有经验、最没有资历、最年轻的老师和最年长的孩子，未来的工作一筹莫展。

开学第一天，我踩着一双“恨天高”来到学校，还故意穿了一套老气的衣服，一进教室，家长们早已等待多时。当时的我，似乎只会笑，冲着我的孩子们笑，冲着家长们笑。简短的收作业后，家长们将孩子留给了我，便借故离开了，虽然她们很想亲眼观看我如何与孩子们第一次见面，但是她们多么善解人意地给了我和孩子们第一个独处的机会。那是鱼儿班每个孩子真正属于我的时刻，每个孩子的眼里都闪烁着一样的光芒，手放

得很端正，背也坐得直直的。他们像秀女想要得到钦点一样，将最好的一面展现给我。

我将他们对我的所有期待全部放进了内心的一个角落，时至今日我还能想起那温暖的目光。我们彼此都在期待，便是我认为最好的开始。短短几天，我和孩子们就打成了一片。后来的日子，他们就唤着我“詹詹”，一叫就是四年。他们那样亲切地称呼，让我始终认为我就是他们其中的一分子。

我始终不能忘记那一年的建队日。那是我第一次以“老师”的身份戴上了属于中队辅导员的红领巾。在群花环绕的主席台上，在鲜艳夺目的国旗下，我和大队辅导员互行队礼，庄严且神圣。我在台上望着我亲爱的鱼儿们，他们是那么骄傲，他们忍住自己兴奋的情绪，向我挥手。他们不惜让自己成为嘈杂的中心，他们笑得那么灿烂，手举得很高。

那一刻，我似乎才真正完成了从一名“语文老师”到班主任的转换。我第一次觉得原来一个中队、一个班级是那么有存在感的一个集体，那是一个以班主任为核心的集体。我无比期待在这个年龄差距只有一个生肖的教室里，可爱的詹詹和鱼儿们都能够带着明媚的微笑慢慢地成长。

## ▶ 二、 完美教室初相遇

朱永新老师曾说：“教师本身就是课程。只要教师是一个不断学习的人，是一个善于思考的人，他的课堂就一定精彩。”于是毫无底气的我开始了漫漫学习之路，在首都师范大学吟诵初级班的学习中，我认识了我的引路人曹亚男老师，当我看到她“缔造完美教室”的叙事时，我猛然发现教室居然还可以这么有趣，在阅读和诵读声中浸润的孩子是那样温润可爱。我多么希望我的教室也能以“完美”承载起所有孩子对我的期待。

说干就干，阅读和诵读就是方向！于是，我在教室里设置了漂流书屋、阅读等级证、阅读等级评分表、图书身份证等来激励孩子们阅读。孩子们将自己已经阅读过且有一定质量的图书带到班上放漂，形成一个班级内流动的图书角。为激发孩子们的阅读兴趣，漂流书屋的藏书按难易等级、文字多少共分三级，拥有相应等级的阅读身份才能阅读该等级的书籍。图书分级极大程度地帮助了阅读能力弱的孩子，让他们的阅读变得更加有梯度，并激发了他们极大的阅读兴趣。

渐渐地，图书身份证上写满了孩子们的阅读记录；渐渐地，只要一拿到书，孩子们就能立刻安定下来，他们读书的状态让我觉得很踏实。

后来，鱼儿班还和成都公益组织“微笑书库”合作，由该公益组织免费给孩子们提供图书，并对家长和孩子们进行了更加专业、实用的亲子阅读培训，正式开启了鱼儿班的亲子阅读。

除了阅读，鱼儿班的孩子也慢慢喜欢上了吟诵。他们拥有一本由儿童诗和古诗文组成的班本诵读读本《读之》，每个同学每天早上坚持半个小时的晨读，中午坚持 15 分钟的午诵。吟诵是中国人传统的读书方法，是孩子们走进传统文化、接触古诗文的桥梁，孩子们通过吟诵的学习能够得到古诗文音韵的滋养，于是我们开始了每周一节吟诵课，学习语文课本之外的诗歌古文。除了传统的学习方法外，我们还通过展演的方式进行积累学习。每当孩子们拿到一个新主题时，便会自主收集相关主题的诗歌，进行节目编排。通过这样的方式，孩子们记忆诗歌便更有劲儿了。在几年的学习中，孩子们不仅多次在班级内进行系列主题活动，还参加了许多学校的活动，孩子们还走出校门，参加了成都师范学院吟诵晚会、武侯区图书馆青少年国学经典诵读活动、西南四城市国学经典诵读活动、全国群文阅读年会、“我爱成都”千人诵读成都诗词大会，进行吟诵表演。孩子们还在首都师范大学中国国学教育学院的“国学教育研究与实践”项目中参与歌谣课程开发，参与录制了《给孩子们的歌谣》下册的全部内容。

站上舞台的他们，自信大方，尤其是那旁若无人的投入，令我欣慰。

## ▶ 三、 窗外的世界更精彩

我贪心地看着窗外的世界，思考着我还能给他们些什么呢？将心比心，带着他们出走吧！

在家委会主席和活动部长的组织下，我们走出小小的“匣子”，去到一个个有意思的地方。我们去余秋雨提到的“都江堰”，用阅读开启晨光，我们去绿海藏珍的成都植物园喝茶聊书，我们去四川大学逛图书馆，我们去江家菜地体验农耕，我们去龙池山滑雪，我们筹集旧书送往雅安名山，我们去老成都的茶馆品茶学艺……

大山大河、大树小花、小书大爱、浮叶茶香都让鱼儿们发现了生活的美，走着走着，世界万物的美好便装进了心里，眼里有什么，心里就放进了什么。

父母们也开始投入到班级活动中。他们自发开展“家长课堂”活动，妈妈们负责“故事妈妈进课堂”开始为孩子们讲故事，爸爸们则利用工作资源带来各种有意思的行业体验。后来，我慢慢称呼他们为“蓝胖子”，因为他们真的无所不能。

自己做、亲自做，还可以和家长一起做，这样的集体真让我觉得幸运。

## ▶ 四、不一样的“玩”美

行走的课堂让鱼儿们的心变得更“野”了，当然也让我的心更“野”。“北冥有鱼，其名为鲲。化而为鸟，其名为鹏”。鱼儿们不再只认为我们的班名是校名“锦里”的谐音，他们深知自己就是庄子眼中的鱼逍遥、自由。

龙应台说：“玩，是天地间学问的根本。”于是一个爱玩的“90后”带着“00后”开始打造属于我们的“玩美”课程，并将“玩”融入德育活动和语文教学中。

他们在课间玩抓子儿、玩花绳、玩皮影戏，用寻找民间老玩具活动丰富自己的课间活动；他们利用扑克牌玩起了“二十四点”的游戏，争当“二十四点王”；他们还开始接触“茶艺”和“围棋”，在斗茶、对弈中寻找方圆处处的茶香；而我更是大胆地将“玩美课程”植入作文教学中，开展了“棉花糖游戏”“黑暗游戏”“我是孕妇”“太阳的后裔”“微微一笑很倾城”“时间开始了”“少年爬行队”等好玩有趣的游戏。我也在孩子们的作文中得到了一个又一个好玩的称号“游戏鬼才詹詹”“古灵精怪詹詹”“鬼点子高手”。

常常有人会问：孩子们不会在游戏过程中“耍赖”吗？每当遇到这种问题，我和孩子们都会甩甩头，因为我们有“君子协议”，我们都深知遵守游戏规则的人，才能真正享受到游戏的乐趣。

我逐渐发现生活中值得拿来品味、把玩的东西实在太多了，庆幸我们还有空间让孩子们慢慢长大，慢慢在玩中保有一颗纯粹的心。“玩”保护着孩子们的天性，激活着他们的生命状态。

好玩的班级仍然不能逃脱严峻的期末复习，可是复习就不能“玩”了吗？鱼儿班的期末复习便结合了斗地主的方式，每次语数模拟考试成绩可以获取相应的积分进行升级，孩子们从包身工开始升级，不同的等级对应不同的减免期末作业的折扣。当你走进鱼儿班教室的时候，你可得小心，因为你随处可以找到“逼迫”老师进行复习考试的“奇葩”娃娃。

今年，我们更是利用“大富翁”的方式，开始了“小组赛”和“个人赛”，语数模拟测试成绩前三名便可以往前走一个格子，累计进步3名也可以往前迈一步，达到相应格数就能兑换老师准备的奖品，甚至是副班主任亲自烘焙的蛋糕。鱼儿班是有香味的班级，到处都能闻到浓浓的蛋糕香。

## 五、 心有多大，教室就有多大

阅读、吟诵、行走，鱼儿们渐渐在这个品玩人生之美的教室里成长起来，在玩中践行我们的班级愿景：知行合一，心向光明。他们开始在团队中相互摩擦，直到用这些印记给自己的人生简历涂上丰富的色彩。

步入四年级的鱼儿们更是大胆自定行走课堂主题“杜甫来了”，并开始了为期两个月的行走课堂。他们利用每周一节吟诵课学习杜甫的诗歌，利用阅读课专项阅读有关杜甫的图书，大量收集有关杜甫的资料，经过整理筛选出自己觉得重要的、好玩有趣的资料整理成小报，可爱的“蓝胖子”也将杜甫的故事融入“故事妈妈进课堂”活动。

爱玩的我也绝不会放过大展身手的机会，在草堂设计了四个闯关任务，并由“蓝胖子”担任守关人。自认为比我的蛔虫还了解我的鱼儿们开始大胆地猜测、合理地分析我的闯关任务，每个小组都开始了无休止地讨论，提问、查找、记录、复查资料，我从没想过鱼儿们的自主学习能力和团队配合能力会这样强。知识会被遗忘，能力却不会消退，我相信他们一定会带着这些能力走得很远。

游园当天，孩子们自导自演了一场杜诗吟诵展演，居洋和鹏宇还自觉承担起了“小讲解员”的任务。活动过程中出现了好多搞怪的瞬间：明明的电话手表掉了，大家不惜耽误闯关时间四处寻找手表；不会看地图的和谐温馨团队始终迷路……虽然花样百出，但他们在尽力奔跑，直到奔向终点。

那的确是一群很有游戏精神的孩子，认真投入地对待每一次游戏，比赛赢了会笑，输了会难过。那天回程的路上，那群孩子热切地讨论起草堂之战胜利与失败的原因。我不知道他们从哪里学会了“反思”精神，可是那样的鱼儿真好！在班级的家校本“每日一谈”中，孩子们也纷纷记录下了这美好的一天。

因为参与，所以真实。鱼儿班的教室里，每一天都是我们真实的存在。

### 六、心向往之

我好想说幸好那年我 20 岁，那样天真无畏的 20 岁。正是我心里住着一个没长大的詹詹，所以我才成为懂他们的人，我才能够用 20 岁成人的理智带着我还没泯灭的童心和他们一起成长。真希望我们的心里永远住着一个十岁的孩子，立志成为一个好玩的人，永远用发现的眼光看待这个世界、看待孩子，永远具有游戏精神。

我的手机里一直保存着鱼儿们为我翻唱的《爸爸去哪儿》，“詹詹，詹詹，我们去哪里呀，有你在就天不怕地不怕。”我想我还会带着他们走很久，哪怕有一天，陪着他们越过山川的人不再是我，但我们还是那个时刻准备出发的好玩的人。

“完美教室”虽曰不能，心向往之。心向往之，谁曰不能。

（注：本文发表于 2017 年 5 月《新教育》报，鱼儿班曾获评全国新教育实验 2017 年度完美教室。）

## 5　做一个有故事的人

山东省莱芜市汶源学校　朱荣梅

参加山东省作家班培训时，北京大学曹文轩教授说：“看眼睛就知道，你们是有故事的人。”我很喜欢这句话。“把工作做得有声有色，让生命活得有滋有味”一直是我人生的目标。书上说，一个人真正的成功，是把日子过成自己喜欢的样子。我希望做一个有故事的老师，一个有故事的人。

师范毕业，同学们都当了老师，我做了古诗词主编。编辑刊物的同时，陆续出版我的古诗、新诗、散文、童诗选集。2009 年秋天，我回归教育，同学们都在教语文、数学、英语，我选择了《品德与社会》。

2011 年，偶尔听语文老师谈论课程研发的事。我想，课程研发不应该只是语文的事啊，我也可以做。我翻阅大量新教育资料，并暗下决心：我要拿下全国十佳卓越课程称号。人生，要胸怀理想，但更要脚踏实地。从确定目标那天起，我便在课堂上悄无声息地实践着我的课程研发。五年中，我一直要求自己做“三心二意”的老师。我的三心二意就是“用心、细心、爱心”和“注意积累、注意总结”。

五年中，我主要研发了三个课程。三个课程既相互独立，又紧密联系，前者是基础，后者是对前者的总结和丰富。

2011—2012 年诗词课程：我在春天里等你——获莱芜市课程评比一等奖。

2012—2013 年艺术课程：课堂的艺术盛宴——获全国新教育实验十佳卓越课程提名奖。

2013—2015 年生命课程：让生命长出饱满果实——获全国新教育实验十佳卓越课程奖。

## ▶ 一、诗词课程：我在春天里等你

中国是一个诗的国度，三千年前孔夫子就推崇诗教，现代教育家陶行知先生也十分重视诗教。我在学校开设诗词班，并研发教材。诗词课程立足新教育从粉红到天蓝的彩色阶梯过程，分幼、低、中、高四个阶段，依次为国际绘本、童谣、童诗、新诗、古典诗词五方面内容。整个课程以春天为主题，分别取名“春天，你好”“春妈妈，快开门”“春，一座小小的城”“春，站在十字路口”和“春天，如斯”。在我的课堂上，孩子们的眼里，幸福是一朵小花，可以美美地插在头上。太阳是一个足球，被一脚踢到天上。小花朵很爱美，天天在河边照镜子。小青虫骑在大白菜上正在思考问题……在我眼里，孩子们就是一棵棵小草，正在听我讲好听的故事。

两年时间，我和孩子们出版诗集《有个叫春天的孩子》，得到圣野、王宜振等名家好评。作品选入《当代小学生》作为卷首语刊用。我先后被邀请去图书馆、花园学校、实验中学等单位上童诗课，受到老师和孩子们喜欢。

## ▶ 二、艺术课程：课堂的艺术盛宴

任何一门学科并非枯燥的知识，而是一种解读世界的工具。朱永新教授在 2013 年新教育年会上指出：课程研发，不是简单地做加法，而是包含加减乘除在内的整合建构。我对《品德与社会》进行了二次开发，把德育和各种艺术形式结合起来，每节课加入艺术元素，用渗透的方式，把品德课上得越来越唯美和丰富，让教学和艺术成为一对完美搭档。

1．德育与绘画相结合：为世界做些美丽的事情。

发挥绘画的特殊魅力，把思品课堂和图画结合，让孩子们画出对知识的理解。如《地球》一课，分别以“以前的地球”和“现在的地球”为题目，让他们把心目中的地球画在纸上。图画中，孩子们张开想象的翅膀，把以前的地球画成了一个美丽的公主，头发是绿色的大树，眼睛是粉红的花朵，鼻子是巍峨的大山，嘴巴是蓝色的河流……而现在的地球，是一个奄奄一息的老妇人，头发成了树桩，眼睛之花枯萎了，嘴巴之河成了黑色……

2．德育与绘本相结合：在孩子心里种一块砖头。

取名“在孩子心里种一块砖头”，源自《弗洛拉的花》。弗洛拉是一只可爱的小兔子。他的兄弟姐妹在春天里都种上了各种花和蔬菜，如水芹菜、向日葵等，而弗洛拉却在花盆里种了一块小砖头，他告诉所有人，他要种出一间最美的房子。大家都嘲笑他。经过他的精心照顾，当春天再来的时候，花盆的上面真的有了一间最美的房子。

3．德育与影视相结合：带你穿越光影世界。

苏霍姆林斯基说：“现在，书籍正面临着跟其他的信息来源进行竞争的局面。”他提倡孩子们要把书籍经常摆在书架上，让书籍成为竞争中的胜利者。我以为，既然孩子们喜欢，与其阻止，不如引导他们，让电影、电视这些现代艺术，更好地为教学服务。我收集、截取、整理与课本内容相近、相辅、相融的电影、电视片段进行教学，使知识更直观形象。孩子们在生动有趣的画面中，既收获了知识，又增加了学习的乐趣。

4．德育与演讲相结合：让我轻轻地告诉你。

演讲，是一种综合艺术。如《男生女生》一课，举行“我眼中的男生、女生”演讲比赛。课上，创设情境氛围，引导、启发他们，大家争先恐后，课堂上不时出现很多精彩片段。演讲，既活跃气氛，又沟通感情，还增加了班级凝聚力。

5．民族常识：我们的名字，叫中国。

教材中讲“少数民族”，只介绍几个民族的特点，我让孩子们分工整理56个民族的特色，查找资料，制作课件，用自己喜欢的方式，给大家讲解和展示。最后，把资料卡和课件进行整理，取名“我们的名字，叫中国”。

6．师生共建知识树小报：让知识树变得枝繁叶茂。

课上，孩子们从总目录、课题、小标题、正文中找出关键词。根据关键词及时总结每节课的小小“知识树”，即知识框架结构图。每单元建立一棵单元知识树。复习阶段，一起总结整本书的框架结构，一棵棵单元知识树就长成了参天大树。

《品德与社会》课堂的结尾，不是句号，而是省略号。课堂上，我希望孩子们能爱上绘本、爱上电影、爱上绘画……只要爱上其中的任何一样，都会成为一个艺术的孩子。

## ▶ 三、 生命课程： 让生命长出饱满果实

生命，是一个庄严而又神秘的话题。作为教师，我探讨的不是宏观意义上对生命的研究，而是从生命个体发展方面来进行思索。新生命教育目的在于让学习者认识生命、欣赏生命、尊重生命，进而不断超越，引导他们热爱生活，成就美好人生。针对三至五年级学生的特点，我从三个阶段进行探索和研究。

三年级：种下一粒种子——感受生命的成长——在心里，种下美好的种子。

四年级：研究身边植物——认识生命的多彩——让课程，开满多彩的鲜花。

五年级：研读名人传记——丰盈生命的底色——让生命，长成参天的大树。

这三个阶段，互相联系，互为补充。第一阶段，感受生命成长的过程；第二阶段，拓展生命的宽度，感受生命的多彩；第三阶段，增加生命的厚度，感受生命的力量。

三年级，“种下一粒种子”的综合实践活动，取名“我的小花园”。春天，我买了一些白菜和油麦菜的种子发给学生，要求他们种种子时，准备一本日记本放在花盆旁边，及时记录植物的生长情况。最终，我把孩子们的日记分成种子丢失、没发芽、发芽、个别温情小故事四种情况，整理成册。这个想法源于安徒生的童话《五颗小豌豆》。五颗小豌豆有不同的命运。最小的一颗，落在一对贫穷母女的窗台上，经过严冬，熬到春天，在缝隙里生根、发芽、长出紫色的小花，最后结出果子，给生病的女孩带来了希望和勇气。小女孩说：“妈妈，别拔掉它，虽然它只是一棵小豌豆苗，可在我心里它就是我的整座花园。”希望通过这一次实践活动，在孩子们

的心里，种上一颗认真、希望、善良、美好、诚实的种子，最终都能长出一座美好的心灵花园。

四年级，研究身边植物，通过和孩子们一起种植、记录、收集、打印等一系列活动，编辑成《让课程，开满鲜花》。孩子们每个人制作了《生命日记本》，通过课下、课上结合，演讲、写作结合的形式，锻炼孩子们的观察、写作及口头语言表达能力。通过记录日记，让孩子们在价值观、知识、情感等方面有所收获。这个想法源于《小恩的秘密花园》，小姑娘小恩带着满满一手提箱的种子和信纸，来到萧条、灰暗的大城市，和不苟言笑的舅舅生活在一起。她在废弃的屋顶建造了一个秘密花园。她种植的花草，她的天真、乐观给舅舅、顾客和整个城市带来了温暖和阳光。我希望通过孩子们观察、了解身边这些五颜六色的花朵，让孩子们感受到生命的多彩。

五年级，阅读、收集、整理很多特殊家庭孩子的成长励志故事，编辑成《上帝，只给我们一双袜子》。现代社会，意外事故、离婚等各方面原因导致特殊家庭的孩子越来越多。对于幼小的孩子，面对这样那样的变故，总表现得不知所措、茫然无助。这时候的孩子面前有两扇门，一扇通向地狱，一扇通向天堂。这时候的孩子最需要的往往不是物质上的帮助，也不是怜悯或同情，而是有人为他们点起一盏心灯。

《上帝，只给我们一双袜子》这个名字源于美国林肯的故事。林肯出身在一个贫苦的家庭。父亲是个鞋匠，母亲在他 9 岁时不幸去世。由于家境贫苦，他从小就帮着大人搬柴、提水、干农活。圣诞节那天，他恳请鞋店老板史密斯先生帮忙转告圣诞老人，说他很想要一双鞋子。史密斯先生端来一盆温水，帮孩子洗了洗已经冻得发紫的双脚，语重心长地说："孩子，真对不起，你和上帝要一双鞋子的请求，他没有答应。他说不能给你一双鞋子，而应当是一双袜子。每个人对上帝都有乞求，我小时候想要一个鞋店，可上帝只给我做鞋的手艺。上帝让我告诉你，任何事都需要自己努力，才能得到自己想要的东西。"30 多年过去了，林肯带着史密斯先生那双温暖的袜子和比金子还要珍贵的话语，找到了自己梦想的鞋子。他成了美国的总统。我希望能成为某些孩子生命中的贵人，给孩子一双温暖的袜子，指引他找到自己梦想的鞋子。

最初，我以为课程就是老师手里拿的那本教材。遇到了新教育，我明白了，当我站在讲台上，我就是课程。课程是有生命和温度的。课程不是一系列资料的简单堆砌，而是一系列美好事物的相遇。课程，不仅在课上，还在课下，最最重要的是，课程就在我们每个人的心中。

每个人都是一个世界，每个人都是一本书，每个人都有自己的故事。是平淡无奇，还是有滋有味，就在于自己的选择。六年中，我先后获得全国百佳诗人、全国十佳卓越课程奖、莱芜市德艺双馨人物、莱芜市文学奖等 20 多项荣誉。我始终相信：不要去追一匹马，用追马的时间种草，待到春暖花开时，会有一群骏马任你挑选；不要去刻意取悦一个人，用取悦别人的时间提升自己的能力，待到时机成熟时，会有一大批的朋友与你同行。所以，丰富自己比取悦他人更有力量：种下梧桐树，引来金凤凰。你若盛开，蝴蝶自来！

（注：本文发表于 2015 年 11 月《新教育》报，作者曾获评全国新教育实验 2017 年度榜样教师。）

## 6　不忘初心，向着教育的更深处漫溯

山西省绛县第一实验小学　孙薛莉

“她是绛县‘缔造完美教室’的榜样教师，各地来绛的教育同行 30 余次走进她的教室学习取经。

“在她的教室里，一切都是那么诗意而美好：每年的开学仪式，浓郁的班级文化氛围中，让愿景成为每个父母与孩子共同努力的航向；每月的主题儿童课程，融合道德、科普、识字、经济等课程，成为孩子成长的多维营养；每天的亲子共读共写，亲子交流，家校编织，每个孩子近 70 本的日记本，发表在报刊上的一块块豆腐块，成为孩子们骄傲的资本；每个孩子的生日仪式，让故事、诗歌成为生命中最好的记忆。她成立了萤火虫家校读书会，各种形式的萤火虫线下线上活动，把家长、老师、孩子紧紧地编织在一起，让孩子们幸福成长，朝向卓越。最值得称道的是，她把家长和孩子带进阅读的精彩世界里，让家长和孩子都爱上阅读，把阅读作为进步的源泉，把书籍作为成长的土壤，尽情享受阅读的快乐。在她的教室里，生命的惊喜总在不经意间开出最美的花！”

这是 2016 年“中国好教育盛典”颁奖典礼上，我被评为“2016 中国好教师”颁奖大会上主持人的一段话。从小我就有一个梦想：要当一名老

师，而且要当一名好老师。

我得感谢生命中遇见了新教育。虽然我在2000年就已经毕业，但一直从事着办公室管理工作，直到2009年走入一线做教师遇到新教育，才开启了我教育事业的春天。

## 一、 蒲公英教室——开始教育追梦

2010年，我来到绛县东吴小学，县教研室成立了完美教室工作室，在教研室牛心红主任和赵晶老师的指导下，我有幸被选为“缔造完美教室”的种子教师。

这是一所典型的村小，来自周围几个村子的孩子就像田野里自由生长的精灵，朴实快乐，天真无邪，因此我们的班级就叫蒲公英班。根据新教育的理念和班级特色我设计了蒲公英四季课程：秋天——我是蒲公英的种子；冬天——我要蓄积力量；春天——我要破土萌芽；夏天——我要轻舞飞扬。

每个早晨，我都选取一首精美的小诗和孩子们一起诵读。农村里的孩子们从来没有用过多媒体，而且我的每一张PPT都力求从百度上搜索到最适合的照片呈现给孩子们，学校唯一的多媒体室就成为了我们的教室。

中午的时候，农村的家长们忙着下地干活，吃完饭就早早地把孩子们赶到学校。我把这些早到校的孩子们集中起来，让他们坐在办公室门口的台阶上或校园里的树荫下，给他们读故事。渐渐地，连村里附近不下地的爷爷奶奶也带着没上学的孩子来到校园里听我讲故事。村支部书记听说后，专门把村委会的会议室腾出来让给了我们。这下我们的午读真的是做到了风雨无阻天天进行。听众有从未上学的小朋友到高龄的爷爷奶奶，只要有空闲，饭后到下午上课前的1个小时，大家都可以随便进入村会议室听我读书。

同时，我还是县理想课堂的识字写字和古诗工作室的成员。在识字课程中，我和孩子们将新学期的生字提前编写成儿歌识字读本，孩子们利用寒暑假进行诵读学习。在古诗课程中，我在班级中进行了“花之咏”四季古诗学习。体育老师也加入其中，围绕孩子们诵读的诗歌，编排了古诗韵律操，令体育课成了孩子们的最爱。

课程开展中，我努力让每个孩子向上向善、心灵美好。在读了《一口袋的吻》后，我们班小文同学写下了《送给妈妈的一口袋的吻》。她的爸爸妈妈因为某些原因离婚了，她重新生活在一个新的家庭中。这首诗完整地记叙了家庭的变故：第一天/爸爸喝醉了，妈妈很生气/第二天/妈妈要离开了，我看见了/说："妈妈，给你一个吻，/当你贴在脸上/你就会高兴/现在/我又有了一个新妈妈。"这个年仅八岁的孩子，用自己的宽容和善良理解了父母，接纳了新妈妈。

课程开展中，我努力让每个孩子坚持梦想、快乐成长。班上的一个叫小明的特殊孩子，口吃，曾经一学期背不会一篇课文。如今一次次的晨诵读诗，他的口齿逐渐清晰起来，要求背诵的课文也已经全部能背会。一次次读写绘穿越，他已经从最初画得不成形到现在画得主题清晰、故事完整。

课程开展中，我努力让家长走进班级，与孩子们共同成长。那时候，村里的家长大部分都没有手机，我就每周给家长写信，两年多时间坚持给家长写了 60 多封信，约 106000 个字，制作 PPT 图片 5791 张，班级记事写了 136427 个字。个别学生的问题通过便笺单独联系，爷爷奶奶看护的孩子就用家校联系本或是登门沟通。

在农村这片偏远的田野间，我撒下了一颗颗种子，满身泥土的农村娃娃衣着干净了，说话文明了，思想进步了，行为规范了，气质高雅了。在 2012 全国新教育完美教室的评选中，我的蒲公英教室获得了"十佳教室"提名奖。

## ▶ 二、 小种子教室——让每个生命成为最棒的自己

2012 年的秋天，因工作调动，我来到了一个新学校，接手一个一年级班。我给班级取名"小种子"教室，我要让小种子教室里的每个生命都开出一朵花来。我决定从书写入手，让孩子们借手中的笔来表达自己的内心，让书写搭建起每个生命走向卓越的桥梁。

小种子教室的书写从日记开始，从进入教室的第一天开始。日记的内容来源于小种子教室丰富多彩的课程生活。

阅读是写作的根。小种子教室的阅读整合晨诵、午读的内容，按主题分阶段展开。

针对孩子们不爱张口的现象，我从读入手，培养他们口头表达能力。加强朗读训练，每堂课至少留给学生 15—20 分钟的朗读时间，周末组织学生进行朗读大闯关。

生日是一个人生命中重要的时间节点。在生日课程中，一年级，我给每个孩子送故事或诗；二年级，孩子们讲述自己的童年趣事；三年级，孩子们给爸爸妈妈过生日，给爸爸妈妈送诗……孩子们把生日庆典给自己带来的生命体验写成了一篇又一篇文字，强化了自我价值的认同。

我们先后与四川、北京、山东的三所小学开展了手拉手活动，孩子们在信中交流成长经历，谈理想，聊未来，话题特别丰富，地域的差异使得孩子们书写交流的内容更广，交流的过程也成了彼此生命相互影响的过程。

小种子教室是一个基于家校合作共建的教室。几年来，孩子们写下多少篇日记，家长们就与我一起写下了多少次寄语。渐渐地，日记成了亲子心灵沟通的桥梁。

在日记中与孩子对话，几乎成了宇妈每天的功课。宇妈在参加萤火虫绛县分站活动时感慨地说："有许多家长感叹，现在的孩子越来越难管了，而我和孩子之间相处得极为融洽，这一切的功劳都要归功于孩子的日记。"

写作坚持一段时间后，我让家长与孩子一起挑选孩子的部分优秀作品制作成一本书，并举行新书发布会，让小作家走红地毯。

我们与《快乐阅读》《快乐日记》《快乐新语文》《意林》等杂志建立了长期供稿的协议，许多孩子的优秀日记都先后发表在这些刊物上。对于那些没有在杂志上发表日记的孩子，我会利用《班级简报》给他们提供发表的平台。

几年时间，日记成为小种子教室每个生命的成长史。孩子们在日记中书写成长的快乐与烦恼，书写生命的感悟与体验，每个人都积累了厚厚的一摞日记本。天写了 71 本，共 1562 篇；浩写了 58 本，共 1325 篇；瑜写了 53 本，共 1098 篇；鸣写了 31 本，共 1210 篇，写得最少的林同学也写了 245 篇……像这样的数字在我们班有很多。

几年来，以书写为起点，孩子们不断书写生命的传奇。张力天的绘本获得了第二届艾瑞卡尔创意作品大赛最动人创意奖。全班一共在各类刊物上发表文章 175 篇。我们班级还先后被评为"新教育爱心教室"、2015 年度完美教室。

## ▶ 三、 小橘灯教室——向教育更深处漫溯

小种子教室带来的反响让我的班级一度突破了 80 人。好多人还要找着

各种关系让校长调进我班。为了解决这个问题，校委会决定让我重新从一年级再带一个班，我和班级的父母们一起给新的班级取名为“小橘灯”。

在新的班级里，我更加关注孩子们的读写。从一年级开始，就注重让孩子们养成每天诵读和口头作文的好习惯，我在班级里推荐了两个软件“为你读诗”“手心网”。每天孩子们都将当天诵读的故事或诗歌用“为你读诗”的软件发送到微信群和“手心网”上。然后再和家长们记录当天的暮省日记。同时在班里开展了“QQ群里比阅读”“每天亲子阅读10分钟，21天养成好习惯”的阅读活动。

好习惯需要坚持，随着孩子们的成长，我还在班里开展了读书银行活动，鼓励家庭开展亲子共读活动，每阅读一本书，就把书名写到“阅读存折”中。陈姝瑶同学在暑假两个月里就突破了一百本书，用完了四本《阅读存折》，多次被评为“读书小明星”。大量的阅读提高了孩子们的语文素养，丰富了孩子们的知识储备。

每个新学年开始的时候，我会让家长根据孩子一暑假的表现给孩子颁发生命奖。学期末的时候，除了让父母给孩子颁发生命奖，还让孩子给父母颁发生命奖：每一个奖项的命名，都来源于我们所阅读的书目，或者是书名，或者是书中的主人公。这些内容会引领着孩子们向美好的方向迈进。每一次颁奖词的书写，不仅让爸爸妈妈看到小种子们身上蕴藏着的无限潜能，同时还激励着爸爸妈妈要努力做更好的父母。

有人曾经说：“真正的教室不在你的书或者地图中，而是在门外。”

除了把新教育的一切美好课程带给孩子们以外，我和孩子的父母们一起开拓了每周一次的“校外课堂”：结合综合实践内容或者班级资源，邀请大家在周末或者假日组织春游；领着孩子们一起到大棚里比赛摘草莓；秋天到小溪边去捉螃蟹，开展保护母亲河的环保活动；和家长们一起制作石膏娃娃、制作飞机模型、制作环保手提袋……

暑假里，我和家委会的几位父母一起组建了“少年科技研训营”，带领孩子们在暑假开展了为期一个月的军训生涯。我们一起走进青少年活动中心，进行模拟法庭辩论；聘请“五老人员”对青少年进行军训；发挥我县蔬菜大棚专业合作社优势，邀请有经验的致富能手给孩子们讲述科技给农业生产带来的促进。家长们更是竭尽所能，纷纷挖掘自己的资源为孩子们的成长献计献策，我们还成立了绛县小记者协会，走进两会进行采访……孩子们的学习从课堂走向了更广阔的天地。

2016年7月，经项目组推荐，我成为了县新教育实验项目组讲师团的一员。我利用每个周末或者假期给孩子们上绘本课，分享自己的班级经验，深受孩子们的喜爱，也点燃了很多乡村教师推广儿童阅读的热情。

“心为火种，生生不息”，作为一名新教育种子教师，现在的我正努力地去做一个现实的理想主义者，理性地、从容地燃烧自己的激情，向着教育的更深处漫溯……

（注：本文发表于 2017 年 8 月《新教育》报，作者曾获评全国新教育实验 2017 年度榜样教师。）

## 7 爱着你的全世界，生命特别的期许

陕西省安康市汉滨区培新小学 任毓萍

“缔造完美教室”，创造生命奇迹，那里有教师深沉的爱。“缔造完美教室”，我用心捕捉生命教育的契机，不断地以生命唤醒生命，让每一个生命都成为最好的自己。我的班级有一个美丽的昵称——月季朵朵红。因为我校的校花是月季花，在我的心中每一个孩子就是一朵月季。一朵朵含苞待放的月季努力地汲取着阳光的温暖、露水的滋润，在书香阵阵的晨曦中，每一片花瓣正在悄悄打开，朵朵红艳。我的月季朵朵红，我爱着你的全世界，那是生命特别的期许。

### 一、初遇你，我们一见钟情

初次见面，活泼、灵动、不拘一格的你，让我一见钟情。于是，我每一天愿与你相约，为你写一封长长的情书，表达我对你的爱恋。

2014 年 8 月 28 日，我接任一个新班级，为了能很快记住学生的姓名，拿到学生花名册后，我立即为孩子们准备了一份见面礼，一张小小的纸条，一朵盛开的月季花安装在课桌上，让我们拉近了彼此的距离。

我为 85 名学生作美名诗，一气呵成，就这样，从陌生到熟悉，从亲近到欢喜，一个个美名片促使我和孩子们心心相印，成为了心灵相通的密码。我用每一个学生的姓名做了一首藏头诗，这些独一无二的诗歌也成就了独一无二的学生。

我的教育主张——对每一个学生一视同仁，公平公正，让每一个孩子享受幸福的教育。全班 85 个学生，就如同 85 朵月季。月季朵朵红班每一个学生在我的精心呵护下都绽放出属于自己的绚烂。真没想到，2015 年 6 月 26 日，《中国教育报》的记者来我校采访，对我班的美名片很感兴趣，并就此事对我进行了采访。

## ▶ 二、 深爱你，生命特别的期许

只要把孩子们的心留在教室，教室里的每一朵花开、每一个故事都在悄悄呼唤着生命的觉醒。我深深地爱着你，就有了朝向幸福的勇气，因为那是生命特别的期许。

创办班报——《月季朵朵红》。所有同学全员参与，共同策划的班级月报，用文字留下成长的足迹。学生自主创作能提高学生的创作欲望，为延续学生的创作热情起到了积极的促进作用，对班级学习氛围的影响真是不可小视。

创办班刊——《初蕾丽影》。这本身就是一种对学生学习资源的开发、利用。它能使学生养成细心观察生活的好习惯，增加一个更易于展示学生自我的平台，给学生以信心，记录童年的精彩，并能以轻松愉快的心情投入到学习生活中去。

创办社团——月季花朵朵红。给每一个孩子成长的土壤，无限相信每一个孩子都有学好的可能，激发孩子们求知的欲望，树立他们对学习的无限信心，激发他们对学习的无限热忱，守护他们对生活的热情、做事的细致，从而使他们获得终身受益的习惯。

我们的班级一共有 9 个社团。分别是读书社、诗社、小说社、漫画社、航模社、科幻社、天文社、地理社、历史社。学生自发成立社团，每一个孩子都有自己的一个社团，社团的名字都由自己命名。家长委员为各个社团授牌。孩子参加社团活动的积极性很高，他们会及时召开会议，兴致勃勃地开展工作。

## ▶ 三、 牵着你，穿越生命的航程

追问生命成长的意义课程，体会生命的坚强与美丽，我只想牵着你，穿越生命的航程。

我研发了四大班本课程：班级成长课程、七彩阳光课程、学生成长课程、共读共写课程。班级成长课程是通过整理收集班级活动资料，记录班级成长的轨迹，展示班级的风采。学生成长课程，记录孩子们童年成长的足迹。共读共写课程，享受阅读的快乐时光。

七彩阳光课程的内容：星期一师生对话日，每个小组选一个代表和老师对话，你可以任选一位科任老师，解决班级中的实际问题或者困惑；星期二亲子阅读交流日，家长和孩子们展示自己亲子阅读中的读书成果；星期三英语日，在这一天，我们要求孩子们除了上其他课以外，其余的时间必须使用英语对话，并评选本周“英语之星”；星期四艺术日，评选最受欢迎的一首曲子作为我们班每周一歌，提高孩子们的艺术修养；星期五无批评日；星期六运动日；星期日社会实践日。

我们共同设计了充满七彩阳光的成长课程，它记录着孩子们成长的足迹。我们完美教室里的仪式和庆典，让孩子们享受了教育生活的幸福。

每当翻阅着一本本活动前的调查问卷、观察报告，以及活动后孩子们提出的建议和想法时，孩子们稚嫩而真实的语言让我们更深地体会到活动的实效性，它真的给孩子们带来了课堂教学以外最大的收获，孩子们身上的确存在无限的潜力和可待挖掘的智慧源泉。

## ▶ 四、 守护你，爱着你的全世界

我们在一起，享受绿意的生活。我只想用心守护你，爱着你的全世界，让你在我的淡定优雅中从容成长。

现在，我是“教育在线”上的“新教育元老”，每一天我都会执着地在每一个版块上浏览，成为“教育在线”的常客。我品读同行们精彩的帖子，认真地写感悟，用心地回帖，走访每一个版主，交流教育教学的经验，沟通教育信息。我在线上的贡献、威望、积分、财富值逐渐增长，我觉得自己更充实、更自信、更富有。

我在毛虫与蝴蝶——“新教育儿童阶梯阅读”上面为自己的班级注册了一个“月季朵朵红班成长主题帖”，记录班级中孩子们成长的足迹，每一天都有阅读中发生的有趣故事，我的学生随着主题帖的壮大而逐渐长大。

“师生共写随笔”，这是一个发表教育随笔的版块，我在这里注册了一个“初蕾丽影——共读共写共成长主题帖”，记录家长和孩子们在写作上的进步，用图文并茂的形式表现出一个个新的写作生命，表达着对写作纯洁的爱意和祝福。

我记录每一天的教育生活，让属于自己的每一个新教育的日子都发光。我的教育博客每一天都如实地记录了我发表文章的痕迹。师生共读共写，亲子共读共写，形成了教师、学生、家长的“共读、共写、共成长”的喜人局面。

## 五、长相守，愿与你一往情深

长相厮守，热情、明朗、变化多端的你，让我一往情深。每一天，愿与你相守，为你讲一个个美丽的故事，表白我对你的深情，岁岁年年，耐心等待，我持之以恒，为月季之花朵朵红，愿与你相约永远。

我坚持给家长写信，至今已经写了32封，共计46000多个字，营造了家校共育的良好氛围。在班级管理上创新地运用了“月季勋章”激励模式，使得班级面貌焕然一新。

为了我那些美丽的精灵，我将每一个孩子当成一朵月季，一朵不同颜色的月季，为每一个孩子撰写一篇生命叙事，叙述他（她）在我的班级中的成长故事。写着，写着，我的眼前就是一个月季花园，每一个孩子都幻化为一朵含苞待放的月季花，月季花色不同，孩子们都拥有自己独特的生命特征。写着，写着，85篇文章就这样从笔尖流泻而出。

我将学生带出校门，走进气象站学习科普知识，聆听课本上学不到的知识；我将学生带到敬老院送温暖、献爱心，体会赠人玫瑰，手留余香的乐趣；我还将学生带到瀛湖风景区，领略汉水的风韵，从小培养他们热爱家乡的情感，树立长大建设安康的志向。

学生编导的课本剧《夏洛的网》很有新意，每次表演都感人肺腑、催人泪下。我愿意和孩子们在舞台上尽情地展示新教育的魅力，虽然过程很艰辛，但是心中却是甜甜蜜蜜。晨诵庆典上我和孩子们同台表演，我还改编歌曲《踏浪》《You raise me up》等，这些都成为我们一生中最美好的回忆。

就这样，孩子们的生命就如同一粒粒不同的种子，在一间叫“月季朵朵红”的花园里，经由我的浇灌和守候，亭亭地开放于岁月的深处。

（注：本文发表于2016年10月《新教育》报，作者曾获评全国新教育实验2018年度榜样教师。）

## 8　遇见新教育，遇见更好的自己

江苏省新沂市第一中学　任敬华

“向着明亮那方，哪怕烧焦了翅膀……”在新教育年会上听到这句歌词时，我莫名地流下了眼泪。走上讲台快20年了，遇到新教育我才豁然明白——这就是我一直追寻的教育生活！新教育让我知道了原来可以如此诗意浪漫地做教师！

朱永新教授说：“教室是书写生命传奇的地方。”“坚守弘毅，创造奇迹”是我们的班训。我们的班名叫弘毅，弘毅出自《论语》“士不可以不弘毅，任重而道远”。以“弘毅”鼓励师生志向远大，坚强刚毅，意志坚定。我希望这一间小小的教室里培养出来的孩子能够有梦想、有毅力！

### 一、我给老师暖暖手

寒假研学，我们来到了上海迪士尼，因为人多，每个项目都需要排队近两个小时。天真的很冷，等孩子们出来的时候我都快冻僵了。我忘了是谁伸出了第一只手，接着就是所有的孩子争着为我暖手。赵浩宇，他是个十分自卑的男孩子，刚入学的时候，和我说话都不敢看我的眼睛。我和他爸爸商量怎么帮他树立自信，在家里，爸爸负责记录他的点滴进步，在学校，我负责观察他的小小闪光点。十月份的时候，我们市里举行了小型的马拉松比赛，我报名参加了。回来时带着纪念品——一个计时用的小手环。下午的课上，我先和孩子们分享了自己跑步坚持到底的故事，接着亮出了我的手环，告诉他们：这是一个幸运手环，我要送给这段时间表现最好的孩子。孩子们都在猜测着这个幸运儿会是谁呢。当我说出赵浩宇名字的那一刻，发现他惊讶地张大了嘴巴。我请他走到台前，一件件地回顾他最近在家里和学校里的表现。然后亲自给他戴上了手环，拥抱了他，在他耳边说：“你是我最喜欢的孩子。”接下来的一段时间，我经常找机会对他表达我的关心与期待，他也在悄悄地发生着变化。有一个小插曲特别有意思：有一天他很懊恼地对我说：“数学老师老是喊错我的名字。”我回办公室马上给他做了一个席卡摆在他的桌子上，从此以后，数学老师再也没叫错他的名字，他对我也越来越信任和崇拜。这一年里，他积极参加了班级、学校、市里的很多活动，现在已经是一个自信乐观的孩子了。前几天处理这张照片的时候我才发现给我暖手的他戴着这个小手环。说实话我当时很感动，进班级拥抱了他一下。这一年里，和他一样改变的孩子还有很多。“缔造完美教室”，就是要让每一个生命真正地在教室里开出一朵花来。

## ▶ 二、 感动新父母

邢一晨是个没有爸爸的女孩，爷爷抚养着她。在亲子共读活动中，邢爷爷表现得特别积极。我和邢爷爷熟悉了以后才知道，他年轻时就一直喜欢读书写文章。这个亲子共读活动正好重新点燃了他的梦想。这一年他跟着我们的步伐坚持读写，在我的鼓励下他还印制了一本文集。我把这件事讲给孩子的父母们听，大家觉得很受鼓舞。榜样的力量是无穷的！许多父母投入到了亲子共读活动中。在这样的氛围下，对孩子的教育很快会形成合力。马鸣伟的妈妈说，每次看班级微信群不是笑就是哭。笑是因为我们的对话很轻松幽默，哭是因为什么呢？故事是这样的：张水木转学了，孩子们不舍，我更是不舍，每周一歌正在学《我的好兄弟》，我让孩子们设计了简单的板报，然后集体唱了这首歌送给张水木，孩子们在结束的时候齐声说：张水木，我们在一中等你！孩子们的眼里闪着泪花，我更是一边拍视频一边流泪。视频发到群里以后，我对张水木的父母说：请告诉孩子，她永远是弘毅班的一员，48 个孩子在一中等着她，我也等着她，到了高一的时候我们还做兄弟。这段视频看哭了群里的爸爸妈妈。还有一个故事：那天是我班的《汪国真诗集》朗诵会，快结束的时候我突发奇想：孩子们，明天就是 5 月 20 日了，我们一起写一首诗朗诵出来送给爸爸妈妈好不好？听着孩子们在诗里表达爱，看着孩子们一天天懂事，爸爸妈妈们怎么能不感动？

这样的故事还有很多很多……朱永新教授说：“教育是一种感动。”我想，这也是教育的一种方式吧！一个完美的教室，要尊重每个生命的独特性；一个完美的教室，每个人都在尽自己所能，让教室成为人人向往的地方。这一年里，我在用心付出爱，弘毅班的新父母们在努力，弘毅班的每个孩子都自由自在发展着自己的个性，创意无限！

## ▶ 三、 最不靠谱的花花娘

这是我班孩子蔡明洋发的一条说说：讲真，有这样的一个花花娘真是幸福。她说的花花娘就是我。我和孩子们之间的交流很特别，很多时候靠的是文字。因为工作方式很特别，我成了同事嘴里“最不靠谱的老师”。我挺喜欢这个称呼的，率性而为、轻松幽默、创意无限是我的风格。我平时对孩子们的称呼也会随心所欲：张小花，汐汐小仙女……我们的班级QQ群是这样的：按照年龄大小，男生从大狗排到二十七狗，女生从大花排到二十一花。和孩子相处首先要把自己当成是孩子，这样才能取得他们的信任。蔡明洋的这条说说获得了88个赞，很多其他班的孩子主动加我为好友，我现在不仅是弘毅班孩子的花花娘，整个初中部的孩子都喊我花花娘，还有直接喊娘的。讲真的，有这样一群孩子我很幸福！

## ▶ 四、 遇见更好的自己

一个爸爸说：“任老师，认识你之后，颠覆了我之前对所有老师的看法。你总是充满着正能量，这样的老师带出来的孩子才是我们想要的……”这样的评价让我感受到了所有的付出都是值得的。我的每个学生过生日都会收到我的亲笔信。我从心里爱着每一个孩子，他们也不断给我带来惊喜与感动。一次和同事聊天谈到南方教师待遇高，一个孩子听到了，以为我要走了。于是他们商量了一天，终于想到了挽留我的办法。周六晚上八点，我的手机短信响个不停，打开一看全部是一条内容相同的短信：任老师，选择我们您不会后悔！留在一中吧，我们需要您的陪伴！48个孩子，48条短信。那天正值中秋节假期，我在人群熙攘的超市里没有控制住自己的情绪。老公看到我哭了，问我怎么了，我说：“每逢佳节倍思亲。”一年了，我依旧没舍得删掉孩子们的短信。世界上还有比做教师更幸福的事吗？

同事说我每天像打了鸡血一样。他们问我：“你累吗？”我累，但是我累并快乐着。

朱永新教授说：“我欣赏这样的境界，心中有太阳，脸上有笑容，嘴里有歌声。”我觉得自己每天就是这样的状态：每天心情愉悦地走着去上班，对新的一天永远充满着期待！

“只要行动，就有收获。”“有理想的人首先应该是一个会做梦的人！”“享受教育，你就多了一些生活的诗意！”读着新教育里的这些话，我突然想起一首歌：如果没有遇见你，我将会是在哪里……新教育，因为你，让我遇见了更好的自己，感谢有你！

（注：本文系作者在2017年11月全国新教育实验新沂开放活动中的讲述，并发表于2017年12月《新教育》报。）

# 附录

## 1 了解和加入新教育实验指南

新教育实验是一个以教师成长为起点，以“营造书香校园”“师生共写随笔”等十大行动为途径，以帮助新教育共同体成员过一种幸福完整的教育生活为目的的教育实验。

随着新教育实验的蓬勃发展，截至 2018 年 7 月，全国已有 12 个大市级实验区、141 个县级实验区、4214 所实验学校、440 多万师生参与其中。全国各地越来越多的区域、学校、教师希望加入新教育实验。为了及时回复各位朋友的关心咨询，让大家更加清楚地了解新教育实验，了解如何加入新教育实验，我们在此给您做简要的说明。

### 一、实验前期了解

我们在与很多地区、学校的领导和教师接触中，了解到他们中很多人并不十分了解新教育实验情况。因此，我们希望这些地区、学校的领导和教师能够先学习了解新教育，知道新教育实验是什么、为什么、有什么、怎么样、怎么做。

了解的途径：一是阅读朱永新的作品、博客、微博；二是阅读新教育文库通识书系、新萤火虫书系和蒲公英书系的各种已出版书籍；三是关注新教育官方网站、论坛、微博、微信平台；四是下载并关注新教育 APP；五是关注新阅读研究所等新教育实验机构的网络平台；六是关注和加入《守望新教育》微信平台；七是关注媒体报道新教育实验的情况。

### 二、实验考察

1. 参加新教育实验实验区（校）的开放周现场观摩。

对新教育有了基本的了解后，如有条件请地区或学校领导、骨干教师（包括实验个体教师）到新教育先进实验区（校）参观考察。新教育实验区（校）每年都会举办对外开放周活动。

2. 到新教育研究院下属的新教育培训中心、新教育教师成长学院随校跟班学习考察。

联系人：李兵，电话：0513－80785311

朱丽艳，电话：0513－80785312

3. 参加新教育各种专题研讨会深入了解。

有关开放周及研讨会的通知会在“教育在线”论坛、新教育 APP 及时公布，欢迎随时关注新教育各媒体论坛的有关新教育活动的信息。

## 三、 参与加盟

在对新教育实验了解后，请根据地区或学校的实际情况，决定是否愿意和能够参与、加盟新教育实验（包括实验个体教师参与实验）。

参加新教育实验的实验区（校）在申请加盟新教育实验后，必须组织实验区（校）的骨干教师、校长等到新教育教师成长学院进行培训，或邀请新教育讲师团到实验区（校）开展新教育实验通识和专题培训。培训的主要内容是新教育重要理念、实验历程、十大行动、专项课程、推进策略、管理办法等。

学校加入新教育实验有两条途径：一条途径是先行动，再正式加盟；另一条途径是先正式申请、加盟，再开展具体的实验。

走前一条途径，实验学校可以直接在“教育在线”论坛发帖开始实验。在此过程中，保持与新教育研究院的密切联系。或者在学校默默地实验，在取得阶段性成果后，递交实验成果。

走后一条途径，实验学校的申请审批一般分为两个阶段，即实验加盟校阶段和实验挂牌校阶段。有意向加入新教育实验的学校，填写《新教育实验加盟校实验申请表》提交新教育研究院课题管理中心备案后，经过确认，即被视为参与实验。新教育研究院根据实验加盟校的实验效果和实验积极性，择优审批确定为实验挂牌学校，由新教育研究院免费颁牌，并予以公布。

已经有至少 5 所以上新教育实验学校的县（市）教育行政部门或这些学校组成的新教育共同体可以提出建立新教育实验区的申请，提交新教育研究院办公室或课题管理中心审议；经新教育研究院考察，并经新教育研究院联席会议同意批准，可成为新教育实验区。

我们重视实验的记录和实验材料的积累，所有实验学校和教师，从加入实验起，须在“教育在线”网站“新教育实验区、校、个体”论坛建立实验专题帖，以便接受新教育研究院实验研究与管理团队观察评定，并参与实验研讨和交流。

## 四、实验课题申报与管理

新教育实验定期组织实验课题的项目课题申报，具体情况请见：http://www.eduol.cn/forum.php?mod=viewthread&tid=1008873

新教育研究院课题管理中心联系方式：

联系人：许卫国，电话：0513－80785320

赵丽芳，电话：0513－80785321

电子邮箱：ktglzx@163.com

## 五、实验的推进与推广

新教育实验是一项重视行动、重视田野研究的实验，希望实验区（校）、教师能够扎实推进新教育实验的项目研究，使新教育实验成为一种文化自觉，成为一种生活方式，同时，做好推广工作，让更多的学校和教师加入新教育实验。

相信岁月，相信种子！我们会一起在新教育的行动中共同成长，改变我们身边的教育现实，实现我们的教育理想！

我们所做出的一切努力，都将会在历史上留下我们的痕迹。

■新教育实验执行机构——新教育研究院的通讯地址和联系方式相关信息：

新教育研究院

地址：江苏省苏州市苏州工业园区若水路1号

邮编：215123

电话：0512—69170057

传真：0512—69170059

电子邮箱：xjyyth@126.com

联系人：杜涛，电话：15250107111

## 2 新教育实验组织架构图

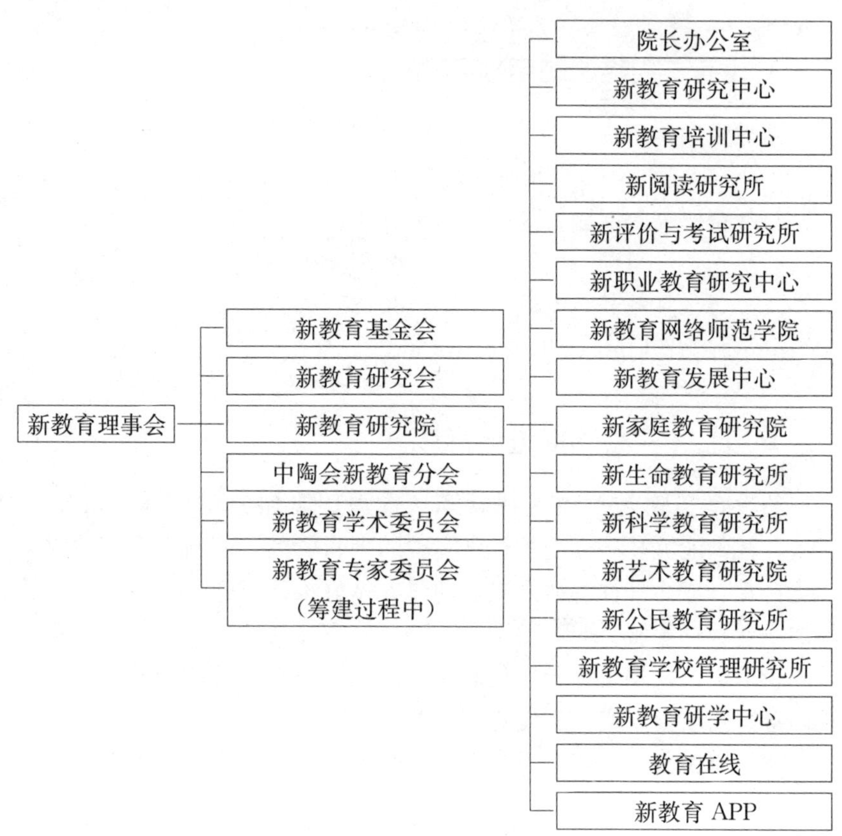


## 3 新教育团队文化纲要

世界上任何一个由组织体系组成的集体，它的生命力都是有限的。要想使集体拥有无限的生命力，我们必须在组织体系之上建立另一个体系——这，就是文化。文化是一种精神期待，更是一种精神纽带。它虽是无形的，但也是无限的，它超越时间和地域，超越制度和规范，超越个人和团体。新教育团队文化，是新教育共同体全体成员共享并传承给新成员的一套共同愿景、价值观和使命。它代表了团队中被广泛接受的思维方式、道德观念和行为准则。新教育团队文化反映了一种“提升民族教育的理想追求”，一种“NGO的生存哲学”和一种“不断超越的生命态度”。

## 一、建设新教育团队文化的目的和意义

引领团队方向；规范组织行为；指导公益实践；定位学派形象。

## 二、新教育团队价值链

新教育团队价值链：发起人，资助者，社会，政府，实验学校及其师生，新教育团队成员。新教育团队的存在必须对每一方都有价值和意义，如果对其中的任何一方失去价值和意义，那么，新教育团队也就没有了存在的意义；团队以行动、服务和创造去实现这些价值，并努力追求价值的最大化。

## 三、新教育团队文化建设的逻辑起点和归属

新教育团队文化建设的逻辑起点和归属只有一个，那就是“人”。新教育团队倡导并践行以人为本的组织文化，坚持“以人为本，与人为善，助人成功，对人负责”。

## 四、新教育团队的核心追求

新教育团队的核心追求是“帮助师生过一种幸福完整的教育生活”。新教育认为，对于教育中的人，教育本身就是生活的基本方式。师生在为长远的人生与社会理想服务的同时，本身就应该享受教育生活的幸福。“帮助师生过一种幸福完整的教育生活”，既是对教育终极意义的思考与追求，也是对当下畸形教育提出疗治的计划与行动。新教育强调“完整”，既指幸福的完整，还指受教育者“身、心、脑”的完整。新教育希望通过自己的努力，实现人的“全面和谐的成长”。

## 五、新教育团队宗旨

致力于民族教育的振兴与发展；致力于团队目标达成的最大化；致力于资助者意愿的充分实现；致力于共同体成员的一起成长。

## ▶ 六、 新教育团队发展观

新教育以“行动”“服务”和“创造”实现自身的发展。以理想汇聚人才；以行动落实理念；以服务践履使命；以创造提升价值；以实绩赢得支持。

## ▶ 七、 新教育团队生存方式

“社会性组织，志愿者行动，参与式发展，跟踪式服务，项目制运作”是新教育团队特定的生存方式：

社会性组织——新教育是非政府的，民间的，非盈利的；

志愿者行动——由志愿者组成；

参与式发展——通过参与和行动获得发展；

跟踪式服务——新教育的所有行动，均非一次性资助的，强调连续跟踪服务；

项目制运作——最大程度提高行事效率。

## ▶ 八、 新教育团队价值观三层次

第一层次——物的价值服从人的价值；

第二层次——个人价值服从团队价值；

第三层次——团队价值服从社会价值。

## ▶ 九、 新教育团队组织原则

新教育团队营造公平、公正、公开的组织氛围。遵循人权理念和相互尊重、人格平等的人际关系准则；在理性的基础上，按法治的原则确定组织伦理、价值分配原则和用人基本准则；创造内部有效沟通的制度环境；形成团队成员之间融洽配合的良性互动。新教育团队内部关系，更多地表现为一种协作和服务的关系。在一些有明确上下级关系的地方，为提高效率，新教育团队强调以下原则：可以向下越级了解情况，不宜向下越级布置工作；可以向上越级反映问题，不宜向上越级请示工作。

## ▶ 十、新教育团队精神

执着追求的理想主义、深入现场的田野意识、共同生活的合作精神、悲天悯人的公益情怀。

## ▶ 十一、新教育团队成员的品格特征

新教育团队倡导对不同性格特征的成员能够兼容并包。但以下五条应该是新教育团队成员共有的品格特征：乐于分享；善于沟通；服膺真理；勇于承担；敢于创新。这些特征可以用“民主”两个字概括。

## ▶ 十二、新教育团队的人才观

新教育团队“永远寻找最优秀的人”，并坚持：选人不拘一格；育人不遗余力；用人不法常可。

## ▶ 十三、新教育团队文化的积累和建设

新教育人重视团队文化的积累和继承光大：认真总结、提炼团队的优良文化基因，使之成为团队发展的底蕴；吐故纳新，对团队文化进行滋养、丰润和淘洗，永葆团队文化的青春活力和对环境的高度适应性；防范和消除不良因素对团队发展的制约。每位共同体成员都有认同、培育、维护、发展和传递新教育团队文化的使命和责任。新教育以统一的团队文化指导、规范内部子文化；同时，允许并鼓励内部子文化的培育、创造和个性发展。内部子文化的成熟和健康发展是新教育团队文化向纵深发展的坚实基础。

如果，新教育团队文化借由您而放大，传递给您周围可能传达到的所有人，那么，新教育和您都会因为您的这个行动而变得更加美好和神圣！

# 4 过一种幸福完整的教育生活——新教育实验透视

新教育实验是由现任全国政协常委、副秘书长、民进中央副主席、苏州大学博士生导师朱永新教授于1999年发起的一项民间教育改革行动，迄今已经取得了卓著的成果，产生了全国性，乃至世界性的影响。

## 一、形成背景和过程

（一）形成背景。

1. 基于对当下中国教育现状的深刻反思。

纵观中国教育最近几十年的发展历程，在肯定教育获得巨大发展成就的同时，我们不得不遗憾地承认，中国教育，尤其是基础教育中理想主义的色彩还是较少，缺乏应有的对现实目标的批判和超越；中国教育片面追求与现实的适应和协调，在一定程度上削弱了教育引领时代、提升社会的功能。当代中国教育的变革与进步，催生着新的教育行动。

2. 基于对古今中外“新教育”理论的系统把握。

在西方教育发展史中，从19世纪末到20世纪50年代，占据了主导地位的便是新教育思想，其代表人物有被称为“新教育之父”的英国教育家雷迪，以及巴德利、怀德海、沛西·能等，此外还有德国教育家利茨等。雷迪认为，学校的任务主要是促进儿童个人的自由发展，即身体和心灵的健全发展，而不是用书本知识去压抑儿童的发展。在我们国家，陶行知先生也曾明确提出“新教育”的概念。他说：夫教育之真理无穷，能发明之则常新，不能发明之则常旧，有发明之力者虽旧必新，无发明之力者，虽新必旧，故新教育之所以新，旧教育之所以旧，则视其发明能力耳。蔡元培、陈鹤琴、黄炎培等的论著中皆对新教育有涉及。1949年，毛泽东主席明确提出：建设新教育要以老解放区的新教育经验为基础，吸收旧教育某些有用的东西。一个时代有一个时代的教育特征，新的时代总是呼唤着新的教育。进入21世纪，中国的教育如何发展，如何建构具有时代特征的“新教育”，已成为众多有识之士深切关注的重大论题。

3. 基于一个人对一个故事产生的一个念想。

这个人就是时任苏州大学教授、苏州市副市长的朱永新。

这个故事是：1950 年的元旦，约瑟夫·熊彼特在弥留之际，曾对前去探望他的彼得·德鲁克和彼得·德鲁克的父亲阿道夫说了一番这样的话：我现在已经到了这样的年龄，知道仅仅凭借自己的书和理论而流芳百世是不够的，除非能改变人们的生活，否则就没有任何重大的意义。

1999 年，朱永新读到了这个故事，深受启发：我的这些理念，这些"理想"能变成现实吗？我能不能构建出属于教育的今天而不是明天的实践蓝图？2000 年，朱永新出版了《我的教育理想》一书；2002 年，又出版了《新教育之梦》一书。这两部著作在基础教育界掀起了一股"理想旋风"，一些学校、教师自发地开展了"理想教育实验"。

实现自己的教育理念和理想，构建属于今天教育的实践蓝图，因为这个念想，朱永新走出了书斋，发起新教育实验。

（二）发展过程。

1. 实验初创期（1999 年 9 月至 2002 年 9 月）。这个时期的特点是用理想和激情点燃，用理念和思想引领。

1999 年 9 月，朱永新教授在江苏武进湖塘桥中心小学讲学，提出系列教育理想的基本理念，标志着新教育实验的萌发。朱永新教授的《我的教育理想》的出版意味着新教育实验理念的初步形成。

2002 年 6 月，"教育在线"网站创办，新教育实验建立了自己的网络平台。初创时期的新教育实验，以其理念点燃了许多校长和教师的教育激情。

2. 实验探索期（2002 年 9 月至 2013 年 7 月）。这个时期的特点是用项目和课程推动，用培训和现场拓展。

2002 年 9 月，第一所新教育实验学校昆山玉峰实验学校的挂牌，朱永新教授的《新教育之梦》的出版，则成为新教育实验全面启动的标志。

在玉峰实验学校，新教育实验最早提出了五大理念（与人类崇高精神对话，教给学生一生有用的东西，无限相信师生的潜力，重视教师状态、倡导成功体验，强调个性发展、注重特色教育）、六大行动（"营造书香校园""师生共写随笔""聆听窗外声音""培养卓越口才""构建理想课堂""建设数码社区"）。由于"教育在线"的传播，一批学校与玉峰实验学校同步开展了实验。同时，根据"六大行动"，新教育实验在苏州成立了六大项目组，推动实验的研究。

2003 年 7 月，新教育实验首届研讨会在昆山玉峰实验学校召开，第一批新教育实验学校命名挂牌。2004 年 4 月，全国教育科学"十五"规划重点课题“新教育理论的实践及推广研究”课题开题论证会在江苏省张家港高级中学和常州武进湖塘桥中心小学举行。我们把这场开题会同时作为新教育实验第二届研讨会。7月，新教育实验第三届研讨会在江苏省宝应县翔宇教育集团举行。9月，江苏省姜堰市和河北石家庄桥西区率先在全国建立第一批新教育实验区，开始以行政推动的方式推进区域实验。

2005年1月，新教育实验在苏州大学正式成立了新教育研究中心。2005年6月，“新教育理论的实践及推广研究”总课题组编写的《与理想同行：“新教育实验”指导手册》以及“新教育文库”陆续出版。7月，新教育实验第四届研讨会在四川成都盐道街外国语学校举行。这次会议的主题是“新德育”，会上发布了《新公民读本》，新公民和新生命教育开始进入新教育实验的视野。12月，“北国之春——全国新教育实验与教师专业化成长研讨会”在吉林市第一实验小学召开。这场会议上，我们正式提出了新教育实验的“三专”模式雏形，我们同时把这场会议作为新教育实验第五届研讨会。

2006年，一批来自中小学的一线优秀年轻教师正式加盟新教育研究中心，专职从事相关的研究、推广工作。专职团队的人员全力投入新教育的课程研发、培训推广中，为新教育实验注入了新的活力。7月，新教育实验第六届研讨会在北京清华大学礼堂正式举行，北京六一中学、清华附小、中关村一小作为承办方，提供了场地。会议正式提出了新教育核心价值追求是“过一种幸福完整的教育生活”。

在短短几年里，新教育实验的规模不断扩大，先后有14个实验区、500多所实验学校、6万多名教师、逾100万的学生参与实验，实验区、校遍及江苏、浙江、北京、湖北、湖南、陕西、吉林、广东、山西、安徽、河南等20多个地区。

2006年11月，在浙江秀洲召开了第一次新教育实验区工作会议，总结区域推动新教育实验的经验与策略。

2007年7月，新教育实验以“共读、共写、共生活”为主题，在山西运城举行了第七届研讨会，“晨诵、午读、暮省——新教育儿童生活方式”“毛虫与蝴蝶——新教育儿童阶梯阅读”等项目正式亮相，一批优秀的新教育教师在会上的教育叙事深深地感动了与会人员。鉴于实验规模的迅速拓展，除了需要专业上的研究推广，还需要各项事务中的管理协调，为了更好服务于实验者，2007年9月，在浙江杭州萧山召开了新教育实验区工作会议，正式成立了新教育研究院，成为新教育实验的重要管理机构。

2007 年 11 月，新教育的又一个学术研究机构——江苏省教育学会新教育实验研究专业委员会（即新教育研究会）在海门正式成立，朱永新教授在成立仪式上提出了“新教育精神的内涵，即理想主义、田野意识、合作精神和公益情怀”。

2008 年 7 月，新教育实验第八届研讨会在浙江苍南举行，提出了“理想课堂的三重境界”的主张，提出了“知识、生活与生命深刻共鸣”的观点。12 月，“新教育实验与素质教育行动策略的研究”课题被列为全国教育科学“十一五”规划重点课题，新教育实验自觉地开始了为素质教育探路。

2009 年 7 月，新教育实验以“书写教师的生命传奇”为主题，在江苏海门举行了第九届研讨会，用生命叙事理论和“三专”理论把职业认同和专业发展作为教师成长的双翼。11 月，在山西绛县召开了实验区工作会议，见证了黄土地上的新教育人如何通过书香校园建设改变乡村教育。

2010 年 7 月，新教育实验以“文化，为学校立魂”为主题，在河北石家庄桥西区举行了第十届研讨会。9 月，新阅读研究所在北京成立，先后推出了“中国小学生基础阅读书目”和“中国幼儿基础阅读书目”以及“中国初中生基础阅读书目”“中国高中生基础阅读书目”“中国企业家基础阅读书目”等成果，成为有影响力的书目研制机构，成立第二年，荣获全国阅读推广机构大奖。11 月，在河南焦作召开了新教育实验区工作会议，会议见证了焦作从一个人、一所学校到一群人、一个团队、一个区域的新教育发展历程。12 月，江苏昌明教育基金会（新教育基金会）成立，标志着新教育有了自己的筹资机构。

2011 年 7 月，首届新教育国际高峰论坛在江苏武进湖塘桥中心小学教育集团举行，美、日等国专家佐藤学等与新教育人就教育田野研究等话题进行交流对话，新教育实验的国际交流全面启动。9 月，以“活出中国文化的根本精神”为主题的新教育实验第十一届研讨会在内蒙古鄂尔多斯东胜区举行。11 月，“新教育亲子共读研究中心”在北京成立，后更名为“新父母研究所”，从事家校共育等阅读与家庭教育问题的研究与推广工作。目前在全国 40 多个城市建立了“萤火虫工作站”，为数万名父母组织开展阅读活动 3000 多场，长期跟踪服务于全国各地 621 位“种子教师”的成长。

2012 年 7 月，以“缔造完美教室”为主题的新教育实验第十二届研讨会在山东临淄举行。10 月，以“教育与文化重建”为主题的第二届新教育国际高峰论坛在浙江宁波效实中学举行。此次论坛把新教育的基本行动项目由最初的“六大行动”扩展为“十大行动”，增加了“推进‘每月一事’”“缔造完美教室”“研发卓越课程”和“家校合作共育”等“四大行动”。

2013年3月，新教育教师成长学院（海门市新教育培训中心）被南通市政府正式批准成立，迅速发展成为目前全国新教育理念培训和项目推广的重要基地。3年不到的时间里累计培训100多批次近4万人次。2013年4月，新教育实验区工作会议在安徽霍邱举行，分享交流了在贫困地区开展新教育实验的经验。

截至2013年7月，全国23个省市自治区的40个实验区、1764所实验学校、125400多名教师、186万多名学生参加了新教育实验。

3. 实验深化期（2013年7月至今）。这个时期的特点是系统研发新教育课程，丰富完善理论构架。

2013年7月，以“研发卓越课程”为主题的新教育实验第十三届研讨会在浙江萧山举行，会议提出了新教育实验的课程框架，即在新生命教育的基础上，建构新公民教育、新艺术教育、新智识教育和有个性特色的课程。至此，新教育实验的理论框架、行动项目体系完成了初步建构，新教育实验的影响进一步扩大。2013年11月，第三届新教育国际高峰论坛在成都举行，来自世界各地的著名教育家和与会代表围绕主题“阅读的力量”进行了深度探索和对话。

2014年4月，新教育实验区工作会议在甘肃省庆阳市举行，与会代表见证了新教育实验给西部教育带来的变化。7月，以“艺术教育成人之美”为主题的新教育实验第十四届研讨会在苏州市举行，新教育实验在经历了14年的发展后回到发源地。11月，以“构筑理想课堂”为主题的第四届新教育国际高峰论坛在山东日照举行，来自国内外的教育专家、学者、教师共同探讨理想课堂的路径和策略。

2015年1月，新教育实验“缔造完美教室”叙事研讨会在北京师范大学举行，陶西平、石中英、刘铁芳等知名教授，以及教育部基础教育司王定华司长等参加会议，对新教育榜样教师的完美教室给予了高度评价。5月，新教育实验区工作会议在新疆奎屯召开，少数民族地区的新教育实验成为区域教育的一大亮点，与会人员见证了新教育在祖国边陲的精彩绽放。7月，以“拓展生命的长宽高”为主题的新教育实验第十五届研讨会在四川成都金堂县举行，来自全国的2000余名代表见证了新生命教育在灾区重建中的独特价值。11月，以“研发卓越课程”为主题的第五届新教育国际高峰论坛在河南郑州管城区举行，展示了新教育人在课程研发方面的理论探索与实践。

## 二、 教育主张与立意追求

（一）教育主张。

1. 发展论：为了一切的人，为了人的一切。

新教育实验讲“为了一切的人”，而不是“为了每位学生”，指不仅要关注学生，而且要关注教师，关注校长，关注父母，关注一切和教育相关的人。“为了人的一切”，表达的是一种“全人教育”的理念，教育旨在培养全面发展、和谐发展的人。

2. 行动论：只要行动就有收获，只有坚持才有奇迹。

“新教育实验”强调行动，而且把行动作为实验的价值取向。“新教育实验”的主旨不是创造多少深刻的教育理论，而是改变我们的教育行为，是一种追求教育行为改变的行动。就教师教育行为的改变而言，新教育实验主要是通过倡导教师撰写教育日记、教育叙事、教学案例、教育案例、教育随笔等实现的。新教育实验是一个开放性的行动，每一校、每一人都可以有自己的创造。新教育实验倡导的是一种“新教育共同体”的集体行动。行动的关键在于“坚持”，坚持才能创造新教育实验的奇迹，创造生命的奇迹。

3. 状态论：重视精神状态，倡导成功体验。

新教育实验认为，有良好精神状态的人，才会“不待扬鞭自奋蹄”，当然就会自强不息，就会坚持不懈。要努力让学生在教育中获得成功的体验，而后在成功的体验中确立新的目标，求得更大的进步。学校教育就要培养学生能够不断地感受成功、体验成功，从而能够不断地相信自我，不断地挑战自我。

4. 潜力论：无限相信学生与教师的潜力。

唤醒潜能，激发力量，促进教师和学生走向成功，这是新教育实验的一个重要观点。新教育相信，孩子和教师身上的潜力无论怎么评估都不会过分。新教育实验必须为师生的成长搭建舞台，创造空间。新教育相信，给师生多大的舞台，他们就可以演绎多大的精彩。

5. 个性论：强调个性发展，注重特色教育。

新教育实验崇尚的是个性，希望每个学校都办出特色，每一位师生都拥有自己的个性，让每一个人成为他自己。特色就是卓越。特色是在学生与教师个性张扬下发展起来的。特色是在学校、社会共同呵护下发展起来的。特色是一种自然的形成与积淀，特色也是一种预设与养成。通过坚持不懈的努力，每个学校都会形成自己的办学特色。

6. 崇高论：与人类的崇高精神对话。

新教育实验认为，教育是一个培养人的事业，是一项通过培养人，让人类不断走向崇高，生活得更加美好的事业。教育最重要的任务，就是让教师和学生与人类的崇高精神对话，就是塑造美好的人性，培养美好的人格，使学生拥有美好的人生。新教育倡导让我们的孩子、我们的教师在阅读中亲近大师，拥有思想，直抵精神；要让教师和孩子带着强烈的社会责任感、使命感、正义感去融入社会。

7. 和谐论：教给学生一生有用的东西。

为学生的终身负责，帮助学生成为一个和谐发展的人，一个个性张扬的人，一个具有自我学习与发展能力的人，这是新教育实验的基本理念。新教育认为，人的一生有许多比考试成绩更重要的东西，其中最关键的是关乎一个人一生幸福的习惯、技能和生活方式。新教育实验主张教给学生一生有用的东西。

（二）基本立意。

1. 过一种幸福完整的教育生活。

这是新教育实验的核心价值追求。新教育认为教育不仅仅是为将来的工作和生活做准备，教育本身就是生活，就是生活的方式、行动的方式。教育又是一种特殊的生活，必须确保受教育的个体生命获得充分的成长，因此，教育生活又应该是幸福的，而不是痛苦的。教育生活还应该是完整的。人的生命本身应该是完整的，是自然生命、社会生命和精神生命的统一体。拓展生命的长宽高，本身就是教育的完整性的体现。人的完整性的最高境界就是让人成为他自己——一个完整的自己。新教育主张通过“营造书香校园”“师生共写随笔”等项目，帮助师生过一种幸福完整的教育生活。

2. 共读、共写、共同生活。

新教育认为：共读、共写、共同生活是过一种幸福完整的教育生活的必由之路。共读是一个班级、一个家庭、一所学校、一个社区、一个国家乃至于整个人类通过阅读继承共同的文化遗产，拥有共同的语言和密码。共写是指同学之间、师生之间、亲子之间乃至于整个社会通过反复交互的书写实现彼此理解，并在不断的自我反思中加深认同的过程。共同生活，是指同学之间、师生之间、亲子之间、社区成员之间，乃至于东西部之间以及所有公民之间，通过共读、共写、共做（行动）等途径彼此沟通，相互了解，逐渐拥有共同的愿景、共同的未来。共读、共写、共同生活，意味着这样一种文化上的努力，即恢复书香传统以及书写传统，在现代生活背景下，通过对传统文明以及人类文明的反思继承，逐渐形成新的价值观，形成一个拥有共同愿景与语言的共同体。

3. 知识、生活与生命深刻共鸣。

新教育实验对于理想课堂的追求，是以科学、合理的方法帮助学生获得理想的成绩。因此，新教育提出了课堂教学的三重境界：第一重境界是落实有效教学框架，为课堂奠定一个坚实的基础；第二重境界是发掘知识这一伟大事物的内在魅力；第三重境界是知识、社会生活与师生生命的深刻共鸣。理想的课堂就是要在落实有效教学框架的基础之上，不断发掘知识这一伟大事物内在的魅力。新教育所构建的课堂生活是师生围绕“问题—知识—文本”，展开一段发现问题、理解问题、解决问题的旅程。这段旅程将充满着怀疑、困惑、挑战，但是，它的核心永远是智力挑战、思维训练，是知识作为问题解决的工具而涌现时的惊奇与喜悦，是对复杂问题形成新的理解时的豁然与顿悟，从而实现知识、社会生活与师生生命的深刻共鸣。

4. 书写教师的生命传奇。

新教育的教师专业发展项目以“三专模式”（专业阅读＋专业写作＋专业发展共同体）为支撑内容。新教育倡导所有的教师能以孔子为职业榜样、人生典范，在危机前，选择挑战，选择坚持，自觉地将自己的生命与学生的生命编织在一起，把自己的生命汇入由孔子开创的伟大的传统之中，汇入正在形成的新教育传统之中，真正地摆脱种种虚无与倦怠，书写自己的职业传奇、生命传奇，过上一种幸福完整的教育生活。

5. 文化，为学校立魂。

新教育认为一种成熟的学校文化，应有一个明确的理念统摄着学校生活的一切领域，学校生活总是这个理念的体现与实现，是朝向这个理念的一种努力。新教育强调，校风是学校已经形成的文化；校训，是学校想要拥有的文化，仪式、节日、庆典是新教育学校的文化“节气”，学校作为师生共同建筑、装点、生活的世界应该由师生们来共同完成。新教育相信，学校文化就是讲述。新教育实验所倡导的“过一种幸福完整的教育生活”，是新教育学校文化之魂，要在学校生活的方方面面体现出来。

6. 以人弘道，活出中国文化的根本精神。

新教育认为文化既有在特定历史中与具体环境相适应的形式部分（如中国文化中的礼乐、习俗、古代法律），也有超越时代的精神实质部分（如仁、义、爱、自强不息、逍遥自然）。我们的先人，为我们留下了“仁（己所不欲，勿施于人；己立立人，己达达人）”“自强不息，厚德载物”“天下兴亡，匹夫有责”等最珍贵的精神遗产，留下了诗经楚辞、唐诗宋词、中国书法、中国画、四大发明和无数历史景观……新教育人的使命，就是自觉地把中国文化作为自己的精神家园，作为我们教育的根基和创造之源；就是通过我们的努力来推动文化的自我创生，让中国文化的根本精神在我们这个时代重新显现并焕发青春。

7. 艺术教育“成人之美”。

新教育实验认为艺术教育是生命早期发展的主要动力，是全面提升个体素质与能力的重要路径，让学生在学习艺术的知识，欣赏优秀的作品，习得艺术的技能的基础上，掌握艺术的思维，拥有艺术的品位，具有艺术的精神，传承人类的文化，陶冶丰富的情感，培养完善的人格。艺术呈现人的美好，成就人的美好，让人体验一种幸福完整的生活，成就一种幸福完整的人生。艺术教育必须人人参与、舒展个性；立足生活，吻合节律；学科渗透，走向综合。新教育实验开展的诸如读写绘课程、生命叙事课程、戏剧课程、电影课程等诸多综合艺术课程，打破了艺术与其他学科的壁垒，为非专业艺术教师从事艺术教育探索了新的路径。

8. 拓展生命的长宽高。

新教育实验认为，生命是大自然最为神奇的创造。完整的生命具有自然、社会、精神三重属性，由此构成人的自然生命、社会生命、精神生命，构建出生命的长宽高。新生命教育，即新教育课程体系下的生命课程，以“过一种幸福完整的教育生活”为核心理念，以“生命”为中心和原点，围绕人的自然生命、社会生命和精神生命展开教育，旨在引导学生珍爱生命、积极生活、幸福人生，拓展生命的长宽高，让有限生命实现最大的价值，让每个生命成为最好的自己。

（三）追求目标。

作为一项综合性、整体性、长期性的改革实验，新教育实验的出发点，就在于进行“教育共同体及其生活世界改造”。它有五大目标，或者说五大使命：一是改变教师的行走方式，二是改变学生的生存状态，三是改变学校的发展模式，四是改变教育的科研范式，五是改变区域的教育生态。这五个改变的目标，就是让师生过一种幸福完整的教育生活。

## ▶ 三、 内涵与特征

（一）主要内涵。

1. “营造书香校园”。

“营造书香校园”指通过创设浓郁的读书环境与氛围，整合丰富的阅读资源，推荐优秀的阅读书目，开展多彩的阅读活动，培养师生强烈的阅读兴趣和阅读习惯，让阅读成为师生最日常的生活方式，从而为建设书香社会奠定基础。

2. “师生共写随笔”。

“师生共写随笔”指通过日记、故事和案例分析等形式，记录、反思师生日常的教育和学习生活，促进教师的专业发展和学生的自主成长。

3. “聆听窗外声音”。

“聆听窗外声音”指通过开展学校报告会、参加社区活动等形式，充分利用社区教育资源，引导学生热爱生活，关心社会，形成多元的价值观。

4. “培养卓越口才”。

“培养卓越口才”指通过讲故事、演讲、辩论等形式，使孩子愿说、敢说、会说，从而形成师生终身受益的自信心、沟通能力和表达能力。

5. “构筑理想课堂”。

“构筑理想课堂”指通过创设平等、民主、和谐的课堂气氛，通过在人类文化知识和学生生活体验之间形成有机的联系，实现高效的课堂，并追求个性的课堂，从而实现知识、生活和生命的深刻共鸣。

6. “建设数码社区”。

“建设数码社区”指通过加盟学校内外网络资源的整合，建设学习型的网络社区，让师生利用网络来进行学习和交流，在实践中培养师生的信息意识和信息应用能力。

7. “推进‘每月一事’”。

“推进‘每月一事’”指根据学生的身心发展特点和学校与社会生活的节律，每月开展一个主题活动，通过主题开启、营造情境，深度阅读、强化意义，实践体验、知行合一，充分展示、各显其能，反思提升、评价多元五个步骤，实施不同的主题内容，着力培养学生良好的行为习惯和公民意识，教给学生一生有用的东西。

8. “缔造完美教室”。

缔造完美教室指在新教育生命叙事和道德人格发展理论的指导下，利用新教育儿童课程的丰富营养，晨诵、午读、暮省，并以理想课堂的三重境界为所有学科的追求目标，师生共同编织生活和建构知识，形成有个性特质的教室文化，书写一间教室的成长故事。

9. “研发卓越课程”。

“研发卓越课程”指在“过一种幸福完整的教育生活”的价值引领下，在执行国家课程和地方课程、校本课程的基础上，鼓励教师对教材进行二次开发和新的整合创造，通过课程的创新使教室成为汇聚美好事物的中心，带领学生经历体验、合作探究，建立知识与世界、与自我的内在联系，将所有与伟大知识的遭遇转化为智慧，从而使师生生命更加丰盈。

10. “家校合作共育”。

“家校合作共育”指通过建立和发展家庭、学校和社区多方教育主体之间的新型合作伙伴关系，拓展学校教育教学资源和条件，影响并改善家庭关系、家教和家风，加强现代学校制度建设，促进社区和谐共生，实现家庭、学校和社区的协调发展，父母、孩子与教师等相关人员的共同成长。

（二）主要特征。

1. 行动性。

多年来，我国的教育改革多停留在概念上，教育的现实与社会的需求反差很大。新教育的实践有别于学院派研究、行政化实验，是第三条道路，寻求自上而下与自下而上的结合。行动重于理念。新教育实验反映出一种文化气向，突破了学者封闭的研究，有广泛的参与，调动了一线教师的热情，形成了很大的试验场。新教育实验是行动研究，在行动中研究行动。它不求无懈可击的理论体系，而是先行动起来，在实践中完善思考。它始终以“营造书香校园”“师生共写随笔”等十大行动为途径，以事实说话，以故事言说。这种思维方式使得新教育实验一直植根于校园，扎根于师生的教育生活。

2. 民间性。

朱永新说：“我认为新教育实验是民间的、草根的，不同于官方的新课程改革，也不同于学院派（学者推动）的教育改革，大部分学院派的路子是拿着既成的观点、理论、方法去学校尝试、推广。但新教育不是如此的，我认为新教育是一锅‘石头汤’，是我们和一线的教师一起来开展的教育改革。我只是用一种梦想和激情去寻找拥有同样梦想和激情的人，寻找‘尺码’相同的人，大家一起来思考、行动。所以我说新教育是草根的、民间的。”[1]作为一个政府官员，在组织开展新教育实验的过程中，朱永新一直坚持两个原则：第一不用行政身份和资源；第二不占用工作时间，上班时间原则上不去演讲等。14 年来，他自己的坚持就是不用政府的资源和党派的资源来做新教育和民间教改。新教育实验的发起和发展本质上反映了当代中国社会发展进程中，民间社会的觉醒。

3. 公益性。

新教育实验从其诞生之初起，就强调它的公益性。新教育实验不向实验学校和个人收取任何管理费用。“新教育的公益是以提高中国（特别是边远地区以及农村）儿童的阅读能力以及中国教师的专业化水平为核心目标，先后开辟了贵州新教育推广项目、新教育童书馆项目、新教育移动图书馆项目、完美教室项目、毛虫与蝴蝶儿童阅读推广项目、新教育种子教师计划、新教育萤火虫亲子共读等一系列公益项目。从 2003 年至今，新教育人的足迹一直在西部跋涉，‘灵山——新教育西部行’活动一直没有中断，陕西定边、宁夏中宁、四川遂宁、内蒙古阿兰旗、新疆奎屯，贵州凤冈、遵义、威宁等地都留下过新教育人的足迹。”“汶川大地震不久，新教育人就前往重灾区四川北川进行培训，送去了灾区儿童急需的童书、音乐盒等，为孩子医治心灵的创伤，并且在那里建立了新教育实验区。”[2] 2010 年，新教育实验为倡导及推动实验发展，还成立了一家专业从事公益助学助教服务的非公募基金会——江苏昌明教育基金会（即新教育基金会）。迄今为止，新教育基金会共募得善款 18666355.18 元，资助全国实验区（校）完美教室、童书馆、教师培训、课程研发等项目，计 14972518.73 元。如今，新教育实验已经成为国内著名的教育公益组织。

4. 整体性。

新教育实验的出发点在于进行“教育共同体及其生活世界改造”。新教育实验的内容没有局限于某一学科、某一领域。它是一种整体性的教育生活改造，通过改变教师的行走方式，改变学生的生存状态，改变学校的发展模式，改变教育的科研范式。它的十大行动涉及学校生活的方方面面。

5. 继承性。

朱永新说：“新教育应该说是一种传承，是过去好的思想、好的理念、好的方法在当代新的实践、新的传承。”[3] 新教育理论包括了几方面的渊源，既有西方教育发展传统，尤其是“新教育之父”英国教育家雷迪的思想；又有中国教育家陶行知、蔡元培、黄炎培、陈鹤琴等人的思想与实践；还借鉴了流行于20世纪美国的新教育运动，以及新课程改革、新技术教育理念给予世人的诸多启发等。可见，新教育实验不是抛弃，而是继承和弘扬。新教育实验吸纳人类文明精华，尤其是教育哲学精华的基础上，再次重建以儒道为根基和核心的教育哲学，使教育变革和思考深深扎根于传统的土壤中，成为传统的继承者和弘扬者。

6. 学术性。

学术是新教育实验的立身之本。新教育实验虽然是一项草根性、实践性很强的教育改革，但多年来，新教育实验的学术建设不断加强。发起人朱永新是一位博士生导师，是新教育学术建设的领航人。广大实验区（校）的积极行动和主动创造已经成为新教育学术繁荣发展的实践源头。新教育成立了新阅读研究所、新父母研究所、新评价与考试研究所、新职业教育研究中心、学术委员会等新教育实验研究机构和组织。这些研究机构和组织是新教育实验研究的专门部门，汇聚了相关领域的专家及研究人员，从事学术研究。目前，新教育实验正在积极筹备成立中国陶行知研究会新教育分会、新教育专家委员会，充实新教育实验的学术研究力量。

7. 人文性。

新教育实验的理想，本质上是注重人的发展。新教育实验主张“为了一切的人，为了人的一切”。关注人的生存状态，关注人的发展空间，关注学生和教师、校长、家长以及社会上所有人的发展，而且强调尊重人的个性发展。新教育实验倡导真正关注人类的问题、人类的命运、人类文明的进程、人类文化的发展延续，倡导用人类几千年创造的精神财富浸润学生的心灵，让中华文明在我们这一代人的手中更加繁荣。

8. 开放性。

朱永新说：“新教育实验其实是一个开放性的行动，是基于对教育理想的探寻，而在这个过程中，每一地、每一校、每一人都可以有自己的创造，所以新教育的旗帜上就写着‘只要行动，就有收获’。”[4]新教育实验不是一个精英俱乐部，而是一个宽容开放的团队，积极吸纳各种人才加入新教育实验的共同体。新教育实验是一场民间教育运动，本身不存在世俗的权力，但新教育实验的开放性，决定了它会在机缘合宜的情况下，与行政力量保持密切的合作关系，借助行政力量推动实验发展。新教育实验不是封闭的，始终处于一个比较开放的不断生成的状态之中。实验之初有“六大行动”，2012年发展为“十大行动”，现在更从课程的、课堂的、文化的层面来改进和提升教育。

## ▶ 四、 发起人的人格与品质

新教育实验的发起人是朱永新。新教育实验的发起与发展，与朱永新的个人品质有着密切的关联。他是一个集多重人格特质于一身的学者：

1. 仁厚的长者。

在新教育共同体中，在学生面前，在许多熟悉的、不熟悉的人面前，朱永新都是一位仁厚的长者。朱永新在上大学前，曾在老家江苏大丰南阳镇当供销社的棉花检验员。他说："这是一个技术活，手里捏有一点小权力。收购棉花时，俨然一个土皇帝，等级、品质，就凭我们一句话。但我从来凭良心说话。农民种田不容易，因此我把关特别认真，常常还手下留点情，不能让农民吃亏了。"他经常为了农民的利益，跟县轧花厂的技术员争个面红耳赤。这几乎是他出于本能的一种善良。曾是新教育研究中心主要成员之一的魏智渊说："认识朱（永新）老师的人都能够感受到，他是一个胸襟特别开阔的人，而且没有架子，比较性情，并特别强调行动，很乐意并经常与教育领域各个层面打交道。"有一个"教育在线"的网友曾对著名特级教师、朱永新教授的博士生、成都武侯实验中学校长李镇西说，朱老师在网上给他留下的最深印象，是他博大的胸襟，无论有人冲着朱老师贴出怎样"大不敬"的帖子，朱老师从来都是呵呵一笑而已，从不往心上去。李镇西在回忆随朱永新读博的经历时说："三年来，朱（永新）老师对博士生的态度总是那么宽容，哪怕他不同意我们的观点，也不轻易批评，而是以商量的口吻予以引导。"在新教育实验的发展过程中，不可避免地遇到了一些质疑与批评，2006 年 3 月，朱永新撰文《在骂声中成长》，提醒新教育人要怀着感恩的心对待批评甚至辱骂，要有信心在骂声中成长。"海纳百川，有容乃大。"他的仁爱、厚道、包容，感动了许许多多的人，成为他在新教育实验中凝聚人心、汇聚人才的一种强大的力量。

2. 勤奋的学者。

"学者"一词有广义、狭义之分，狭义上是指追求学问之人。此处说朱永新是勤奋的学者，取"学者"一词狭义的理解。"朱永新的勤奋是公认的，与他共事或与他相识的人都知道，朱永新主要特点，是他从未放任自己。这个长期兼有学者和行政领导双重身份的教授，数十年如一日，行政工作成绩斐然，学术研究从不懈怠。他经常接受记者采访，从容表达关于中国教育的各种观点；他不放过任何一次观察中外教育的机会，并将这种观察以勤奋的笔触，记录在册。遂有《中国教育观察》《中国教育评论》《中国教育建议》等著作诞生。”[5]江苏省教育学会会长杨九俊一次在会上说：“永新值得大家学习，他是一个工作狂，每天要么干到凌晨 3 到 4 点，要么凌晨 3 到 4 点钟就出来干了。”原民进中央主席、全国人大常委会副委员长许嘉璐说：“他现在是中国民主促进会中央委员会副主席，作为同事，我见过他极度疲劳的状况，心里曾经想过，这是天将降大任于斯人的考验，还是他‘命’当如此，不得不然？”[6]

3. 卓越的理论家。

说朱永新是一名卓越的教育理论家，是因为他的研究和著述。他的著作被译为英、日、韩、阿拉伯等文字。在国内和美国、英国、日本等发表有关教育的论文、文章 400 余篇。主编有《当代日本教育丛书》《新世纪教育文库》《新教育文库》等 30 余种。先后多次主持承担联合国教科文组织委托的研究项目，国家自然科学基金项目、国家社会科学基金项目等。2004 年，10 卷本《朱永新教育文集》由人民教育出版社出版。2012 年，16 卷本《朱永新教育作品》由中国人民大学出版社出版，卷一、二、三是关于中国古代、近现代、当代教育思想的研究，卷四、五是心理学论稿，卷六至十二是新教育实验的思与行，卷十三、十四是对中外教育问题的观察与分析，卷十五、十六是中国教育的评论和建议。这套著作（《朱永新教育作品》），基本完整地传达出朱永新在实践和精神层面的完整性和独特性，标示了朱永新在教育领域达到的高度。

4. 务实的行动家。

有这样一个细节：在研讨“中国小学生基础阅读书目”的会议上，面对每年多达 4 万多册的新版图书和古往今来卷帙浩繁的图书，要给全国的小学生推荐一份 30 本基础书目和 70 本推荐书目，确非易事。许多时候，因为争议太多，研究的进程迟缓不前。这个时候，会听到朱永新说：“先做起来，先做起来。”他会制定一个详尽的时间表，无论有多难，事情总是在往前推进。他总是认为事情要去做而不能只靠说，做的过程是一个解决难题的过程，难题总是在实践中被逐一化解，而不可能在空谈中得到解决。在他的心目中，行动是化解一切问题的最有效的途径。他是一个务实的行动家。2014 年，在接受《上海教育》杂志记者采访时，朱永新说：“我们深深知道，中国教育虽然有许多弊端，但仅仅靠怒目金刚式的斥责和鞭挞是无济于事的。对于中国教育而言，最需要的是行动与建设。只有行动与建设，才是真正深刻持久的改变，才能重构真正的中国好教育。”“新教育人经常说一句话：‘只要行动，就有收获，只有坚持，才有奇迹。’在大家都在批评教育的氛围中，我觉得相比很多激烈地批评，怎么去做更重要。只要你走进教育，就会发现：新教育人的任何一点努力，都会让教育发生很大的变革。”他的这种务实的行动精神在新教育实验的推进过程中，产生巨大的影响，已经成为新教育人的共同品质。

5. 积极的社会活动家。

朱永新是一个有多重身份的人，他曾经是苏州市的副市长，现为民进中央副主席、全国政协副秘书长，承担着大量的社会工作。他说：“我们民进有一句话叫‘立会为公，参政为民’，我把它当做我的座右铭。”担任苏州市主管教育的副市长期间，他被誉为中国学教育、懂教育、管教育的市长第一人，率先在全国实行义务教育全免费。2003 年初他当选全国政协常委，2007 年底当选为中国民主促进会中央委员会专职副主席，2008 年初当选为全国人大常委，2013 年初当选为全国政协副秘书长，每次全国两会，他都会征集网民意见，把民间的声音带上去，积极参与国家政治生活，建言谋策，数百个提案建议始终关注教育民生，并结集出版《我在政协这五年——一个民主党派成员见证的中国民主政治进程》《我在人大这五年：一位民主党派成员见证的中国民主政治进程》等著作。他不仅在两会上，还利用演讲、接受媒体采访等机会呼吁教育民生问题。他更以其开创与推动的新教育实验，14 年来在教育领域内外产生了巨大影响。2003 年，他被《南风窗》评为“为了公共利益”年度人物；2005 年，被评为中央电视台“感动中国”候选人；2006 年，被评为中国十大教育英才；2007 年，被评为第七届中国改革十大新闻人物、中华十大财智人物；2008 年被评为改革开放 30 年“中国教育风云人物”；2009 年，被评为“中国教育 60 年 60 人”“回响中国——2009 年度教育风云人物”；2010 年，他的微博被评为“人民网十大人气微博”，他本人被评为“腾讯微博教育意见领袖”；2011 年，被评为中国教育年度风云人物；2012 年，被国家新闻出版总署聘请为国家全民阅读形象大使。

6. 激情的理想主义者。

朱永新是一名激情洋溢的理想主义者。著名语文特级教师、苏州市首届名校长高万祥曾这样评价朱永新：“身居庙堂，人在江湖。富于理想和激情，敢说敢做，亲力亲为，赤子之心不变，书生本色依旧。既要当官做干部，又要为师带弟子，同时又笔耕不辍，佳作迭出。几年来，先是发表

‘教育理想’系列文章，再是出版《我的教育理想》专著，接着《新教育之梦》问世，他的文章和著作，拥有广泛读者，催生了千万人的教育理想之梦，也为方兴未艾的新教育实验乃至新时代中国基础教育改革奠定了坚实的理论基石。”朱永新自己回忆说：“写这本书（《我的教育理想》）源于一个偶然的机会。当时（2000 年 6 月），在去张家港高级中学前的一个月，我在太湖之滨作了一个报告。听众都震撼了，整整四个半小时没有一个人离去，连服务员都被迷住了。我也为自己的讲演陶醉了。这说明在我们的教育现实中是缺乏理想的，或者说理想被丢弃了。但是就像现代人寻找‘丢失的草帽’一样，这一顶‘草帽’在人们的心中还存在着，否则，就不会在与会的几百人心中激起那么大的共鸣。”[7]他认为：“新教育精神在它的四种内涵中最重要的就是理想。我们曾经称新教育实验是理想的教育实验。新教育人是纯粹的人，是为了理想而活着的人，是为了帮助人类不断地走向崇高从而也让自己不断走向崇高的人。”有人说朱永新是一个“教育疯子”，新教育实验是“一个疯子领着一群傻子”。朱永新却认为：“教育是播种理想的事业，没有理想的教育是注定走不远的。而做理想的教育，没有一点‘疯子精神’与‘傻子干劲’，也是非常困难的。”他一直说，周六、周日，他是为自己的理想打工。

## ▶ 五、 影响与贡献

多年来，新教育实验极大地促进了各实验区（校）师生的生命成长和学校发展，促进了区域教育的优质均衡发展，其影响力不断扩大。到目前为止，全国有近 60 个实验区、近 3000 所实验学校、290 多万学生参与新教育实验。

多年来，新教育实验出版了一系列的专著，有“新教育文库”系列（2005 年，福建教育出版社，共 5 本）、“教育在线”丛书（2008 年，华东师范大学出版社，共 4 本）、“新教育文库”系列（湖北教育出版社，正在出版过程中，已推出 11 本）等。各实验区、实验学校为一线教师及学生出版丛书 300 多册。

多年来，新教育实验引起了全国媒体的广泛关注。《人民日报》《解放日报》《光明日报》《中国青年报》《人民政协报》《人民教育》《中国教育报》《教育研究》《中华儿女》《南风窗》、中央电视台、中国教育电视台等 50 多家媒体对新教育实验进行了深度的报道。《南风窗》最早敏锐地把新教育实验称为中国“继希望工程之后的‘新希望工程’”。2002 年 4 月，《中国教育报》说：“‘生于毫末’的新教育实验虽然尚未成就‘合抱之木’，却已成为当今中国教育改革的一枝奇葩”。2012 年，《中华儿女》和《校长》杂志分别用 30 页和 150 页的篇幅专题介绍新教育实验。2012 年 2 月，山东《日照日报》评选的 2011 年度日照“十大民生新闻”中，《新教育实验让日照孩子“幸福学习”》名列第四。2015 年 12 月，新教育研究院报送的案例“新教育：让教师和学生过一种幸福完整的教育生活”获《中国教育报》评选的“第四届全国教育创新典型案例奖”，新教育研究院和新教育基金会报送的新教育种子计划公益项目荣获了中国网颁发的“中国好教育”奖。2015 年 6 月，中国教育学会的机关刊物《未来教育家》杂志以《新教育：让教师灿若明星》为题集中报道了新教育实验教师成长的理论与实践。

多年来，新教育实验也引起了学术界和政府教育行政部门的热情关注。中国陶行知研究会会长、北京师范大学教授朱小蔓评价说：“事实证明，这种开放性、公益性的教育实验改革与我国学校发展的实际以及师生所处的生存状态极其符合，切实促进了学校以及师生的真实生动的发展”。2015 年 1 月新教育实验“缔造完美教室”叙事研讨会在北京师范大学举行。会上，教育部基础教育一司王定华司长对新教育实验表示了充分的肯定。他说：“朱永新老师带领的新教育实验团队，遍及我国大部分省市，已经积累了丰富的经验，已经创造了很多好的做法，而且还凝练出比较深邃的可操作、可复制、可推广、可持续的行动指南，我们找不出理由不去支持新教育实验。”

多年来，新教育实验在国际上也受到了越来越多的关注。2008 年，日本学者诹访哲郎教授撰写的《沸腾的中国教育改革》一书由日本东方书店出版，其中有专章介绍新教育实验。2009 年 3 月 15—18 日，朱永新应韩国政府“Brain Korea”项目邀请，在韩国全北大学做了“新教育——过一种幸福完整的教育生活”的专题讲演。2010 年，《朱永新教育文集》（十卷本）的韩文版出版发行。2012 年，朱永新教育文集《我的教育理想——新教育之梦》等著作由日本东方书店出版。2012 年麦克劳希尔教育集团购买了《中国新教育》等 16 部著作的全球版权，到 2015 年底已经全部出版。2014 年，新教育实验入围卡塔尔基金会评选的“世界教育创新奖”（WISE）15 强。

## ▶ 六、 发展走向与展望

今后，新教育实验将朝着组织优化、研究深化、推广强化、项目常态化的方向发展。新教育实验虽然已建立了近60个实验区，但区域发展并不平衡，需要优化组织管理。要进一步完善总课题组、项目组、实验学校三级管理制度，完善对各实验区、实验学校实验工作的评估制度，加强对薄弱实验区（校）工作的评估和指导，并建立“不作为”学校适时退出机制。新教育实验是一项草根性、民间性的实验。研究团队大都由一线优秀的教研人员、校长、教师组成，相对缺少专业背景，理论研究是其弱项。因此，要强化各研究机构的作用，加大研究的力度；要建立新教育学术委员会、专家委员会，欢迎更多具有专业背景的人加盟新教育；要鼓励各实验学校、个人对新教育理论和实践进行大胆创新、积极研究。新教育实验在儿童课程、教师专业成长、理想课堂、完美教室等方面，已经取得显著的研究成果，而且新教育每年的年会都有一个主题、一个主题报告、一项最新的研究成果，但是如何让曾经关注的主题不断深化细化实化，曾经取得的成果不断巩固强化，成为横亘于新教育人面前的难题。为此，应该充分发挥新教育研究机构和实验区（校）的作用。历届年会上形成的理论共识和实验中检验过的操作模式，应该通过培训、展示、研讨等各种形式来加以巩固创新。对新教育实验，有人有些误解，认为新教育是在原来的学校教育体系之外的。这说明新教育实验项目还没有融入日常的学校生活。新教育实验如果不断做项目、做加法，一定走不远。只有做课程、做文化，真正地成为学校生活的一部分，成为师生生命的一部分，成为一种常态，新教育实验才能真正扎下根。因此，我们要加强新教育课程建设，使实验项目常态化，融入师生日常的教育生活。

我们信心满怀地相信，顺着时代前进的洪流，乘着社会进步的东风，依靠百万新教育人的执着与勤奋，凭借百万新教育人的智慧与创造，新教育实验一定能不断获得新成果，开辟新境界，努力成为中国素质教育的一面旗帜，打造成为植根于本土的新教育学派。

（撰稿：许新海　许卫国）

注：

[1] 朱永新. 新教育对话录 [M]. 北京：中国人民大学出版社，2012：97.

[2] 朱永新. 新教育实验年鉴（2012—2013）[M]. 桂林：漓江出版社，2014：38.

[3] 朱永新. 新教育对活录 [M]. 北京：中国人民大学出版社，2012：114.

[4] 朱永新. 新教育对话录 [M]. 北京：中国人民大学出版社，2012：129.

[5] 呼延华. 致读者 [M] //朱永新. 中国新教育. 北京：中国人民大学出版社，2012.

[6] 许嘉璐. 序一 [M] //朱永新. 中国新教育. 北京：中国人民大学出版社，2012.

[7] 朱永新. 新教育对话录 [M]. 北京：中国人民大学出版社，2012：31.

## 5 组织申报中国教育学会“十二五”教育科研规划重点课题

### 一、关于组织申报的通知

各新教育实验区、实验学校：

由民进中央副主席、全国人大常委、苏州大学博士生导师朱永新教授主持的课题《新教育实验促进师生发展的行动研究》已正式被批准为中国教育学会“十二五”科研规划重点课题。课题编号：01050461。为使各实验学校能有序参与《新教育实验促进师生发展的行动研究》这一课题的实践研究，现把申报课题参与实验学校的有关事项通知如下：

1. 申报时间：即日起至2012年4月30日。

2. 申报办法。

（1）各实验学校可根据课题方案中提供的研究内容选择申报，然后在研究内容框架范围内明确研究方向，确定项目名称，题目自定。各实验区各参与实验学校研究项目申报材料统一报送实验区秘书处；

（2）申报时填写中国教育学会“十二五”科研规划重点课题《新教育实验促进师生发展的行动研究》参与实验学校研究项目申报表（一式三份）；

（3）收到申报书后，由实验区秘书处组织专家组根据课题的价值性和科学性进行评审，签署意见后上报新教育研究院课题管理中心；

(4) 课题管理中心组织专家组终审，确定立项名单，并把立项意见及时反馈相关实验学校。

3. 有关事项。

(1) 原则上一所参与实验学校只能申报一项研究项目。

(2) 课题过程管理，以及项目结题评审等工作，各实验区秘书处把通过评审立项和结题的课题汇总后报课题管理中心，由课题管理中心颁发课题研究项目立项书和结题证书。非实验区实验学校的研究项目申请，开题、结题报告及资料直接报课题管理中心。一般采取通信的方术开题与结题。

(3) 新教育研究院课题管理中心地址：

江苏省海门市新教育培训中心　海门市越秀路469号　邮编：226100

联系人：许卫国　电话：0513－80785313；赵丽芳　电话：0513－80785310　电子邮箱：ktglzx@163. com

希望各实验学校根据上述要求，积极参与，为繁荣新教育实验研究做出努力。

新教育研究院课题管理中心

2012年1月

## 二、《新教育实验促进师生发展的行动研究》开题报告

(一) 研究缘由。

21世纪初，朱永新教授《新教育之梦》一书为建构具有时代特征、中国特色的“新教育”给出全新诠释，描绘全新蓝图，勾画全新内容。2002年开始在全国部分中小学开展了以教师专业发展为起点，以“五个观点”为核心思想，以“四大改变”为主要目标，以“六大行动”为具体途径的新教育实验，以期克服教育弊病，回归教育本真。其中“六大行动”涵盖了当代教育的存在方式，完善优化了学生读写听说的沟通方式、生存方式和未来的生存质量，已经或正在开发出具有自主知识产权的“产品”，即关于“六大行动”的操作规程等一系列“核心技术”，为实施素质教育找到切实的落脚点和突破口，提供了系列的载体和具体的行动方案。

新教育实验的哲学基础就是发展论和行动论。发展论是以马克思主义的人的全面发展学说为基础，吸收了苏霍姆林斯基的教育思想而提出来

的。“为了一切的人，为了人的一切”，最初曾经作为新教育实验的核心理念来阐述。为什么是“为了人的一切”而不是“为了学生的一切”？因为，我们觉得没有教师的发展就没有学生的发展。当前社会发展应由“以经济建设为中心”逐步过渡到“以人的发展为中心”上来，人的发展才是硬道理。新教育实验是通过教师的成长带动学生的成长，通过改变教师的行走方式来改变学生的生存状态，让教师和学生在新教育实验中共同成长。

新教育实验强调“行动”，而且把“行动”作为实验的价值取向，明确提出：“只要行动，就有收获。”新教育实验的行动，其主旨不是创造多少深刻的教育理论，而是改变我们的教育行为，是一种追求教育行为改变的行动。就教师教育行为的改变而言，新教育实验主要通过倡导教师撰写教育日记、教育叙事、教育案例、教育随笔等实现的。新教育实验促进师生发展是通过一个又一个行动来实现的。在行动的过程中，新教育特别重视精神状态，倡导成功体验。新教育实验相信，我们给教师和学生多大舞台，他们就可以演绎多大的精彩；我们给教师和学生多大的空间，他们就可以创造多大的辉煌。

新教育实验对于教师、学生的引导，不仅在于促使他们发现自我生活中丰富的人生，还在于寻找将他们推入思考之中的力量，给予他们情感之中的智慧，促使他们在学习的改善、尝试和冒险中建构内心的生命之帆。可见，新教育实验不仅是对教育一般意义上的敞亮，首先应该是观念、思维和方法的刷新，而通过浪漫精神的引导来塑造个性的心灵，通过理想信仰的生成来积淀人性的底蕴则是第一位的。对于新教育实验的种种言说，事实上也就等于在发表一个个关于理想教育的宣言。教育现在要做的，就是给教师和学生们一种开阔的视野，让他们对人的内心的复杂性有更为深切的体验，不但要了解生命的伟大与宇宙的伟大，而且要感受生活的丰富与人生的丰厚。从这个意义上说，新教育实验主张回到教育的原点，主张让教师和学生与人类的崇高精神对话，强调教育应该培养美好的人性，让学生拥有美好的人生，从而建设一个美好的社会。

新教育实验是中国一项民间的教育改革运动，新教育实验的理念和行动已经被越来越多的学校所认同，是全国教育科学规划“十五”和“十一五”重点课题，也是中国教育学会“十一五”重点课题，2010 年以优秀等级结题。目前，越来越多的学校参加了新教育实验。实验范围遍布 24 个省市自治区，拥有 34 个实验区、1211 所实验学校，130 多万师生参加了实验。进一步完善新教育实验，加强实验的基础性建设，通过参与单位、个人的各级各类项目的研究，进一步形成系列的可操作的教育内容、教育方法，在更大范围内进行推广与应用，这是一项急迫的工作，也具有良好的发展性。因此，本课题选题富有现实性、针对性及可操作性，是一个实践性强、有效性大、辐射面广的研究课题，必将有效地促进我国教育尤其是基础教育的改革、创新与发展，对推进素质教育实施的科学化、实效化，具有积极的作用。

（二）概念界定。

新教育是一种理念，这理念包含崇高的理想。新教育是一种理论，这理论体现了创新。新教育是一种教育实践的探索，这种探索是与时俱进的教育行动，这种行动课程化，课程操作化，操作体系化，并高度个性化。新教育之新，既是创新也是回归。新教育的创新，体现在为未来创新型社会的建设做贡献，培育未来社会所需要的人。它超越了传统，超越了时间，它不是推广一种模式，而是建立了一个严谨完整的理论体系，是多方面的不断创新和创造。新教育的回归，强调回到人性，回到生命成长与生态和谐，回归教育的本真，回归应该被还原的教育梦想。新教育体现以人为本、儿童立场和人文关怀，指向于幸福完整的人生。

新教育实验是一个以教师的专业成长为起点，以“六大行动”为途径，以帮助教师和学生过一种幸福完整的教育生活为目的的教育实验。

新教育实验重视师生发展。教育的目的是为了促进人的发展，一所好学校应让学生得到全面的发展，而学生的成长离不开教师的发展。没有教师的发展，永远不会有学生的成长；没有教师的幸福，永远不会有学生的快乐。在教学过程中学的主体永远是学生，教的主体永远是教师，教师的创造能使孩子得到更好的发展。只有教师取得高度的专业发展，具有对职业的认同、对教育的热爱以及生命的激情，才有教育品质的保证。而教师的专业发展只能在日常的教育教学生活实践中才能实现。离开了课堂，离开了学生，离开了教师每天的日常生活，教师的专业发展就永远没有真实的可能。本课题就是通过教师的发展带动学生的发展，通过改变教师的行走方式来改变学生的生存状态，通过教学相长让教师和学生在新教育实验中共同发展。

新教育实验重视行动研究。新教育实验是一个开放性的行动，因为新教育实验是基于对教育理想的探寻，而在探寻理想教育的过程中，每一所学校、每一个人都可以有自己的创造。新教育实验倡导的是一种“新教育共同体”的集体行动。这种共同体包括“学校共同体”“教师共同体”“学生共同体”“师生共同体”“教育科研共同体”等。通过这些共同体的创设，让教师在新教育理想的鼓舞下唤醒沉睡的激情。在新教育的召唤下一线教师很快投入其中，并收获着教育的快乐与幸福。师生发展是要在一个又一个行动中体现的，并让行动在反思中进行，通过教师行为的改变来促进学生的改变。这次课题明确把研究方法定为行动研究，一是符合新教育实验的宗旨的，因为新教育实验实际上就是新教育行动，它与过去许许多多的实验有诸多的不同，“行动性”是其中很重要的一条。这个行动是群众性的、可操作的，是人人可以乐而为之的。二是要达到师生共同发展，也必须在一次又一次的行动中，在一个又一个的故事中体现出来，教师离开课堂、离开学生，不可能有专业发展，学生离开了教师的引导也不利于自身的成长。

（三）理论基础。

1.“全面发展学说”与“行动哲学”。

从发展论来说，新教育实验遵循“为了一切的人，为了人的一切”的理念。“为了一切的人”是说新教育实验不主张将人分为三六九等，不主张走精英教育的路线，而主张所有的人在教育活动中都能得到发展。同时“为了人的一切”，是我们反对简单地要求人一个高的分数，我们认为应该让人成为他自己，人是综合的，难以用过去的德智体美劳，也难以用现在所说的知识、态度、情感和价值观来概括一个人。真正的教育场景中怎样让每个人成为他自己，帮助每一个人打开属于自己的那扇窗户，帮助他成为他自己。这是新教育所追求的。我们在吸收传统的人性理论，吸收马克思的全面发展学说，吸收苏霍姆林斯基的人的和谐发展论的基础上，提出我们自己的发展论——“为了一切的人，为了人的一切”。同时我们的行动论主张新教育实验崇尚行动。只要行动就有收获，只有坚持才有奇迹，是我们新教育人共同的信念。我们不主张更多地去抱怨和批评，而是主张行动和建设。做起来，只有真正做起来，才能发展。

2. 状态论、潜力论和个性论。

我们认为，人的状态很重要，态度决定一切。态度大于方法，方法大于苦干。人和人远远没有我们想象的那么大的差距。马克思曾说哲学家与搬运夫的差距远远小于家犬和猎犬的差别。马克思用分工研究人的差别。事实上同样情况下，我们说状态也是造成人和人差别的最重要的原因。死人和活人就差一口气，活人和活人就差一点状态。有状态的人，他想做事，他不断地努力，就能成功；没有状态的人，他怨声载道，他不付诸行动，所以他永远不能成功。所以我们重视精神状态，倡导成功体验。新教育实验的人都是有理想有激情的人。我们的潜力论认为，教师和学生的发展潜力是无限的，你只有相信他，你只有给他充分的发展空间和舞台，他才能给你事业的成功、学业的成功。新教育实验崇尚的是个性，崇尚的是品牌，我们希望每个学校都应该有自己的特色，每一位教师都应该拥有自己的个性，都应该拥有自己的特长，让每一个人成为他自己。新教育实验一直认为，有特色就是卓越。什么是最好的？最好的就是最有特色的。

3. 崇高论与和谐论。

所谓崇高论，我们主张让师生与人类的崇高精神对话。新教育实验非常看重教育的本来使命。教育应该回家，现在的教育已经远离了教育的本性，教育本来就应该让人类生活得更加美好，让人类不断地走向崇高。这是教育的最重要的使命。但是，在现在的教育生活中，我们把教育变成了训练，把教育变成了简单的传授知识，这是违背教育规律的。爱因斯坦曾经说过，仅仅用专业知识教育人是不够的。现在的许多的社会问题都可以从教育中找到一些原因。现在的教育生活中，我们已经远离了崇高。在教育实践中，我们很少和教师、和孩子们讨论崇高，讨论人生的意义、价值和理想，讨论人与社会的和谐、人与自然的和谐。同时，与崇高论相应的是和谐论，我们崇尚教给孩子一生有用的东西，同时希望他成为对社会有用的人。我们把这二者整合在一起，新教育实验着眼的是人的和谐的发展、长远的发展和可持续的发展。

（四）研究目标。

在新教育实验的基础理论和实践模式两个方面作进一步的研究和探索，以“全面发展学说”与“实践哲学”等为指导，加强实验的基础性研究，打造新教育实验促进师生发展的经典个案，形成系列的可操作的实验主题、实验内容和实验方法，从而改变教师的行走方式，改变学生的生存状态，促进教师的专业化发展，促进学生全面和谐而具个性的发展。

通过以“晨诵、午读、暮省”为核心的儿童课程研究，力求恢复儿童生活的幸福完整；通过以“专业阅读＋专业写作＋专业发展共同体”为核心的教师专业发展课程的研究，力求将教师从彼此割裂埋头应试的桎梏中解放出来，发展专业水平，恢复职业尊严与自信。通过以发掘知识魅力为核心，追求知识、生活、生命共鸣为最高境界的理想课堂的研究，力求让师生在课堂上感受到求知的愉悦与幸福。通过学校“每月一事”的研究，把“教给学生一生有用的东西”的理念，落实到学校教育的具体实践中去，使学生养成良好的行为习惯。通过“完美教室的缔造”，守住每一个教师的良知，关注到教室里的每一个孩子、每一个角落，守住每一个孩子的心灵，守住属于我们自己的每一个日子，使每一个人都成为教室的主人，让每一个孩子都享受到班级里的快乐，最终帮助孩子成为最完美的人。

通过新教育实验，启动教师与学生的心理自信系统，让师生在自信中不断地追求成功、设计成功、撞击成功，从而帮助新教育共同体成员过一种幸福完整的教育生活；帮助教师和学生能有一种终身的自我发展能力。

（五）研究内容。

本课题是行动研究，以新教育“儿童阶梯阅读”和“教师专业发展模式”以及“每月一事”“缔造完美教室”为重点项目，着力推进“六大行动”。

1. 儿童阶梯阅读促进师生发展的行动研究。

该研究主要任务是帮助实验学校解决“营造书香校园”中面临的不同阶段的儿童读什么、怎么读等现实问题，旨在为每一个儿童寻找此时此刻最适当的阅读书籍；旨在为每一位教师探求此时此刻最适合的指导方式；旨在为每一所学校营建起此时此地最适宜的阅读情境。项目以“共读、共写、共同生活”为切入点和突破点，倡导“晨诵、午读、暮省”，回归朴素的阅读生活方式。通过两至三年的时间，不断完善“十一五”期间研制的“共读”“选读”书目，出版阅读课程指导手册，整理汇编优秀的实践案例，研究儿童阶梯阅读课程对学生发展的影响，形成一定的儿童阅读理论，向其他实验学校推广。

2. 教师专业发展模式促进师生发展的行动研究。

新教育实验认为，不同学科与发展阶段的老师，需要阅读不同的专业书籍。它还认为，可能存在着一个教师专业知识的合理结构，而许多教师在某一方面存在着“短板”，阻碍了自身的专业发展水平。为此，新教育实验着手研制“新教育教师专业阅读地图”，即用书目的形式，在充分考虑到个体成长的特殊性和序列性的基础上，构建一个理想的教师知识结构模型，从而更有效地解决不同水平与学科的教师分别该读什么和怎么读的问题，以及专业阅读如何为专业实践服务的问题，逐渐摸索出一条“专业阅读＋专业写作＋专业发展共同体”的教师专业发展模式，汇编新教育“三专”模式下教师成长案例，开展“三专”模式对教师专业发展的影响研究。

3.“每月一事”促进师生发展的行动研究。

新教育实验主张，要教给学生一生有用的东西。到底哪些是学生一生有用的东西？我们的答案是良好的习惯。习惯如何养成？我们的答案是从一件件小事做起。于是新教育实验用“每月一事”的办法来培养习惯，通过学校主题教育月，已经形成了影响孩子一生的十二个好习惯，通过不同年级的重复练习，螺旋式上升，经过几年的巩固，逐步养成良好的行为习惯。本课题需要做进一步的深化研究，细化和拓展“每月一事”内容，并开展“每月一事”对学生人格成长的影响研究。

4.“缔造完美教室”促进师生发展的行动研究。

教室是我们的愿景，是我们想要到达的地方，是决定每一个生命故事平庸还是精彩的舞台，是我们共同穿越的所有课程的总和。它包含了我们论及教育时所能想到的一切。我们就是要守住一间教室，让生命在教室里开花。完美教室必须守住每一个教师的良知，关注教室里的每一个孩子、每一个角落，特别是关注已经被家长放弃了的孩子，守住每一个孩子的心灵，守住属于我们自己的每一个日子。“缔造完美教室”必须以班级文化构建为总体目标，以“共读共写共同生活”为基本愿景，以“晨诵、午读、暮省”为基本生活方式，以实施全人课程为基本途径。通过价值系统的构建，班级课程的研发，课程文化的打造，共同生活的营建，节日庆典与社团活动的组织，数码社区的建设等方面来进行研究，在教师不断发展的同时，帮助孩子成为最完整的人。

5.“六大行动”促进师生发展的行动研究。

新教育实验“六大行动”是新教育实验的基本研究内容，新教育试图通过“营造书香校园”“师生共写随笔”“聆听窗外声音”“培养卓越口才”“构筑理想课堂”“建设数码社区”等“六大行动”，让师生过一种幸福完整的教育生活。本课题需要进一步深入研究新教育实验的“六大行动”，同时就每一项行动对师生发展的影响展开一系列的行动研究。我们需要用更丰富的案例、具体的数据，以及一个个鲜活的成长故事来证明新教育实验对师生发展所起的积极促进作用。

另外，区域推进新教育实验模式研究。在新教育的理念指导下，将教育行政部门纵向管理与实验学校之间横向联合结合起来，通过完整、有力的组织架构，以核心项目为抓手，培育以骨干教师为主体的研究团队，使新教育理念进一步可操作化、行动化，让一大批优秀青年教师在区域新教育的平台上迅速成长，让一大批的实验学校在区域新教育的平台上获得持续均衡发展。

本课题的创新之处主要包括三点：一是具有全球视野，紧扣时代脉搏，萃取本土教育精华，从解决问题出发，优化组合行动项目，指向明确，操作性强，实效性好。二是以构建教师发展共同体为基点，倡导师生共同行动，共同发展。三是新教育实验的“六大行动”重视人的精神状态，关注人的全面成长，丰富人的心灵世界，拓展人的生活技能。使现实教育有可能走出空洞化、唯分数化，学生学到的是真正“一生有用的东西”，教师得到的是专业的持续发展。

（六）研究方法。

本课题主要采用行动研究法，辅助文献法、实验法、个案分析法、调查研究法、经验总结法等研究方法。在研究形式上，本课题积极探索“网络研究法”，充分利用“教育在线”网站收集整理有关资料，及时交流研究动态，沟通各类信息，并利用网络开展各种培训，对实验学校进行适时指导。

（七）实施步骤。

第一阶段：设计阶段（2011 年 3—8 月）。收集有关文献资料，申报课题，制订实验方案；

第二阶段：实验阶段（2011 年 9 月—2013 年 6 月）。在原有实验区和实验学校的基础上再发展新的实验参与区域和学校，根据总课题研究内容申报研究项目，全面开展以“儿童阶梯阅读”“教师专业发展模式”“每月一事”“缔造完美教室”以及“六大行动”为主要内容的新教育实验，通过实验反思总结出这些做法对促进师生成长的可行性与必要性。期间，将定期或不定期进行实验区和实验学校的阶段性研讨、成果展示；

第三阶段：总结阶段（2013 年 6 月—2013 年 10 月）。全面梳理、概括、展示、交流实验的理论和实践成果。撰写研究报告，接受专家组评审。

（八）实施策略。

1. 为人师表，榜样引路。

要使学生能够成长成一个大写的人，教师自己必须成为一个大写的人。学生们的心灵往往是被一些不起眼的一举一动所震撼，所净化，而不是那些空洞的说教。苏霍姆林斯基曾说：“人只能由人来建树……我们工作的对象是正在形成中的个性最细腻的精神生活领域，即智慧、感情、意志、信念、自我意识，这些领域也只能用同样的东西即智慧、感情、意志、信念、自我意识去施加影响。”可见，教师的示范作用是很重要的，教师的人格水平越高，其榜样作用也就越强。因此，要求学生做到的教师自己必须先做到，教师要使自己的品德成为学生的楷模，行为成为学生的榜样，学识成为学生的师范。

2. 关爱孩子，滋润心灵。

爱是我们生活中永恒的主题。让我们身边多一点爱，让我们做一个心中有爱的人，这个世界就会变得更加美好。教师爱学生是一种职业道德，要像父母爱自己的子女一样，无所求，不图回报。作为一名教师，不能只是空喊口号，应该把对学生的爱在行动上体现出来，不要在情感上疏远学生。因为只有和谐的师生关系才能造就优秀的教师与学生。只要我们“捧着一颗心来，不带半根草走”，我们就一定能赢得学生的爱戴；只要我们“赠人玫瑰”，就一定能手有余香，一定能收获一片桃李芬芳。在实施教育过程中，要突出一个“爱”字，把习惯养成教育作为学生健康成长的基础，促进每一位学生的主动发展。用自己的良知守住每一间教室，让师生在完美教室中开出绚丽的花朵。

3. 走下“圣坛”，了解学生。

要使实验能真正地取得实效，使自己的计划得以实施，必须要走下“圣坛”真正深入学生之中，了解学生，了解他们的所思、所想、所爱、所恶，做到快乐着他们的快乐、幸福着他们的幸福。我们知道，每个学生都有适合自己的最佳学习方式，我们教师就要“发现学生最佳学习方式并激发之、辅导之”；适应学生、服务学生永远是教师的使命。只有这样，师生才能共同发展。

4. 共同研究，取长补短。

新教育实验是一种“新教育共同体”的集体行动，在新教育实验中，每个教师、每所学校都会有自己独到的创造。我们可以通过教师与教师之间、学校与学校之间、实验区与实验区之间的研讨、交流、成果展示，推出自己的品牌项目，分享同伴的经验，更快地推广研究成果。

（九）最终成果。

1. 新教育实验与师生素质发展案例系列。

2. 新教育实验学校发展案例系列。

3. “六大行动”促进师生发展叙事集。

4. “新教育儿童课程”专著。

5. “新教育实验与师生发展”专著。

6. 新教育实验促进师生发展系列论文。

7. “新教育实验促进师生发展的行动研究”结题报告。

（十）完成课题的保障条件。

“十一五”期间，全国24个省市自治区共有1200多所学校正式加入了新教育实验，同时还在江苏、河北、新疆、山东、山西、浙江、贵州等省份建立了30多个实验区。这为开展广泛的实地考察和探索素质教育的创新模式提供了可靠的研究基地。

本课题主持人自费创办了“教育在线”网站。该网站论坛的注册会员已超过37万人；专题帖总数达30多万，被众多媒体誉为“中国教师的精神家园”“中国最大的网络教育学院”。大批教育专家、一线老师、学生及其父母积极参与论坛上各种问题的对话和讨论，已形成批判反思、同伴互助、专业引领的良好氛围，为本课题研究提供了一个互动的信息平台。2007年新教育研究院在苏州注册成立，是新教育实验的组织和管理机构。2007年经江苏省教育学会和江苏省民政厅批准江苏省教育学会新教育实验研究专业委员会（新教育研究会）正式成立。2010年经江苏省教育厅和江苏省民政厅批准江苏昌明教育基金会（新教育基金会）正式成立。人力、时间、资料、经费、管理等各项条件都能保障本课题研究的顺利进行。已经成立的新教育研究中心，有专职研究人员，并建立了一支专业的、多元的、开放的骨干实验队伍，团队可以为本项目研究提供强有力的专业支持。课题主持人已经收集了国内外关于新教育、新生命、新公民、新生活教育的系列教材和研究资料，本课题还将充分利用重点高校图书馆及项目主持人个人工作室，为开展实验工作提供良好的资料保障。课题组将利用申请的实验经费及自筹经费设立“项目研究基金”，用于实地考察、问卷的研制和收发、相关资料收集、专题研讨、成果推广、资助特困参研单位及个人等相关工作。“十五”期间也已经制订并不断完善了申报制度、指导制度、评价制度、财务制度、交流制度等各项课题管理制度，有充分的制度保障。

（十一）课题的组织机构。

课题负责人：朱永新

课题核心组人员：许新海、卢志文、李庆明、李镇西、张荣伟、何小忠、吴勇、王领琴、张永林、许卫国

新教育研究院院长、新教育研究会理事长：许新海（主要负责新教育实验组织领导工作，对实验区、实验学校的统筹、指导、协调、培训等，

负责新教育实验课题管理工作，如对各实验区参与学校与项目的申请、实验、评价情况进行管理）

新教育实验项目课程研发：张永林、许卫国

新教育实验理论研究：李庆明、李镇西、张荣伟、何小忠

新教育实验资料收集、课题管理中心的有关事务：吴勇、王领琴、张永林

新教育实验课题开题报告、结题报告的撰写：许新海、吴勇、张永林、许卫国

新教育实验研究的协调与宣传：许卫国

# 6　新教育实验区（校）发展指导指标框架（试行稿）

新教育实验区（校）发展指导指标框架，是在新教育实验区（校）大量实践的基础上形成的。该指标框架定位命名为“发展指导指标框架”，其意在于通过本指标框架中所列的指标项及评估要点，一方面引导新教育实验区（校）在开展新教育实验时能以自查的方式更好地开展本区（校）的新教育实验活动；另一方面也为新教育实验区（校）的管理者们指导和帮助实验区（校）发展时提供参考信息。

发展指导指标框架由三级指标、评估要点以及要点分数构成。一级指标分为三大类，分别为：新教育实验的组织管理（30％），新教育实验的主要项目（40％）及新教育实验的阶段成果（30％）。二级指标中，组织管理部分重点考虑了新教育实验的基础保障要素，主要项目部分重点考虑了新教育重大研究成果与十大行动，阶段成果部分重点考虑了新教育的四大改变。三级指标中，本框架希望能够汲取、体现新教育在各项目的实践经验和研究成果或研究思路。

## ▶ 一、 新教育实验组织管理

组织领导：成立有主要领导、或分管领导、或科室主任负责的实验工作领导组，能够及时、定期、或不定期研究解决实验中的问题和困难。

队伍建设：成立有各个实验项目专业工作室、或名师工作室、或各个实验项目实施小组。建立有切合实际的新教育实验推广基本制度与较好的运行机制。

行动计划：实验有切实可行的实验行动计划或实施方案。年初有工作计划，年中有回顾小结，年终有工作总结。

资源支持：有专项资金支持新教育实验行动计划的落实，或能够及时解决新教育实验过程中的资金需求。有必要的用于实验的办公场所、办公器材，或较好的办公条件。

课题管理：能够按照新教育实验课题管理办法规范管理实验课题。能够按照新教育课题管理部门的要求，及时认真准确地传达、报送相关信息。注重实验资料的收集、整理、保管、使用工作，建立有新教育实验档案资料室，实验资料齐全。

底线管理：对新教育实验的每个项目都有符合本地实际的本实验区或实验校确定的实验管理底线要求和管理办法。

榜样教师：重视榜样教师的作用。有自己的榜样教师。区域或学校能够为榜样教师的成长不断提供条件或创造机会。

重点学校：新教育实验区有自己的重点实验学校。新教育实验学校有自己的实验班级。实验重点明确，区（校）政策倾斜，措施得力，成效显著。

校本教研：能够扎实地不断地组织开展区域校本教研活动。注重校本教研的专业引领，同伴互助，自我反思。通过校本教研的过程资料可以感受校本教研的实效性。

开放活动：能够因地制宜，与时俱进，勇于探索，积极参与新教育举办的年会、实验区工作会议、国际论坛等会议及其他实验区新教育开放活动。能够定期与不定期地举办本地新教育开放活动，开放活动有特色，效果好。

## 二、 新教育实验的主要项目

1.“学校文化建设”。

（1）学校理念文化建设（教育哲学、核心价值观、愿景使命、学校形象定位、办学目标、校训、校风、教风、学风、学校精神、管理理念、校长寄语、教师誓词、学生誓词等）。

（2）学校视觉文化建设（校徽、标准字、标准色、校旗、校服、办公用品、指示标牌等）。

（3）学校环境文化建设（校园干净整洁、清新明亮、生机盎然，规划科学、布局合理、场所俱全，格局优雅、设计独特、书香浓郁）。

（4）学校行为文化建设（规章制度建设、专题活动组织、校报校刊等）。

（5）新教育实验氛围的营造（新教育实验的话语系统、主要内容、主要成果等通识普及情况）。

2. “教师专业发展”。

（1）教师专业阅读的情况（阅读的数量与质量）。

（2）教师专业写作的情况（写作的数量与质量）。

（3）教师专业发展共同体建设的情况。

（4）教师的职业认同与精神状态。

3. “营造书香校园”。

（1）学校图书基础建设情况（图书馆室建设、图书的质量与数量；书目的选择符合学生的兴趣和需要，体现出阶梯性阅读的特点。新阅读研究所推荐书目的使用情况）。

（2）新教育儿童课程开设情况（晨诵、午读、暮省，听读绘说，阅读质量和数量）。

（3）阅读活动组织情况（阅读推进的方法与措施，读书节、师生共读、亲子共读情况）。

（4）阅读环境的建设（学校创设浓郁的阅读氛围，整合丰富的阅读资源，开展多彩的读书活动）。

4. “研发卓越课程”。

（1）在新教育卓越课程理念引领下，以国家课程、地方课程、校本课程为基础，教师对教材进行二次开发和新的整合创造，通过课程的创新使教室成为汇聚美好事物的中心。

（2）在课程实施过程中带领学生经历体验、合作探究，建立知识与世界、与自我的内在联系，将所有与知识的遭遇转化为智慧，从而使师生生命更加丰盈。

（3）以生命课程为基础，以公民课程、艺术课程、智识课程为主干，并以特色课程作为必要补充，每间教室、每个教师，因地制宜，利用自己的地方资源和个体生命特质，成为卓越课程的研发者。

5. “缔造完美教室”。

（1）具有完美的班级“价值体系”，以班级文化构建为总体目标，健全班级价值系统。

（2）完美教室建设情况（环境建设、班级文化、班本课程等）。

（3）师生家长共读共写共同生活，拥有共同的语言与密码。愿景、文化、课程等融合在一间教室里，师生汇聚在伟大事物的周围，穿越在伟大事物之中，唤醒故事和经典，编织诗意的生活，教室里的每一个日子、每一个生命都朝向卓越与创造。

6.“构筑理想课堂”。

（1）新教育理想课堂实践中课堂的参与度、亲和度、整合度、自由度、练习度、拓展度。

（2）新教育理想课堂三重境界的建设情况：有效教学框架的运用与落实，发现知识伟大魅力的行动与探索，实现师生知识、生活与生命深刻共鸣的水平与境界。

7.“师生共写随笔”。

（1）教师能不间断地书写教学日记、教学案例、教育故事，记录反思师生的日常教育、学习生活，促进教师的专业发展和学生的自主成长。

（2）师生共写随笔，通过随笔与学生进行心灵、灵魂的互动，抓住每一次机会，师生共同编织有意义的人生。

（3）写作与生活、生命联为一体，成为师生家校教育教学反思交流的重要手段。通过师生、亲子之间的相互书写，彼此的言语沟通与交流，将彼此的生命编织在一起，书写独一无二的生命传奇。

8.“推进‘每月一事’”。

（1）主题的选择立足与学生一生有用的重要的习惯。

（2）主题的内容都是从一件非常具体的小事展开，在具体落实中，针对不同年级学生的特点，体现年级特点的螺旋式上升，在更高的层面上不断丰富完善。

（3）主题的活动要通过广泛的主题阅读、主题实践、主题展示、主题反思等多种路径，把公民教育、生命教育贯穿其中。学校结合自身特点，对“每月一事”活动进行创造性的探索与尝试。

9.“建设数码社区”。

（1）区校三通两平台建设情况：校校通、班班通、人人通以及教育教学管理平台、教育教学资源平台建设情况。

（2）加强校内外网络资源的整合，建设学习型网络社区，让师生利用网络学习与交流。

（3）利用网络进行实验、课题研究。

（4）教师利用网络开设博客、公众号，或建立自己的专业成长档案、或学科专业工作室，积极与更多的同行分享、交流、探讨。

10. “聆听窗外声音”。

（1）通过开展学校报告会、参加社区活动、参加公益活动等形式，了解社会，关注真实的社会生活。

（2）充分利用社区教育资源进行学习，引导教师与学生热爱生活、关注社会。

（3）整合社区和学校的资源，激发教师和学生形成正确的价值观。

（4）积极参加各项培训及实验区或全国范围内的新教育开放周活动，聆听窗外声音，提升自我素质。

11. “培养卓越口才”。

（1）抓住教育教学、日常生活中的任何机会，以形式多样的活动为依托，使教师和学生愿说、敢说、会说，树立其自信心，提高其表达能力和沟通能力。

（2）注重倾听能力的培养，通过听，学会获得更多知识和信息，成为一个受欢迎的人。

12. “家校合作共育”。

（1）学校定期举办由父母、学生参加的各种活动，拉近父母与学生、学校的距离，建立适合青少年和谐健康发展的成长环境。

（2）积极参与新家庭教育研究院开展的各种新教育实验项目活动。

（3）向父母推荐家教书刊，组织活动，积极构建学习型家庭、学习型文明社区。

## ▶ 三、新教育实验的阶段成果

1. 学生发展。

学生学业成绩：

（1）在实验推动下，学校学生总体成绩有较大提高，且显著高于同层次的非实验校。

（2）学生学业成绩呈逐年上升的趋势。

（3）学生人均阅读数量逐年增加，阅读能力逐年提高，且显著高于同层次的非实验校。

（4）学生的写作能力有较大提高，且显著高于同层次的非实验校。

（5）学生的口头表达能力有较大提高，且显著高于同层次的非实验校。

学生综合发展成绩：

（1）学生拥有积极向上的精神风貌，快乐自信，大方儒雅，充满求知欲望。

（2）全体学生对学校的归属感、在校期间的幸福感有较大提高，且显著高于同层次的非实验校。

（3）学生的文体成就有较大提高，且显著高于同层次的非实验校。

（4）学生的创新思想和创新能力有较大提高，且显著高于同层次的非实验校。

（5）学生的交流合作意识有较大提高，且显著高于同层次的非实验校。

2. 教师成长。

教师队伍建设成绩：

（1）在实验推动下，全体教师对职业的认同感极大提升，教师工作积极性大大提高，工作热情高涨。

（2）全体教师的幸福感、生活意义感、生命价值感有较大提高，且显著高于同层次的非实验校。

（3）教师之间合作意识有较大提高，且显著高于同层次的非实验校。

（4）榜样教师的数量逐年增加。

（5）榜样教师在带动教师队伍建设方面发挥积极的作用。

教师专业发展成绩：教师人均阅读数量与阅读能力有较大提高，且显著高于同层次的非实验校；教师人均写作数量有较多增加，写作水平有较大提高，且显著高于同层次的非实验校；教师教研数量有较多增加，教研水平有较大提高，且显著高于同层次的非实验校。

3. 学校成绩。

学术建设成绩：有学校实验项目论文发表，实验成果汇编成册或公开出版；与实验有关的教研活动持续开展，且数量有逐年上升的趋势；与实验相关的教研活动取得良好的效果，并有相应的文件、录像等资料备查。

文化建设成绩：校园文化建设在陶冶学生情操、规范学生行为、培养学生文化意识、学生集体协作意识和精神以及健康的个性特点方面取得显著的效果。

管理建设成绩：在实验的推动下，学校建立了一支民主、高效的管理团队；学校的管理水平有较大的提升，并呈现良性发展的趋势。

## ▶ 四、 实验影响

参与意识：学校全体教职员工对新教育实验的知晓程度较高，且对新教育实验理念有较高的认同感；学校教职员工乐于为实验做出贡献者较多，并在实际行动中有较为积极的表现。学习新教育，宣传新教育，践行新教育已经成为大家的自觉行动。

社会评价：实验开展情况在区级及以上实验专刊、媒体网络报道；家长对学校的赞誉较实验前有较大的提升，学生入学率显著提高。社区管理者对学校的支持度、满意度有了大幅度提升。

部门反映：上级教育主管部门对新教育的认同度、满意度和支持度大幅提升。

同行影响：新教育实验引起教育同行关注，新教育实验成果或开放周赢得教育同行好评。应邀向其他学校介绍宣传本校实验做法、成果、经验，发挥了辐射、示范作用。

2014 年 4 月 8 日

# 7　新教育实验学校参考标准（试行稿）

## ▶ 一、 新教育实验学校底线参考标准

在学校显著位置布置新教育标识和核心愿景“过一种幸福完整的教育生活”。学校文化与新教育核心理念和谐一致，无对立冲突。学校干净整洁，有诸多新教育元素。

校长认同新教育，支持新教育实验。有专人负责新教育实验工作。学校公用经费能够保障新教育项目实施。有新教育实验年度计划和年度总结表彰。能够及时报送、传递新教育实验的信息资料。有专人负责收集、整理、保存新教育实验资料。

学校全体教师至少认真共读过《新教育》一书，骨干教师接受过新教育通识培训，教师知道新教育五大核心理念，了解新教育实验基本内容，认同“过一种幸福完整的教育生活”的核心愿景。学校订阅了新教育研究

院主办的官方杂志。有效启动教师专业成长“三专”行动计划。

学校“营造书香校园”行动扎实有效。书香校园达到“九有”：有行动方案，有时间阅读，有好书可读，有师生共读（每学期师生共读不少于1－2本经典书籍），有亲子共读（每学期亲子共读不少于1－2本），有阅读环境，有阅读指导，有阅读评价，有阅读活动（读书节、读书沙龙、图书漂流等）。学校能够落实新教育“晨诵、午读、暮省”儿童课程，能够按照《新教育晨诵读本》开设晨诵课程，能够全面落实午读课程时间，能够积极开展多种形式的暮省活动。

学校有重点地开展2—3个新教育行动项目的实验研究，各项目有计划、有活动、有成效。

学校新教育实验有成效，教育教学质量得以提高，学生家长及社会各界满意度增加。

## 二、新教育实验学校良好参考标准

在学校显著位置布置新教育标识和新教育核心愿景“过一种幸福完整的教育生活”。学校文化与新教育主要理念和谐一致。新教育主要理念在学校有丰富、生动、美好的实践展示。学校干净整洁，美丽文明，新教育氛围浓厚。

校长高度认同新教育，全面支持新教育实验。有专人负责新教育实验工作，新教育实验与学校教育教学工作融合推进。有专项资金用于支持新教育实验。有新教育实验年度计划和年度总结表彰。积极创造条件组织教师参加新教育的会议，聆听和分享新教育的美好实践与创造。能够及时报送新教育实验的信息资料。有专人负责收集整理保存新教育实验资料，建有新教育实验档案资料室或展览室，资料室可以和学校校史室、荣誉室合并使用。

学校全体教师至少认真共读过《新教育》《致教师》等新教育通识书籍，大部分教师接受过新教育实验通识培训，教师熟知新教育核心理念，知晓新教育实验基本内容，完全认同“过一种幸福完整的教育生活”的核心愿景，对新教育主要话语耳熟能详。学校为骨干教师征订新教育研究院主办的官方杂志。教师在新教育教师职业认同和专业成长“三专”之路上持续进步，新教育榜样教师迅速成长，积极参与新教育网络师范学院或新教育研究院及各个所属机构的项目活动，教师发展取得明显成效。

学校“营造书香校园”行动扎实有效，持续推进。书香校园达到“十有”：有行动方案（年年有进步），有时间阅读（阅读时间进入课表），有好书可读（有与各学段相适应的新阅读研究所推荐的基础阅读图书）、有师生共读（每学期师生共读不少于 2—3 本经典书籍）、有亲子共读（每学期亲子共读不少于 2—3 本）、有良好的阅读环境，有阅读指导，有阅读评价（阅读评价能够纳入学校总体评价系统），有阅读活动（读书节、读书沙龙、图书漂流等）、有年度总结评比表彰奖励。学校能够较好地落实新教育“晨诵、午读、暮省”儿童课程，能够按照《新教育晨诵读本》开设晨诵课程，能够全面落实午读课程时间，能够积极开展多种形式的暮省活动。阅读课程化、校本化、融合化、课题化实践研究成果显著。

学校能够根据新教育年度专题研究成果报告，参照《新教育实验项目操作手册》要求，积极规范地开展师生共写随笔、培养卓越口才、聆听窗外声音、构筑理想课堂、建设数码社区、推进“每月一事”、缔造完美教室、研发卓越课程、家校合作共育等行动项目，并至少有六项行动开展得有声有色、扎实有效。

学校新教育实验富有成效，教育教学质量持续提升，学校满意度、美誉度、知名度不断提高。

## 三、新教育实验学校优秀参考标准

在学校显著位置布置新教育标识和核心愿景“过一种幸福完整的教育生活”。学校文化与新教育核心理念高度和谐一致。新教育主要理念在学校有丰富、生动、美好的展示。学校干净整洁，美丽文明，特色鲜明。学校文化能够全面体现或创造性地实践新教育实验研究成果——《文化，为学校立魂》。

校长高度认同新教育，全面支持新教育实验，能够卓有成效地引领学校的新教育实验。有专人负责新教育实验工作，新教育实验与学校教育教学工作融合推进。有专项资金用于支持新教育。有新教育年度计划和年度总结表彰。积极创造条件组织教师参加新教育的会议，聆听和分享新教育的美好实践与创造。能够及时报送新教育实验的资料、教研成果。有专人负责收集整理保存新教育实验资料，学校建有高标准、内容充实的新教育实验过程性档案资料室。

学校全体教师至少认真共读过《新教育》《致教师》《新教育年度主报

告》等新教育通识书籍，全体教师接受过新教育实验通识培训，教师熟知新教育核心理念，熟悉新教育实验基本内容，高度认同“过一种幸福完整的教育生活”的核心愿景，十分了解新教育话语体系、发展历程、研究成果。学校教师都能阅读新教育研究院主办的官方杂志。学校大部分教师在新教育教师职业认同和专业成长“三专”之路上持续进步。榜样教师事迹突出，有较多教师积极参与新教育网络师范学院或各新教育实验机构的项目活动。

学校“营造书香校园”行动扎实有效，持续推进，成果丰硕。书香校园行动做到“十有”：有行动方案，有时间阅读，有好书可读（有与各学段相匹配的新阅读研究所推荐的基础阅读图书），有师生共读（每学期师生共读不少于3—4本经典书籍），有亲子共读（每学期亲子共读不少于3—4本），有良好的阅读环境，有阅读指导，有阅读评价（阅读评价能够纳入学校总体评价系统），有阅读活动（读书节、读书沙龙、图书漂流等），有年度奖励。学校能够很好地落实新教育“晨诵、午读、暮省”儿童课程，能够按照《新教育晨诵读本》开设晨诵课程，能够全面落实午读课程时间，能够积极开展多种形式的暮省活动。阅读课程化、日常化、校本化、融合化水平高。

学校能持续深度推进构筑理想课堂行动，在实践探索中形成校本化的理想课堂建设主张，立足校本，培塑各学科理想课堂种子教师，有效引领学校理想课堂校本实践。

学校不断丰富完美教室文化系统，引领学生用自己的智慧和双手装点教室，让教室成为汇聚美好事物的核心地带，组织开展丰富多彩的班级节日活动，积极开展班本化特色课程的研发与实施。

学校积极构建和完善富有校本特色的课程体系，努力让每一个学生都拥有适合自己的课程，新生命教育、新艺术教育等课程实验成果得到校本化、高水平的实施，新教育课程体系建设取得明显成效。

学校有不断完善的阶梯性“每月一事”校本课程，建立“每月一事”课程实施管理机制，项目研究系列化、活动化、常态化。

学校积极探索“家校合作共育”的有效路径，建有家校合作委员会，积极研发新父母课程，有效组织家校合作共育活动，努力构建家校合作共育良好生态。

学校能够根据新教育年度专题研究成果报告，参照《新教育实验项目操作手册》要求，积极开展师生共写随笔、培养卓越口才、聆听窗外声音、建设数码社区等行动项目，富有成效。

学校每年都有新教育实验的新成果，教育教学质量显著提高，学校获得学生家长和社会各界的高度评价。学校定期举行新教育实验开放活动，发挥示范辐射作用，在一定区域内有较大影响。

2016 年 11 月 8 日

## 8　积极创新，扎实稳妥，全面推进实验区工作

朱永新

新教育，我们在北京会议（指在北京举行的 2006 年全国新教育实验第六次研讨会）上说它是一锅石头汤。实验区也是一锅石头汤，包括运城，包括其他一些优秀学校，实际上也是大家共同来建构的。今天上午的会议，每个区域都有亮点，每个区域都有自己独特的东西。在这个过程中，很多区域创造了一些比较好的经验。我用十个关键词反映实验区的工作。

一是领导。领导很关键，没有领导重视，开展新教育实验是不可能的。像桥西区，像绛县。在绛县，如果没有陈东强局长的大力支持，开展新教育实验是不可想象的。他还在网上总结了新教育实验的十个关键词。他自己做了一个绛县的文化管理手册，基本上把整个新教育的东西渗透进去了。我们一些重要的新教育会议，可以邀请政府的、教育局的领导来参加，用新教育的故事打动他们。可以送一些新教育书籍给领导，让他们了解新教育。在整个实验区，我们希望得到领导的充分重视，领导重视了，推动就很容易。

二是组织构架。实验区必须有一个完整的组织构架。这一次，我们做实验区调查，到现在才收到了七个实验区的材料。有好几个实验区的材料还没有到。这有我们的原因，也有实验区的原因。如果说是实验区的原因，那为什么有的实验区做得好，有的做得不好？产生这种情况，是因为有的地方有领导，却缺乏落实。以后，在所有的实验区，要有真正有时间、有经验、有精力的负责人，还要有一个能够承担助手工作的人。这两个人所有的联系方式我们都应该有，要能够随时联系到他们。领导小组下面要有办公室，像苏州。每个区域都应该有这样的构架。

三是骨干。骨干很重要。像苍南实验区，还有秀洲实验区，就有一批非常热心的骨干。像苍南的赖联群、林日正，他们组建了一个苍南团队，

《中国教师报》用一整版报道了他们团队。在实验学校里要发现一批苗子。这些人实际上成为我们工作的正式组织的一个补充。同时，他们也是一个外围的很重要的团队。每一个实验区，我希望都有这种骨干力量。这些骨干是新教育实验中成长起来的优秀教师，他们受益于这个过程，对新教育的感情、热情确实是不一样的。昆山玉峰学校的吴樱花昨天给我打了很长时间的电话。她虽然调到另外一个学校，但对新教育感情不一样。这些人往往是新教育的窗口，以后可以成为项目的重要骨干。同时，他们甚至可以成为本区域接待来访的重要力量。苍南现在的许多活动，实际上是林日正、赖联群他们发动的。他们还有自己的沙龙。另外，他们及时给苍南实验区提建议，前不久就建议把"毛虫与蝴蝶"儿童阶梯阅读项目组请到苍南去。骨干的力量不可小看，他们就是当地分管教育的领导的臂膀，是展示新教育区域成果最好的窗口。

四是方案。今天，我看了许多实验区的工作方案。我觉得方案很重要都是规划我们实验管理非常重要的指南。我们的方案都有时间表，有责任人，不是一个空的方案。我们要尽可能地细化方案。

五是活动。生命在于运动，组织在于活动。在实验区内部一定要有活动，没有活动，实验区的工作没办法开展。活动的推进，从启动仪式开始。这可能是第一个重大活动，也是比较重要的仪式。现场会也是一个重要的活动。好多实验区一个学期都有两次以上的现场会，这很有推动价值。

六是经费。和活动相联系的是经费。做任何事情没有经费是很困难的。一般新建实验区必须有专门的拨款，很多实验区都有 20 万左右的实验经费，这样开会就比较主动。经济发达地区好一些，不发达地区有时候开个会都很困难。

七是交流。我到运城新教育实验学校去，那里的年轻人，争着发言，不甘落后，这种文化不容易形成，他们恰恰做到了。在网上看巍巍中条的帖子，看那些年轻人的帖子，就是一种交流。巍巍中条的文章和现在的文章两年以前，完全不是一回事，无论对教育的理解，还是境界，都发生了根本的变化。交流很重要。整个新教育实验没有现成的东西，大部分是实验过程中创造出来的。

八是宣传。不能只顾耕耘，不顾收获。我认为，媒体的力量是非常巨大的。曾经有一篇文章，帮我们拉了 500 万元的资助。山西平陆，也是通过宣传得到了 25 万元的资助。尤其在现代社会，要得到关注，必须通过宣传。为什么政府下决心给湖塘桥小学盖新楼？就是宣传的作用。而且宣传也是自加压力很重要的通道。很多学校最后自己骑虎难下。包括我自己也骑虎难下。我不好好做，交代不过去。媒体不断地宣传，不断地把声音放大。我们要主动地去宣传。我希望实验区能够明确一个通讯员。我建议每个学校都有通讯员，要把责任分散，让不同人去做事情。可以请一些教师来兼职，这样可以培养许多骨干力量。我们为此专门成立了新闻出版机构。因为这些的确很重要。从这个月开始，我们的总课题组与总管理处要正式印刷简报，固定的每月一期。我们要给所有参与实验的学校各寄一份，或者电子的，或者书面的。另外，我们正在与《教师博览》杂志社谈正式出版新教育杂志。这样也需要加大宣传的力度。我们要有自己的宣传阵地。这个事情明年下半年一定要启动。现在我们和许多报刊有固定的合作。《中国少年报》每月有两期专门介绍书香校园，也不收费用，稍微订一点报纸，可以及时反映书香校园成果。另外《河南教育》明年专门有专栏刊登新教育案例评析。接下来许多媒体都要与我们合作，这样让新教育传得更广。

九是展示。这主要是指网络的问题。实验区的东西到底怎么在网上展示，现在我们遇到很大的困难。新教育实验区里的论坛展示很难做，沉没得很快。我的想法是建立展示厅，以实验区为单位。比如，展示海门实验区，我点击它就可以进入学校网站，也可以连接到专题帖上。我觉得以后展示厅是了解各个学校和实验区的重要窗口。以后可能要有专人来维护它。明确了负责人以后，也要报到总课题组秘书处。我现在在请他们研发。最早有一个课题管理系统，运行了一段时间以后，因为技术问题和操作问题，现在正在改。今后是不是可以建立一个以展示为主要功能的博客群？比如绛县博客群。对于实验区到底怎么展示，现在有一个初步的构想，我让他们找一个实验区做好样板，再找一个学校做好样板。这个事情，储昌楼和王胜他们正在抓紧时间做。这是一个展示的问题。有一些学校，像运城，包括新城花园小学，学校里专门建立了新教育实验网站，这样就很方便。我们设计一个好的软件，一点击就可以进入学校的新教育实验网站，然后每一个学校再根据自己的情况个性化。我们要求新教育相关的链接要放在学校的主页，一点击就进入到学校的主页。当然这要取决于学校的网络能力。

十是评价。评价非常重要。从目前的情况看，五百多所实验学校，哪个学校做得好，哪个实验区做得好，我们并没有清楚地把握。今年北京为什么没有表彰更多的学校？因为吃不准，许多学校我们没有去过。我的想法是实验区内实验学校的评价要交给实验区领导小组。这一次我看了两个材料：一是临淄在对学校的考核中，用“十分”来评价新教育实验，这很厉害，教育行政部门是非常有权利的；二是昆山，它是“二十分”。无论是百分考核，还是年度综合考核，这只是一种机制。对学校来说，有评价与没有评价是不一样的。总课题组对实验区的评价到明年运城会议也要有一个规定。今后，原则上所有实验区我们每年都要走一遍，这既是评价，又是培训。接下来，我们要有一个实验区的考核指标，比如实验区要有活动，我们要抽时间与各种标准对照一下。这也是在座的各位向分管领导要经费的一个依据。

（注：本文为在 2006 年新教育实验区工作会议上的讲话节选，有删改。）

## 9　推进实验区建设的几点想法

朱永新

最后对下一步如何推进实验区的建设提几个具体的想法，和大家交流。

1. 遵守实验规程。

这一次修订的管理规程出台了，当然这不仅仅是规范实验区，也是规范我们自己。这个规程还不能作为一个定论，大家回去再讨论、再研究，如果觉得这条根本没法做、做不到，操作性比较差，请反馈给课题管理中心，包括一些文字表述不准确的也可以提出来。大家一起认真研读、讨论、思考，帮助我们来完善规程。规程是我们大家共同的约定，用制度来规范是最重要的。

2. 规范新教育用语。

新教育有些重要的提法是新教育价值和新教育文化的有机组成部分，比如“过一种幸福完整的教育生活”，完整是对幸福的补充，像这样一些新教育最核心的东西不要去变。比如“构筑理想课堂”，我们提出“有效教学框架”，有些地方提出“有效课堂”，有些地方还提出“高效课堂”，我们为什么提出“理想课堂”，因为实际上学术界内部对高效是有看法的，“高效”并不是我们追求的唯一的目标。没有体现我们新教育的有效课堂的“三重境界”：知识、生活和生命的共鸣。既然我们做新教育实验就要统一用新教育的有效教学框架。理想课堂是一个伟大的目标，什么叫“理想课堂”？我们有我们自己的言说。在构筑理想课堂方面，我们提的是“六个度”，这六个度是有我们的想法的，不要随便地增改，增改以后就乱了。大家觉得有些提法不妥的，我们统一修改、权威发布。这样我们就统一了新教育的用语，发出了一致的声音。对新教育用语先吸收消化，再创造，在没有正式的定论之前，我们可以去讨论。我想这也是规范新教育实验用语的重要方面。

3. 积累实验资料。

积累资料非常重要，为什么？最近在美国做福布莱特奖学金的一位中国的萧博士写的一篇研究新教育的文章，被美国教育学会采纳。他要做一次讲演，跟我要资料，我就很困难。新教育实验这么多年来有资料、有数据，但是不系统。这些年来，新教育实验有很大的变化，但是，我们需要数据和材料来说明。可是，这几年我们呈现的更多是结果，而没有变化。我希望看到对比的材料，例如：过去的教师是什么样子，现在的教师是什么样子；过去的学生学习是什么样的状况，现在的是什么状况。新教育是行动，但是做研究的人需要资料。无论叙事研究还是教育科学研究，资料的积累是非常非常重要的。这种资料一种是固化的。昨天，山东临淄于春祥主任给了我一本书，可能不一定很完备很成熟，但是这就是一种资料的积累——《区域推进新教育实验的理论和实践探索》，里面记录了临淄区很多的经验。每个实验区都要善于积累资料，过几年把这些资料用书籍凝固一下，一些实验经验可能不成熟，但是没关系，我们这样不断地积累，会渐渐地成长起来，学校也是如此。出书时，统一用新教育的标识，实验区、实验校、实验老师都可以用，但是用的时候要经过新教育研究院的认可，出版的图书也要及时地寄给我们，我们也可以把它送给一些做新教育研究的人。把新教育作为博士论文、硕士论文的人现在越来越多，我们要给人家提供一些研究资料，所以我们的资料积累、交流、分享是十分重要的。我们实验区之间的交流本身也非常重要，因而我们的实验资料也需要相互交流。比如，焦作的简报出来了，要给其他实验区寄几份。另外要形成一个实验区内部交流的机制，像实验区联盟这样的组织，每个实验区可轮流坐庄任主席，便于内部交流。现在，我们实验区内部交流已经开始了，这个实验区到那个实验区去参观学习，尺有所短，寸有所长，每个实验区都有自己的做法，我们要及时交流分享彼此的经验。

4. 关注新教育实验动态。

新教育实验是在不断变化之中的，研究中心的足迹，新开发的课程，包括网师每天发布的一些东西，每个实验区、实验校都应该关注，但是现在大家的关注度不高。我们还要及时关注办公室、研究中心发出的通知。另外各种媒体对新教育的报道，要及时地发给新教育研究院办公室，让我们掌握，最好也能给我、志文、新海、研究中心等各发一份。有很多媒体报道很感人，如：河南的《教育时报》报道焦作团队至少四五次了，《被一群毛虫改变的焦作教育》写得非常好，对鼓励我们开展实验，对实验区之间彼此学习借鉴是非常有好处的。

5. 遵循“底线加榜样”模式。

没有底线，就没有基本品质的保证。凡是做新教育，就意味着你已经认同我们的底线。这个底线，不是填一个申请表的问题。新教育研究院可以提出我们认为的底线，这个底线是针对全国新教育实验提出的。各实验区还会制定不同的新教育管理底线，尤其优秀的实验区更是这样。“底线加榜样”这个探索，是从实验区自发产生出来的一个非常好的管理模式。这次绛县现场会提供的成果更给这个模式做了完美的诠释。我们每个实验区的管理者，包括教育局领导和学校的校长要制定底线、关注底线、检查底线、评估底线。今后，新教育实验区管理规程完善的时候，可以把底线写上去。实验区和实验校要及时发现榜样，榜样的力量是巨大的，尤其是老师身边的榜样。昨天我们看的睢村小学，这么多年来为绛县教育输送了很多新教育人才，为什么？是榜样的力量在起作用。榜样在不断地产生，榜样在不断地言说，促使老师扪心自问：他能做到，我为什么不能做到？很多人说：“不要用研究中心的标准来衡量我，他们是魔鬼团队。”但是你用身边的故事来说服他，效果就很好。所以我觉得，发现榜样是很重要的，每个实验区都应该有自己的榜样，寻找这样的榜样，发现这样的榜样，培植这样的榜样，让榜样去影响、带动身边的老师。

（注：本文为在2008年新教育实验区工作会议暨绛县现场会上的讲话节选，题目是编者所加，有删改。）

# 10　努力创新新教育推进思路，加快实验区校发展步伐

许新海

实验区的发展有两层意思：一是实验区的拓展，指不断地增加新的实验区。最近几年，新教育以其自身的魅力，不断地吸引着越来越多的区域加盟。2014、2015、2016 三年，每年分别增加了 7 个、8 个、11 个实验区。2016 年年会以后，又有甘肃兰州、湖北宜昌高新区、湖南花垣、江苏涟水、辽宁法库、贵州铜仁、河北蔚县、江苏苏州相城区等市县区先后申请加盟新教育实验，新教育实验呈现出良好的发展态势。二是实验区的提升，指新教育实验区的内涵发展、教育品质的提升、师生获得感和幸福感的增强。今天，在实验区工作会议上，实验区的发展主要是指第二层意思，讲的是实验区内涵的发展、品质的提升。

## ▶ 一、 不断沉淀新教育区域推进经验， 形成区域推进范式

刚才，10 个实验区做了 2016 年度区域推进新教育实验的经验分享，都讲得很好。这 10 个实验区是全国 10 多个地市级实验区、100 多个县级实验区的代表。2016 年，他们与全国许多实验区一样，坚信新教育，坚守新教育，积极推进新教育，创造了新经验，取得了新成绩，为全国新教育事业的发展做出了新贡献。

从他们的发言中，结合 16 年来新教育实验的发展经验，可以看出新教育实验的区域推进已经形成了比较成熟的策略系统。这个策略系统包括愿景召唤、团队驱动、项目支撑、制度保障、课题推动、活动推进、榜样引领、媒体助力等一系列具体策略。

在今后的实验区发展过程中，需要不断创新、丰富与完善，形成新教育实验区域推进范式，对各实验区每个年度需要做的工作做一个底线式的要求。这个底线要求概括起来可以这样表述：建立一个核心团队，组织两次现场研讨，推进三个行动项目，做好四篇文章。

1. 建立一个核心团队。

治兵先选将，谋事先谋人。一个区域启动新教育实验，必须首先建立一个核心团队，明确组织推动新教育实验的责任人。有的实验区专门建立了新教育办公室、新教育研究中心等机构，有的由基教科，或教研室，或

教科室具体负责。无论哪一种方式，新教育实验的推动都要有明确具体的职能部门、责任人，以此为核心落实新教育的各项工作。

2. 组织两次现场活动。

丰富多彩的活动是新教育实验的重要推手。强调组织现场活动，是因为新教育不能纸上谈兵、坐而论道，要到学校里去，到教室里去，到课堂里去，到师生生活的生动现场感受新教育、研究新教育、推动新教育。这种现场研讨活动每学期至少要组织一次，每年两次。

会议推动是新教育实验发展的重要形式。新教育一直借助重大会议营造声势，统一思想，交流经验，表彰先进，壮大规模，滚动发展。新教育的重大会议有实验区工作会议、年会和国际高峰论坛。实验区工作会议主要研讨实验区发展的策略，新教育年会主要进行新教育实验年度研究项目的深度研讨，国际高峰论坛是新教育与国际教育对话的平台。我们希望各实验区积极申报承办实验区工作会议、年会或国际高峰论坛，借助重大会议的承办，提升区域新教育实验的品质，扩大区域新教育实验的影响，也为全国新教育做出贡献。最近几年，新教育又推出了一种新型的会议形式——新教育开放周，暂时没有机会承办实验区工作会议、年会或国际高峰论坛的实验区，要积极承办跨区域的新教育开放周，推动全国新教育共同体内的资源流动、经验共享。

3. 确定三项研究重点。

每个年度，各实验区都要根据区域教育发展的现状和全国新教育推进的进程，确定至少三个项目作为新教育实验研究的重点。其中，必须有一个项目回应每年新教育年会的主题。从2007年始，新教育实验每年聚焦一个项目，展开深入研究，先后研究了营造书香校园、构筑理想课堂、教师专业发展、学校文化建设、中国文化传承、缔造完美教室、研发卓越课程、新艺术教育、新生命教育、推进“每月一事”等项目，形成了丰硕的研究成果——每年的年会主报告。各实验区、实验学校的田野研究保证了年会主报告的实践品质。各实验区、实验学校典型的研究成果还会在年会专业引领板块以叙事的方式呈现，这是对年会、对新教育的积极贡献。今天的会议发言中，我们看到山东诸城、日照，南京栖霞，山西绛县，四川金堂，内蒙古满州里等实验区都积极地响应了2016年和2017年年会的主题“每月一事”和家校共育，每个实验区都应跟进年会的主题展开深入的研究。

4. 做好“四篇文章”。

文章是写出来的，更是做出来的。做文章，首先要做四项工作。

一个年度计划：每年年初，或者前一年年底，都要对新一年的新教育实验进行总体的谋划，明确目标，理清思路，确定重点，对主要工作做出时序安排。

一个考核方案：每年都要根据区域新教育实验的推进情况，对实验学校考核方案做出修订和完善。

一个研究课题：新教育实验在最初的时候是以课题的方式推动的，现在还应该以课题研究的方式推动新教育实验的深入，提高新教育实验的科研含量和学术品质。新教育实验是一个大课题，每一个行动项目都可以成为一个独立的课题展开深入的研究。新教育实验是民间的，有时难以得到比较多的关注新教育实验课题化也能帮助实验工作，帮助参与新教育实验的校长、教师得到比较多的关注，比较多的来自体制内的关注给他们带来更多的获得感。从今天的分享中，我们可以看到山东日照、山西绛县、四川金堂、内蒙古满州里等实验区都推动了新教育实验项目的课题化。各个实验区都应有一个区域性的新教育研究课题，以带动区域新教育实验品质的整体提升。

一个年度总结：每年年终，各实验区都应认真梳理、反思本年度的实验工作，查找问题和不足，总结经验和成绩，寻找新教育实验的深化路径，发现新教育实验的新的生长点。

各实验区要注意的是，作为一个自愿参与新教育 NGO 的组织，每年向研究院报送年度计划与总结，以及过程性的实验资料，这是基本底线，如果做不到，就无法作为这个团队的组织成员了。拜托各位还是要落实专人负责。

在区域推进新教育实验的过程中，在落实以上要求的过程中，要做到三个坚持：

一要坚持行政推动。新教育实验在全国而言，是民间的，主要依靠共同的理想、价值观和兴趣而凝聚；但新教育实验在一个区域内，却大都是官方的，主要依靠行政的力量推动。各实验区皆要建构新教育实验的区域推进机制，完善顶层设计，加强过程管理，强化绩效考核，不断加大行政推动的力度。山东日照实验区坚持市域统筹、行政推动、区域一体化发展策略，提出了“建立新制度、打造新校长、建设新校园、培养新教师、研发新课程、构建新课堂、实施新评价、培育新学生、应用新技术、引领新父母”等“十新”项目，推动新教育实验与区域教育综合改革的深度融合，全面深化新教育实验，富有创新意义，很有借鉴价值。从今天的会议发言中，我们看出这些实验区行政推动的力度都很大。这是这些区域新教育实验蓬勃发展的坚实基础。

二要坚持融入日常。对于新教育来说，轰轰烈烈地组织一个活动非常容易，热热闹闹地做一年半载也非难事，难就难在把新教育的理念融入日常的教育生活，持之以恒地做十年二十年，甚至更长时间。新教育要办“百年老店”，绝非凭一时冲动、短时间的兴趣所能做成，需要坚守日常，持续努力，需要滴水穿石的功夫，需要铁杵成针的毅力。

新教育认为，课程即生活。课程的样态决定着教育生活的样态。新教育其实就是一种生活方式。2013 萧山年会上，我们架构了新教育的卓越课程体系。这个课程体系以生命课程为基础，以公民课程（善）、艺术课程（美）、智识课程（真）为主干，并以“特色课程”（个性）为必要补充。各实验区要共同努力，加快研发，通过若干年的努力，使这个框架性的体系转化为具有丰富的实质性内容的课程，使新教育理念能够课程化，并通过课程的实施，使新教育实验项目生活化，融入师生每日每时的教育生活。比如说，“晨诵、午读、暮省”是新教育的儿童生活方式，新教育晨诵课程就是对这种生活方式的支撑。这里还涉及新教育的课程产品的推广问题。对于新教育晨诵课程、新生命教育课程等课程产品，还有新教育杂志体——《教育·读写生活》等，各实验区都应积极推广。要设置一个底线要求，如，晨诵课程，各实验区至少以班为单位，每班征订 2 份，多的 5 至 10 份，甚至更多。新生命教育研究所将建立 100 所基地学校，也希望各实验区积极推动与参与。另外，新教育 APP 平台已正式启用，希望各实验区迅速推荐给全体新教育教师，让新教育 APP 平台成为教师们日常教育生活的重要助手。

三要坚持新教育话语方式。语言是思维的工具、思想的载体。话语方式其实就是思维方式。坚持新教育的话语方式，就是坚持新教育的思维方式，就是坚持以新教育的理念来指导行动、言说故事。比如说，不管哪个地区、哪个学校，都会推动课堂教学研究和变革，但不能说所有的地区和学校都在推动新教育构筑理想课堂行动。只有在推动课堂教学研究和变革的过程中，以新教育的理想课堂三重境界理论为指导，课堂教学中体现了有效教学框架的探索，反映了引导学生发现知识这一伟大事物的魅力，努力实现着“知识与社会生活和师生生命的深刻共鸣”，这才是新教育的理想课堂行动，才是新教育实验。

## ▶ 二、积极探索新教育学校建设路径，建立实验学校标准

新教育实验学校建设是实验区发展的基础，也是新教育实验发展的基础。当下新教育实验学校的建设已经步入了标准建设的阶段。近两年，新教育团队组织开展了《新教育实验学校评价指标体系》的研制工作，经过了多轮讨论，到本次实验区工作会议前，形成了《新教育实验学校评价指标体系》（试行稿）（以下简称《指标体系》）。

《指标体系》的指导思想是根据党的教育方针和新教育思想，依据学校的教育目标，设计一定的评估指标体系，运用科学的方法，对学校新教育实验的管理、保障、环境、过程和效果等进行系统性的考察和价值判断，目的在于评估、指导学校新教育实验，帮助学校自我发现存在的问题与不足，及时改进，并以此推进学校的新教育实验，促进办学品质的持续提升。

《指标体系》内容的选定遵循了两个原则。一是突出核心价值。新教育的核心价值是过一种幸福完整的教育生活。在各个维度评估指标的观测点设计中都努力地渗透了这一核心思想。二是目标可测。因为学校教育教学过程的复杂性、教育效果的多元性和时滞性，新教育实验的过程和效果不可能全部通过准确的数据反映出来，在各个维度评估指标观测点的设计时，能用数据呈现的尽量以数据呈现，不能用数据呈现的尽量描述清晰，都是为了便于观测。

《指标体系》设了三级评价指标。一级指标分文化理念、学校管理、教师成长、课程与行动、学生成长与实验成效五个维度；二级指标中，文化理念分办学理念、环境建设、行为习惯、仪式庆典四个维度，学校管理分校长引领、制度建设、实验管理三个纬度，教师成长分职业认同、三专行动两个维度，课程与行动分课程、行动两个维度（课程又分新生命教育、新公民课程、新智识课程、新艺术课程、特色课程五个维度，行动又分“营造书香校园”“缔造完美教室”“家校合作共育”“构筑理想课堂”“推进‘每月一事’”“研发卓越课程”“师生共写随笔”“聆听窗外声音”“培养卓越口才”“建设数码社区”十个维度），学生成长与实验成效分学生成长、实验成效两个维度。这些都是考察实验学校新教育实验推进状态和成效的必要维度。三级指标的各个维度皆按照合格、良好、优秀三个等级，设计了若干观测点，并提出了设置的标准。

《指标体系》的评估指标涉及学校新教育实验的管理、保障、环境、过程和效果等各个方面，既体现了全覆盖性，又体现了不可或缺性。在实验管理评估方面，主要考察的是学校内部系统，包括管理任务（计划及措

施）、管理结构（校长引领、专人负责、全员参与）、管理技术（管理制度、方法）、管理人员（教师队伍建设）等。在实验保障评估方面，包括物质保障（经费、设备、图书等）、人员保障等。在实验环境评估方面，包括自然环境（净化、绿化和美化）和人文环境（物质文化、精神文化和制度文化）等，物质文化指校园硬件环境的配备与展示，包括校区环境的装点与室内环境的营造，精神文化包括学校主题文化的认同、新教育的文化氛围、仪式庆典以及师生的基本礼仪、精神面貌等，制度文化包括基本制度、实验制度等。在实验过程评估方面，以形成性评估为主，通过文化建设、教师成长、课程实施和行动项目推进的状况，进行评估。在实验效果评估方面，对学校新教育实验成果的整体性评价，包括对学生综合素质、学业成就、未来发展的评价和对新教育实验的师生感受、专业声誉、社会评价、媒体关注度的评价。

《指标体系》采用的评估方法，从评估形式看，是综合性评估和等级评估；从评估手段看，是量化评估与质性评估相结合；从评估主体看，主要是自我评估。《指标体系》倡导凸显强调学校主体地位的自我评估和校本评估，提倡以改进为取向的发展性评估。

《指标体系》的推行不仅仅是对学校新教育实验状况进行评价，更主要的是对被评估的新教育实验理念和行动赋予价值，它本质上是一种心理建构，评估描述的并不是学校新教育实验真正的、客观的状态，而是参与评估的人关于新教育实验的一种主观性认识，更是一种通过协商而形成的共同的心理建构。评估的过程本身就是对新教育实验的认识再深化、措施再完善的过程。所以，希望和要求各实验区能够把《指标体系》转发给各实验学校，首先，要发挥好《指标体系》对新教育实验推广的引领作用；其次，要积极组织各实验学校依据《指标体系》进行校本评估；再次，也希望和要求各实验区对区域内的实验学校进行抽样性评估，帮助新教育实验的改进，促进新教育实验的发展。

各位新教育同仁，新教育是一锅石头汤。这锅鲜美的石头汤是 16 年来，在座的各位同仁，全国各实验区、实验学校、实验机构 300 多万新教育人共同熬制而成。在未来的日子里，让我们继续出发，怀揣理想、倾注热情、奉献智慧、挥洒汗水，共同编织幸福完整的教育生活，推动新教育事业不断迈上新台阶！

（注：本文节选自新教育理事会理事长许新海的《2017 年新教育实验工作会议工作报告》。）

# 11 新教育入门问答

李镇西

## ▶ 一、什么叫“新教育”？

“新教育”这个短语并不是我们所独创的，早已有之。但在中国当下语境中的“新教育”，是“新教育实验”的简称。那么什么是“新教育实验”呢？

这是一个以教师成长为起点，以十大行动为途径，以帮助新教育共同体成员——教师、学生及其父母过一种幸福完整的教育生活为目的的教育实验。

朱永新老师问，新教育的彼岸是什么模样？我想，彼岸是一群又一群长大的孩子，从他们身上能清晰地看到：政治是有理想的，财富是有汗水的，科学是有人性的，享乐是有道德的。

如果以我个人的体验和理解，我想这样表述，新教育就是点燃教师理想与激情的教育，是唤醒孩子梦想与创造力的教育，是让教育生活充满诗情画意的教育，是让教育符合人性并充满人性的教育，是给孩子和教师自己的未来留下温馨记忆的教育。

## ▶ 二、新教育“新”在何处？

新教育人认为，就教育理念而言，关于“新教育”之“新”，并不是前所未有的“横空出世”，而是返璞归真和与时俱进，也就是说，今天所进行的“新教育实验”，是让教育回到起点，将过去无数教育家所憧憬的教育理想变成现实。当一些理念渐被遗忘、复又提起的时候，它就是新的；当一些理念只被人说，今被人做的时候，它就是新的；当一些理念由模糊走向清晰，由贫乏走向丰富的时候，它就是新的；当一些理念由旧时的背景运用到现在的背景去继承、去发扬、去创新的时候，它就是新的……

现在如果有人穿旗袍，我们会说“哟，你今天穿了一件新款式的衣服”，可实际上旗袍在中国古已有之，只是多年没人穿了，今天有人根据当下审美观对它进行了创造性加工，一穿出来便成了“新”的。同样，读书有益于人的成长，这个理念新吗？当然不新，但许多人不做，而我们做起来了，而且拓展了更丰富的阅读方式，这就是“新”！

简单地说，新教育之新，不是“除旧更新”之“新”，而是“推陈出新”之“新”。

## ▶ 三、“品牌学校”还需要搞新教育实验吗？

曾有人问我：“我们学校已经很好了，是一个品牌学校，不需要提升了，搞新教育还有什么意义呢？”

是呀，为什么一定要搞新教育呢？是为了学校有“特色”吗？是为了学校有“品牌”吗？是为了“提升”学校的所谓“形象”吗？如果是为了这些，有的学校已经有了呀！那么，我们搞新教育究竟为什么呢？

第一，为了我们教师自己的专业成长和职业幸福。什么叫成长？成长就在每一天的行动中。现在一提到教育改革，我们往往只想到为了孩子，所谓“一切为了孩子”，却忽略了教师。而新教育的抓手就是教师成长。成长即幸福。当绩效工资无法改变，工作环境无法改变，教育对象无法改变时，我们唯一能够改变的是我们自己的精神状态。通过新教育，我们能够体验到职业幸福，虽然很忙碌，可是很充实。唉声叹气是一天，喜笑颜开也是一天，究竟我们选择什么呢？当然是后者。

第二，为了让我们的孩子有一个浪漫、情趣而富有诗意的童年，给他们的将来留下充满人性的温馨记忆。我们开展阅读也好，打造完美教室也好，不仅仅是为了提升学生的成绩，更是为了给学生的心灵世界注入许多的精神养料和缤纷色彩。新教育有许多富有诗意的活动，还有许多符合儿童天性的活动，我们搞新教育，就是要满足儿童的天性。

毫无疑问，新教育能够提升学校的形象，但我们做教育不是做给别人看的“形象”，而是为了我们和我们的孩子。我们搞新教育，不是为了“对外”做给别人看，而是为了“对内”充实我们自己的心灵，为了我们的幸福。这和学校是不是“品牌学校”没有关系。

## ▶ 四、新教育能够提高教育质量吗？

你说的是分数吧？我要说的是，新教育本身不是补习班，并不以提高中考高考分数为主要目的。如果以提高分数为目的而参加新教育，注定会大失所望。

有必要说说“质量”这个词。在当今基础教育界，这个词特指“分数”。常常有校长在大会小会强调：“一定要有质量意识!”“一定要狠抓质量!”云云。老师们都明白，校长说的就是分数。但就这个词的本意，显然不只是，甚至主要不是指中高考分数。所谓“教育质量”，应该是指我们对学生进行德智体美劳全方位教育的成效，当然包括智育的分数，但显然远不只是分数。如果这样全面地理解“质量”一词。我可以负责任地说，新教育绝对能够提高教育质量。这不是我的理论判断，而是已经被许多新教育实验学校所证明的事实。

新教育实验以教师专业发展为抓手，如果教师的专业素养提高了，教育教学质量能不提升吗？新教育实验以“营造书香校园”为十大行动之首，特别注重孩子的阅读，尽可能通过阅读让孩子与人类崇高精神对话；还有各种晨诵、午读、暮省的生活方式，有“每月一事”的习惯养成，有色彩斑斓的各种卓越课程，等等，让孩子真正获得一种幸福完整的教育生活，锻造其人格，开阔其胸襟，拓展其视野，放飞其心灵，厚重其积淀，丰富其智慧，激发其创造……这样的孩子，还怕中考高考吗?

以江苏省某中学为例（因为要避宣传之嫌，我这里隐去学校名称，但数据绝对真实）：该学校在今年高考中创造出堪称辉煌的成绩——理科400分以上达11人，3人进入省前20名，列全省第一；本科录取率位居江苏省前列，本一上线率达73.3%；本二上线率达98.12%，再次突破98%。文理科语文均分全省第一。文科语文、数学、英语等均分全省第一。

说实话，当我在引用这一组数据时，心里的悲凉多于自豪——新教育的成果居然还是要屈从于所谓“社会评价”的“指标”，因而不得不以最世俗的高考分数来证明新教育的成功。这是我们这个时代的悲哀!

也许有人会说：“全国中考高考取得辉煌成绩的多了去了，难道都是你新教育的功劳吗?”这话问得好。的确，中考高考成绩辉煌的原因很多，如果简单归功于新教育，新教育便又沦为“高考补习班”了。

但是，根据我刚才列举的多年搞新教育实验的江苏某中学今年的高考成绩，和全国其他新教育实验学校辉煌的应试成绩，我可以这样说：“搞新教育实验，至少不会妨碍中高考成绩，而且还会促进教育质量的全面提高!”

## ▶ 五、 新教育实验是怎样促进教师成长的？

作为“以教师成长为起点”的新教育实验，把提升教师的职业认同与引领教师的专业发展，作为重要使命。

所谓“职业认同”，通俗而简单地说，就是把教育当作自己的事，是与自己生命融为一体的事。教育，不是外在的强迫，而是自己的选择；不是为别人做，是为自己做。

打个形象的比方，教育就是教师和孩子的生命交织，是教师阅读孩子生命的故事，同时和他们一起编织故事。我曾读到美国 2009 年的全国年度教师托尼·马伦的获奖感言。“感言”中有几句话让我特别感动——最优秀的教师有一个共同的品质：他们知道如何读懂故事。他们知道走进教室大门的每一个孩子都有一个独一无二、引人入胜，但却没有完成的故事。真正优秀的教师能够读懂孩子的故事，而且能够抓住不平常的机会帮助作者创作故事。真正优秀的教师知道如何把信心与成功写入故事中，他们知道如何编辑错误，他们希望帮助作者实现一个完美结局。

这里所说的“故事”，并不单指“事件”和“情节”，而是指孩子成长的过程；这里所说的“孩子的故事”，指的是孩子生命的河流。这条河，每天都在向前流淌。有时平缓舒展，有时急速湍急，有时汹涌浩荡，有时又曲折回旋……于是，孩子的一生便摇曳多姿或惊心动魄起来。

那么，面对这条河，每一个教师是什么呢？

有时候，教师是泳者，他在水中畅游，被水浸泡着，亲吻着，抚摸着，享受着水的清澈与清凉；有时候，教师是船夫，他被河水托着，悠然自得，欣赏着河面的浪花和两岸的风景；有时候，教师是漂流者，他驾驭着并征服着汹涌的河水，劈波斩浪，一泻千里；有时候，教师还可能是清污者，清除水面的污染物，或者排除河底障碍——如果有必要甚至还可能引导河水改道……

在生命的河流里，教师走进了孩子的故事。这个故事如河流一样不可逆转，而且每一天的风景都不可预知——或令人欣慰，或令人惊叹。故事的原创是孩子，但编辑是教师。如托尼·马伦所说，教师帮助孩子“把信心与成功写入故事中”，为孩子“编辑错误”，并“帮助作者实现一个完美结局”。

作为高明的“编辑”，教师一定要读懂每一个孩子的故事。什么叫“读懂”？我理解，就是陶行知所说：“我们必须会变小孩子，才配做小孩子的先生。”所谓“会变小孩子”，就是用童心去感受童心。一个真正的教育者，总是有着纯真的童心，并能够用儿童的眼睛去观察，用儿童的耳朵去倾听，用儿童的兴趣去探寻，用儿童的大脑去思考，用儿童的感情去热爱……对此，陶行知先生还有一段十分感人的话：“您不可轻视小孩子的情感！他给您一块糖吃，是有汽车大王捐助一万万元的慷慨。他做了一个纸鸢飞不上去，是有齐柏林飞船造不成功一样的踌躇。他失手打破了一个泥娃娃，是有一个寡妇死了独生子那么悲哀。他没有打着他所讨厌的人，便好像是罗斯福讨不着机会带兵去打德国一般的怄气。他受了你盛怒之下的鞭挞，连在梦里也觉得有法国革命模样的恐怖。他写字想得双圈没得着，仿佛是候选总统落了选一样的失意。他想你抱他一会儿而您偏去抱了别的孩子，好比是一个爱人被夺去一般的伤心。”

只有这样，才能真正读懂每一个孩子。

而一般的阅读不同，“读懂”孩子的故事，并不意味着教师仅仅是一个旁观者。不，教育是我们和孩子生命和生命的相遇，因此我们自然而然地进入了孩子的故事，和孩子一起创作，推动情节的发展，并期待着一个完美的结局。生命的交融、心灵的相通，让教师和孩子一起在生活的河流中奔涌、漂流、探险……

当教师对职业的认识达到了这个高度，教育的一切——喜悦与烦恼、成功与挫折、赞誉与非议、欣慰与委屈……都是自己的，与别人无关，因而这一切都丝毫不会影响我们的教育心态与行为，更不会挫伤我们对孩子的爱和对教育理想的追求。这就是我所理解的“职业认同”。

新教育对教师的专业引领主要是通过“专业阅读”“专业写作”和“专业发展共同体”来实现的。

阅读对于教师发展与成长的重要性，无论怎样强调都不过分。课堂的魅力就是教师的魅力，而教师的魅力其实主要就是学识的魅力。教师在讲台上一站，就要让学生感到他有一种源于知识的人格魅力。这种魅力，更多的来自专业阅读。所谓“专业阅读”，我理解应该是这样一种阅读结构：学科教学，教育心理，人文科技。作为一名成长中的教师，一定要读所教学科领域顶尖级的特级教师的专著，一定要读类似苏霍姆林斯基这样世界级教育大师的著作，一定要涉猎哲学、政治、经济、历史、文学、艺术、科技等著作。

“专业写作”也可以通俗地叫作“教育写作”。比如写教育备忘，为将来留下记忆线；写教育随笔，灵活自由，可长可短；写教育故事，怎么发生的就怎么写；写课堂实录，朴素记录，情景再现，及时反思；写教育论文，有感而发，有血有肉……许多新教育榜样教师的成长已经证明，坚持不懈的教育写作，能够使一个教师由普通走向卓越，由平淡走向幸福！写作不仅仅是单纯的写作，它必然伴随着实践、阅读与思考。它与实践相随，与阅读同行，与思考为伴。实践是它的源泉，阅读是它的基础，思考是它的灵魂。任何一位教育者都应该同时又是一位思考者。而教师的写作，便是教育思考的很重要的途径。

“专业发展共同体”指的是一群有着共同追求共同愿景的教师——用新教育的说法，叫作“尺码相同的人”——所组成的正式或非正式团队。比如学校教研组或年级备课小组，还有“成长空间”“读书论坛”等，在许多学校都有类似于“相约星期二”的沙龙活动，定期开展名著品读、随笔交流、专题研讨、经验分享、观点争鸣等活动。这样的“专业发展共同体”，实际上是一处精神家园，充满了人情的温馨，闪耀着思想的光芒，更富有理想主义的气息，互相取暖，抱团发展，彼此激励，共同成长。

## ▶ 六、 新教育能够在中学操作吗？

坦率地说，就目前新教育实验的覆盖面而言，大多数都是小学，中学也有，但不多。其原因毋庸讳言，就是在当下应试教育还相对比较强势的背景下，相比起小学，中学新教育实验的空间相对要狭小些。

但“空间相对狭小”不等于一点空间都没有，因此中学完全可以根据实际情况操作新教育实验。不少中学，比如焦作修武第二实验中学、成都武侯实验中学、江苏海门海南中学、甘肃庆阳齐家楼温泉初中等，依然做得不错。

不仅仅是因为中学有应试压力，也因为中学生有着与小学生不同的特点，因此，有些小学的新教育实验项目和课程在中学不一定适用。比如童话剧的演出，无论精力还是时间，要像小学那样完整地经历一次童话剧之旅，都不现实。但中学的新教育实验至少可以做这么几件事：

第一，“营造书香校园”。朱老师说过，即使新教育实验的其他事暂时没条件做，把书香校园做好了，也很了不起。通过各种形式，营造校园浓郁的阅读氛围，开展丰富多彩形式活泼的阅读活动，让师生把阅读当作一种自然而然的生活方式，并伴随终身。这样的教师，必然专业能力强；这样的学生，必然综合素质高。

第二，“缔造完美教室”。这里的“教室”，显然已经不同于我们一般所说的物理意义上的教室了，它是一种借代，代指班级；或者说是一种象征，象征着一群人共同生活的一段历程。缔造完美教室，强调的是一种班级文化的建设，一种集体精神的滋养，在这样的环境里，师生都获得了快乐与成长。

第三，“构筑理想课堂”。新教育的理想课堂提出了六个维度和三重境界。六个维度是参与度、亲和度、自由度、整合度、练习度和延展度；三重境界是落实有效教学框架，发掘知识这一伟大事物内在的魅力，知识、社会生活与师生生命的深刻共鸣。对理想课堂的不断追求，毫无疑问能够提升我们的课堂品质，让师生受益。

第四，“研发卓越课程”。所谓卓越课程，就是在其中最好地完成了课程的目的，完美地实现了人的完整幸福。“研发卓越课程”是一种价值追求，一种生命朝向，一个未来期待和一个庄严承诺。在不同的新教育学校，有许多因地制宜、因人而异的课程，这些课程丰富了师生的生命历程，让教育生活本身也成了一段生命的传奇。

第五，“家校合作共建”。学生父母是新教育共同体不可缺少的组成部分，父母的成长也是教育成功的关键之一。通过家校联动的机制，建立父母委员会，开展丰富多彩的活动，让父母更多地参与学校生活，引领父母和孩子共同成长，使家庭教育和学校教育优势互补、相互促进，最终实现家庭、学校教育的协调发展。

在中学操作新教育实验可以做的当然不止这几件事，但至少这几件事是可以做的。我还想说的是，做这几件事，与完成“应试目标”一点都不矛盾，更不冲突。把这几件事做好了，只会促进应试成绩的提升——至少不会妨碍。

## ▶ 七、我教理科，可以搞新教育吗？

你提出这个问题，我估计是基于一个“理所当然”的判断，就是新教育都是文科老师在搞。这是一种误解。但这种误解和新教育现在本身的某些不足有关。

比如新教育阅读，一直以来过于偏重文学，偏重诗歌，偏重童话，再加上儿童剧之类的课程，还有我们推出的新教育榜样教师更多的也是语文教师，新教育开发的课程，给人的印象更多的也是文学、道德、浪漫……而少有科学的、数理的、逻辑的因素。这一切，就让外界很多人误以为新教育实验就是语文教学的延伸。但实际上，新教育实验从理论上没有止于语文学科，它是从教育的高度涵盖所有学科和基础教育所有学段的。所以，我一直期盼有数学老师等理科老师能够成为新教育榜样教师。而你教理科，正可以在这方面大有作为，为新教育实验开辟新的空间，做出新的贡献。

我一直主张新教育阅读还应该有“三科”：科学、科技和科幻。读科学读物，是为了培养学生的科学精神；读科技读物，是为了培养学生的创造能力；读科幻读物，是为了培养学生的想象力。当然，现在新教育阅读不是一点这些东西都没有，我听一些榜样教师叙事时也谈到了读科技著作，但分量实在太少太少。我们的教育，不但要让孩子更善良，还要让孩子更聪明。

除了阅读，在课程开发方面，理科教师更是拥有广阔的天地：科技制作、天文地理、环境气候、信息技术、经济商业、生物技术、创造发明……都是理科教师大显身手的领域。

## ▶ 八、 做新教育是不是会很累？

我不想抽象地回答这个问题。先还是给你讲讲成都市武侯实验中学附属小学的包虹靖老师吧！

包老师住得离学校很远，每天早晨都要坐四五十分钟的公交车。车内又挤又闷，包老师往往玩手机看信息，或者戴上耳机听音乐，以打发时间。可自从加入了新教育实验，每天这个时段便成了包虹靖规划、思考甚至憧憬的时候：今天的晨诵孩子们会有怎样的精彩？今天的读书活动又该有哪些孩子展示？今天又该找哪个孩子谈心了？昨天那个犯错误的孩子今天会有什么变化呢？昨天的那个教育案例有没有值得提炼反思的地方？

“新教育实验让我每一个早晨都有憧憬，因而每天都充满了激情。”一次包虹靖这样对我说。

你说，包老师是比过去更“累”了呢，还是更快乐了？或许是二者兼有，所谓“累并快乐着”。

我无意夸大“新教育实验”的作用，但新教育实验点燃了无数普通老师的梦想与激情，让他们重新看待自己每一天平凡的工作，让每一个平凡的日子变得精彩，且充满故事。这是发生在我身边一个又一个的事实。我所工作的武侯实验中学及其附属小学，包老师不是个例。

新教育实验的宗旨是“让师生过一种幸福完整的教育生活”。请问，现在有多少老师的教育生活是幸福的？为了分数，为了名次，单纯的应试训练成了许多老师工作的主要内容，不少老师身心疲惫而又不得不全力以赴地去“战斗”，职业倦怠成了许多教师摆脱不掉的梦魇。这样的教育生活无论如何谈不上幸福。就算“辉煌”的应试成绩能够带给教师短暂的成就感，这种仅仅来自分数的幸福也远远谈不上“完整”。关键是教师如此疲惫不堪全都是被动的忙碌甚至忙乱，日复一日机械而被动地重复昨天的故事，谈何“幸福”，又谈何“完整”?

所谓“幸福完整的教育生活”，我们应该这样理解：一是教育就是生活，教师应该把教育当作生活本身的有机组成，而不是“八小时以内的工作”，所谓“教育生活化，生活教育化”，有了这样的理念，教师也会拥有一种积极主动的教育生活状态；二是教育同时是一种特殊的生活，其特殊性在于始终与儿童为伴，与儿童的心灵世界相通，与孩子心心相印，用陶行知的话来说就是“真教育是心心相印的活动，唯独从心里发出来的，才能打到心的深处”；三是教育生活应该是幸福的，这个不用多解释，如果教育生活不是幸福的，那么每一天都是一种折磨和奴役；四是教育生活的幸福应该是完整的，而不是单一的、片面的、被割裂的——既有帮助学生求知的幸福，也有引领他们全面而快乐成长的幸福；既有看到学生成长的幸福，也有教师自己成长的幸福；既有教学目标实现的幸福，也有教育过程的幸福；既有课堂上和孩子心灵对话的幸福，也有课余开发课程、写作记录乃至出版著作的幸福；既有今天享受教育时光而怦然心动的幸福，也有明天回眸教育人生而热泪盈眶的幸福……

参加新教育实验，事情肯定比过去多了，但这是自己对“过一种幸福完整的教育生活”的主动选择与积极追求。这正是激情被点燃，梦想被唤醒，视野被拓宽，潜能被激发……

你说，这叫“累”吗?

## ▶ 九、我这里地处偏僻，周围没有人搞新教育，校长也不支持，我可以搞新教育吗？

在互联网时代，没有偏僻的地方。周围有没有人搞新教育和你自己是否搞新教育没有必然联系。校长支持，是搞新教育的有利条件，但不是必要条件。

我还是以一个真实的故事来回答这个问题吧！

在湖南桃源县的一个山坡上的乡村小学，有一个叫敖双英的老师陪伴着一群留守儿童。除了教学，她一直带着孩子们组织课外活动，从生活上关心他们，给他们讲道理，但费力不少，收效不大。在那个偏僻的地方，因为网络她便和世界相连。2007 年她偶然在网上发现了“教育在线”网站，知道了新教育实验，便一头扎了进去。而当时她所在的学校，包括校长在内没有一个人知道新教育。但这不妨碍敖双英老师开始了一个人的新教育实验。

她从新教育的一句话“一个人的精神发育史就是他的阅读史”切入新教育，下定决心一定要做新教育，用阅读来改变孩子！从此，收入微薄的敖老师倾尽所有，义无反顾地走上了读书、选书、买书之路。2007 年之前，她所在的镇上根本没有书店，每次进城，她都会用双肩包背回大量书籍。尽管周围没人做新教育，但敖老师并不孤独，因为她在网上结识了许多新教育人，她的执着也感动了许多人。渐渐地，新教育研究中心、新父母研究所等机构先后捐赠给她各种图书，朱永新老师也向她捐赠童书数百册，再加上网友捐书、同行图书漂流，敖双英老师教室里的书越来越多了。六年来，她的孩子们读书在 1500 册以上，其中她和孩子们共读、精读了 200 多册绘本、30 多本文字书。共读，是为了让孩子们的生命与书籍产生共鸣。

后来，为了让孩子们也能够通过网络享受新教育的课程，敖老师自费两千多元钱在教室里装了网络。当时有几位好心的领导劝她：过不多久县里就会给学校安装网络了，你本来工资就不高，可别浪费了钱呀！敖老师认为县里为学校装网络还说不准时间，她实在不愿耽误，她想让孩子早一点接触新教育课程，教室里有网络会方便得多，她不想让孩子们老是当“乡巴佬”。果然，网络通了，原来小小的教室变成了无穷大，课程比过去丰富了。后来敖老师也尝试开发课程，家乡的一草一木、花鸟虫鱼等，都是最鲜活的素材。

渐渐地，敖老师的新教育越做越好，越做越有影响，周围的老师，还有校长都因为她而走进了新教育。再后来，敖双英成了新教育的榜样教师，影响了更多的人加入新教育。

敖双英老师说：“通过新教育，孩子们享受了不一样的学校生活，我也享受着自己不断成长的喜悦！”

## ▶ 十、 如何加入新教育？

加入新教育之前，必须对新教育有所了解。了解的途径有三：一是阅读有关书籍；二是浏览相关网站；三是关注新教育的微信公众号。

新教育的经典著作，无疑是朱永新老师的《新教育》(漓江出版社，

2014 年修订）。本书全方位阐释了新教育实验的理念和观点、方法和步骤，展示美好愿景，解答疑难问题，是新教育实验的入门向导，是新教育实验的经验总结，更是教师改变生活方式、发现自我、创造价值的行动指南。

“教育在线”（http://www.eduol.cn/）是新教育实验的网站，该网站有博客、论坛，还有新教育网络师范学院。“教育在线”网站集中了许多从事新教育实验的一线教师，特别是新教育榜样教师的专题帖，展示他们鲜活的原生态新教育生活。

“守望新教育”是新教育的微信公众号，通过它可以非常及时便捷地了解新教育实验的相关知识和最新动态。

对新教育实验有了一定的了解后，可根据本区域或学校的实际情况，决定是否愿意和能够参与实验（包括实验个体教师）。实验学校的申请审批一般分为两个阶段，即实验加盟区、校阶段和实验区签署协议阶段、实验校挂牌阶段。

有意加入新教育实验的区域可直接与新教育研究院洽谈，提出申请，并接受研究院安排的新教育专题培训；学校则填写《新教育实验加盟学校申请表》提交新教育研究院备案，有意加入实验的区、校经过新教育研究院确认，即被视为参与实验，成为新教育实验加盟区、加盟校。加盟区、校每年定期向新教育研究院提交实验计划和实验总结报告。对于加盟区、校，新教育研究院将定期寄发实验简报和其他实验材料，并欢迎参加由新教育研究院组织和推荐的新教育实验的各种培训和研讨会等。

新教育重视实验的记录和实验材料的积累，所有参与实验的学校，从参与实验时起，要立即在“教育在线”网站“新教育实验区、校、个体”论坛（http://www.eduol.cn/）建立实验专题帖，以便接受新教育研究院实验研究与管理团队实验观察评定，并参与实验研讨和交流。

如果是单个的老师想加入新教育实验，不需任何手续，只需根据自己和所在学校以及班级的实际情况，照着新教育理念实施相关的行动，比如开展新教育阅读、研发新教育课程、缔造完美教室等，就像我前面所说的敖双英那样去做。但是，也要在“教育在线”网站建立实验专题帖，一方面接受新教育研究院与管理团队的观察与评定，另一方面也以这种方式与更多的新教育教师交流，在互相学习中彼此激励。

# 12　一个普通老师如何接口新教育实验

林忠玲

作为一个普通教师，牵手新教育的接口在哪里？我以为可以从以下几个方面入手：

一是信起来。认同新教育的理念，自觉接受新教育的辐射。读一读近年来年会主报告，关注新教育活动信息。推荐大家关注“教育在线”网站、镇西茶馆和“守望新教育”公众号。在这些空间里，你接触到的都是满满的正能量。

二是读起来。读书的教师是最美的。老师们需要经常问问：我的形象里，能有多少本书？当然，带领学生读起来，也特别重要，因为有研究表明，所谓的学习能力中的90％可以通过提升阅读能力实现。

三是写起来。朱永新曾经开过这样的“成功保险公司”：本公司为激励客户成功，决定开办朱永新成功保险；参保对象不限，但尤其欢迎教育界人士；保期十年；投保条件，投保者必须每日三省自身，写千字文一篇，十年后持3650篇千字文来本公司；理赔办法，如投保者十年内未能跻身成功者之列，本公司愿以一赔百；声明，本公司只求客户成功，不以赢利为目的，所有利润全部捐赠希望工程。真正的名师，不是打造出来的，而是靠自己生长出来的。教育写作，能够“让更多的人听到自己的声音”。教育写作不仅能够提升专业素养和专业能力，而且能够提升专业道德和专业精神。没有文章，思想就行不远。教育写作是教育与人生的里程碑，是一段生活的定格，是一种生命的凝固，是一份感情的珍藏，是一道理想的光芒，是一串记忆的珠贝，是一束青春的花朵……

说起教育写作，不少人都觉得是一个畏途。写什么？丁昌桂先生在他的《名教师是写出来》一书告诉我们：写教育问题。问题从教育实践中观察反思而来，从学习阅读中思考辨析而来，从学术交流中碰撞启发而来；从生活体验中触类旁通而来。怎么写？抓住教育之痛——那些麻烦、那些困惑、那些不舒服……这是教师专业最近的发展区，表达时概述痛点，总体回应；描述痛状，再现情境；分析痛状，寻找病因；针对痛因，开具药方；实践验证，小结提升。

四是美起来。“守住自己的教室”，让每一个生命在教室里开出一朵花来。在这间教室里，师生可以一起做几件事：班级文化建构（班名、班徽、班旗、班歌、班诗、班训、班级承诺）、班本课程建设、班级良好人际关系建设……当然，还可以让办公室也美起来，为彼此营造一个温馨的工作空间。

五是改起来。新教育倡导的研发卓越课程，普通教师是可以大有作为的。首先要在国家课程校本化实施上有所行动，重在教给学生有用的东西。以语文教学为例，我们完全可以坚守课标，增减教学内容，推进主题阅读，尝试海量阅读。其次，要敢啃校本课程、地方课程的硬骨头，有时一门好课程，会成就一个好教师。当然，开设这样的课程，还得自己有不可替代的“绝活儿”。

六是动起来。所谓动起来，就是让孩子们走出书斋，去聆听窗外的声音，通过聆听，了解生活、了解社会、开阔眼界，形成正确价值观。这里的听，也不仅仅是用耳朵听，还包括参观、考察等社会实践。有人以为走出去、动起来，取决于学校的决策。其实，每一个教师，只要有这样的聆听的理念，也可以以班级为单位，在小范围内“动动”，或动员家长双休、节假日带着孩子“动动”。

有人说，教育是一项崇高的事业，其崇高建立于对每一颗稚嫩生命的呵护和关爱，对每一份生命尊严和质量的扶植，对每一颗纯真心灵的理解和尊重。当教育被世俗的功利污染时，许多学校的课桌有了，精神却没了；楼房高了，思想却矮了。纯粹、人文、博爱——这些教育的本真被滚滚红尘淹没了。而这些属于梦想人生的价值，新教育坚持了，呼唤了，并且行动了。新教育的理想让人崇高，让人有一种宗教般的情怀……新教育其实就是教育的本真，是应该被还原的教育梦想。

幸福是一种体验，让孩子们享受教育的幸福，让自己在幸福的教育中成就自我，这是新教育的一种境界。与新教育真情相伴，其实就是行走在抵达这种境界的路上！相信种子，相信岁月！

（注：本文节选自江苏省泰州市姜堰区教育局副局长林忠玲在泰州市实验小学新教育专题培训会上的演讲。）

# 13　新教育实验基础阅读书刊选

▶**《新教育实验：为中国教育探路》**　在本书中，朱永新教授梳理了新教育实验的发展脉络，列举了新教育的“专业阅读＋专业写作＋专业交往”的教师专业发展模式，及“晨诵、午读、暮省”“新生命教育”等特色课程，全面总结新教育实验的历程与经验，为中国教育探路。

▶**《新教育年度主报告》**　本书是新教育实验发起人朱永新在2003年至2013年历届新教育年度研讨会上所做主题报告的首度结集出版，是新教育共同体十余年来丰富经验的集中呈现。本书记录了新教育众多专家、学者、校长、教师长期的教育实践与探索，既有理论高度，又有操作引领，尤其针对当下诸多教育难题进行了剖析并提供了解决方案，对教育工作者有着重要的参考指导作用。

▶**《我的教育理想（增补本）》**　本书中，作者从十个方面阐述了自己的理想教育，分别是理想的学校、理想的教师、理想的校长、理想的学生、理想的父母、理想的德育、理想的智育、理想的体育、理想的美育、理想的劳动技术教育，用先进的教育理念深入探寻未来教育的理想和理想的教育，用精辟的语言勾画了21世纪教育理想的灿烂和辉煌，阐述了教育的伟大使命和责任，使人们对未来的教育充满信心。

▶**《致教师》**　本书中，朱永新教授围绕教师提出的教师关心的重要问题和教师成长的关键问题，如“成为教师的理由”“怎样具备好教师的慧眼”“如何书写教师的生命传奇”“怎样过一种幸福而完整的教育生活”四大方面，一一为教师“解惑”。

▶**《我的阅读观》** 作者是近年来推广阅读的“第一人”。他提出了“一个人的精神发育史就是他的阅读史”“一个民族的精神境界取决于这个民族的阅读水平”“一个没有阅读的学校永远不可能有真正的教育”“一个书香充盈的城市才会是一个美丽的城市”“共读共写共同生活”“改变，从阅读开始”等观点，已经成为全社会的共识。本书选择了作者撰写的关于阅读的观点的文章与部分精彩的序言，汇编成册，让读者走进他的阅读世界。

▶**《新教育讲演录》** 作者是在教育界享有盛名的“激情演讲家”。本书围绕“新教育”主题，收录了作者关于新教育实验的理论与实践、成功六字诀、中国教育缺什么、书写教师的生命传奇、共读共写共同生活、中国教育改革，以及关注民办教育、农村教育等一系列脍炙人口的教育讲演。在讲演中，作者对于如何继承中国传统教育思想的精华，开启面向21世纪的更科学、更符合中国国情的新教育，进行了深入的思考。透过讲演，还可以了解作者通过发起并推行新教育实验，探索中国教育的改革与发展之路的行动轨迹。

▶**《走在新教育路上》** 本书记录了一群怀抱教育理想，对教育真诚热爱，并以实际行动勤奋实践、锐意创新的新教育人的心路与足迹。一个个感人的故事，一项项闪光的成就，汇成了新教育实验奔流向前的长河。相信读者看完本书后，会对这些教育先行者有更深入的了解，对他们所努力的事业更多一份敬意和支持。

▶**《大师教你做父母——对话苏霍姆林斯基》** 苏霍姆林斯基为苏联著名教育家。他的全部著作都是面向教育工作者、父母和孩子们的。他把自己的思维、思索、建议和见解全部倾注在了他的著作当中，即怎样培养“真正的人”。教师和父母应当历经何等艰难之路才能使孩子成长为好学上进、聪颖、心地善良而高尚的人和好公民。这些理论和做法，不仅影响了几代人，而且在今天依然具有现实指导意义，仍然值得今天的父母和教师学习。本书从苏霍姆林斯基的《育人三部曲》中，遴选出8万余字精华，由著名教育家朱永新先生结合当下生活，进行解读和探讨，并有与网友的精彩互动。书中所有话题都与孩子的成长有关，对父母和教师培养孩子有很强的指导作用。

▶**《大师教你做父母——对话叶圣陶》** 本书以著名教育家叶圣陶先生的教育思想为核心，按照当下需求，从22卷本的《叶圣陶集》中甄选出在家庭教育中简便易行的内容，通过著名教育家朱永新先生对大师名作精华部分的充分解读，对父母进行深入浅出的引导，有效地在大师经典与普通读者之间搭建起桥梁，是家庭教育作品中前所未有的一种营养全面、可读耐读的“套餐”，是经典之上的再创造。

▶**《大师教你做父母——对话陶行知》** 陶行知先生为我国现代著名作家、教育家。在教育领域，他针对中国教育改革实践、教育的价值和目的、教育的过程和本质等方面提出了极有价值的看法。这些理论和做法，不仅影响了一代人，而且在今天依然具有现实指导意义，仍然值得今天的父母和教师学习。朱永新编著的《大师教你做父母——对话陶行知)》共分四章，内容包括：教育就像一碗八宝饭、生活就是教育、解放儿童、父母是孩子的榜样。

▶**《守望新教育》** 作者作为一个区域教育行政部门的一把手，又兼任新教育研究院的院长，兼具着行政领导、研究者、组织者、推广者等多种角色，对于如何推广新教育实验，如何从认识到认同，从认同到行动，从行动到坚守，从坚守到信仰，自然有着更多的体会与思考。本书中，作者详细记录了在近10年的新教育征程中推进新教育的行与思。作者希望通过不同学校的一个个具体的项目、行动，从改变教师的行走方式到改变学生的生存状态，让“过一种幸福完整的教育生活”成为学校的文化之魂，让它像一盏高悬的明灯，引领着教育生活的前行。

▶**《做新教育的行者》** 本书全面系统地介绍了江苏省海门市新教育实验的各项成果，就新教育实验学校的价值文化、课程文化、课堂文化、教师文化、学生文化、班级文化、校园文化、制度文化等做了深度的研究。本书内容丰富，特色鲜明，从一系列的做法和经验要素中提炼展示了新教育实验的思想和精神特质。

▶**《变革的力量：海门县域教育生态的蜕变》** 在江苏海门，一个县级市的考生中竟然有20名左右被清华大学、北京大学录取，一年有2万多名全国各地的教育同仁来考察学习、参加培训。这让“海门教育”成为热门搜索词。从2005年起，海门市教育局局长许新海就组织专业团队为一所所学校做“诊断”，在管理、文化等多方面对校长做出引领，帮助教师成立学习共同体，打造了一批“轻负担、高质量”的学校。海门教育改革为县域义务教育均衡之路开创了先河，从一位教师、一间教室、一所学校的改变开始，改变了整个区域的教育生态。

▶**《今天我们怎样做教育：卢志文杏坛絮语》** 作者卢志文是教育管理大家，他的以校长管理和教育思考为主题的经典篇章，早已被老师们所传阅，读后你不得不佩服那种深刻的睿智。他将传统文化与现代管理理念有机结合，构建了独特而完整的教育文化体系。本书是作者多年管理经验和教育智慧的精华集萃。

▶**《让梦想开花——我和“新教育实验”》** 本书是作者李镇西从事新教育实验多年的一些感悟、经历与反思。全书主要分三大部分：“新教育思考”，记述了他对新教育的理念、教育方式、活动内容等的认识与建议；“新教育实践”，记述了他从事新教育的经历与成果，并介绍了实施新教育的一些方法与注意事项；“新教育人物”，介绍了新教

育实验的主要人物对新教育的贡献，包括他们的思想、实践、经验等。

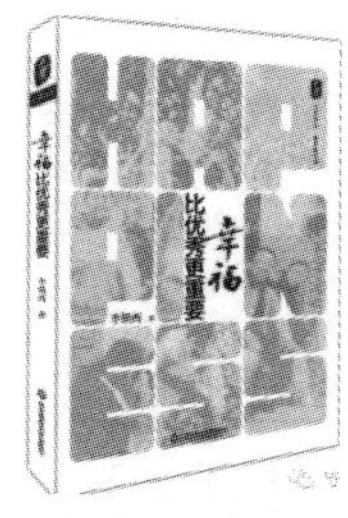

▶ **《幸福比优秀更重要》** 这是一位“真诚的教育思考者”“执着的教育实践人”的随性之作；这是被友人盛誉为始终坚持自我本色的中学教师李镇西的生命故事；这是被30多年难忘师恩的未来班孩子们昵称为“西哥”的爱的结集。阅读这本书，你会沉醉于教育的美好，体悟到教师的价值，获得在幸福中优秀的真谛。

▶ **《这一群有种的教师》** 新教育种子教师，特指新教育实验“种子计划”公益项目中汇聚的一批全国各地最具激情、最具潜力的一线教师。本书荟萃了全国新教育种子教师在一线教学实践中的教育经验、教学心得、成长感悟，对中小学一线教师的教育教学、个人成长有着很具操作性的参考指导作用。

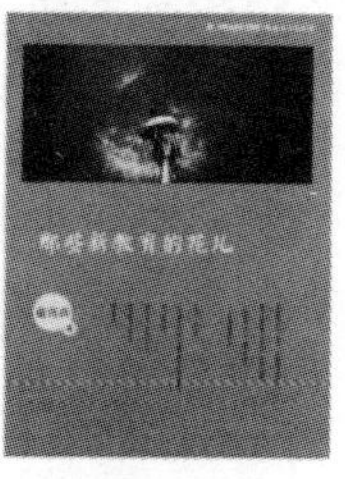

▶ **《那些新教育的花儿》** 这是一册描绘新教育理念践行者们群体画像的书，讲述了一群新教育人在现实的土地上播种并收获梦想的故事。本书文笔优美，叙述生动，能让读者于故事中感受新教育人的热情，理解新教育人的追求，也给人留下关于新教育的种种思考。

▶ **“新教育的一年级”丛书** 丛书是著名儿童文学作家童喜喜投身新教育实验后，历时五年的潜心力作。专为学龄儿童量身打造，按照12个月份分为12本。作品以牛妞、安熊、雷天龙、花儿老师等一年级的孩子和老师为主角，以他们在生活学习中发生的日常故事为蓝本，由许多短小的故事组成。

丛书秉承先进的新教育理念，选取真实的新教育案例，针对孩子、父母、教师最感兴趣或最为困扰的问题，以孩子喜闻乐见的方式，进行准确有效的解答。本书首创“故事套故事”的形式，精选众多经典图画融入故

事中，好读、耐读；首创“童书即课程”的方法，以时间为序，用数个故事形成一个课程，寓教于乐。

▶ **《喜阅读出好孩子：中国孩子的阅读问题》** 本书是著名阅读推广人、儿童文学作家童喜喜专门为中国孩子的阅读量身定做的指导手册。书中，作者结合自己多年的写作经验和丰富的阅读体验，分别站在老师和家长的角度，谈到了在孩子阅读引导和共同阅读上应该注意的问题；同时，站在孩子的角度说出他们的困惑，引导他们通过阅读进入另一个世界，给有限的年龄增添无限的阅历。

▶ **“中国人阅读书目”丛书** 在浩如烟海的书籍中，寻找到适合当下阅读的好书，才能真正开卷有益。本丛书是“中国人阅读书目”的阶段性研究成果。首批四册，分别为幼儿、小学生、初中生、高中生基础阅读书目·导赏手册，每册采取“30＋70”的方式选书，即 30 种基础阅读书＋70 种推荐阅读书，提供基础阅读书目和导赏，供广大幼儿、中小学生、家长、老师使用。

▶ **“新教育晨诵”丛书** 丛书是以朱永新教授为首的一批新教育人经过 16 年 300 多万师生共同实验、摸索，研究出来的核心成果，以新教育研制的科学逻辑框架为依托，对诵读的诗歌进行主题划分、课程设计，让读者在感受诗歌美的同时得到德育和美育的熏陶。新教育理念强调教育要吻合儿童的身心发展需求。从幼儿、小学阶段对自我与世界的感知，到初中阶段对青春与友谊的感悟，到高中阶段对理想与人生的思考，诗歌的内容紧密围绕孩子在不同时期的心理需求进行选择。《新教育晨诵》丛书已出版幼儿园上、下册，小学 12 册，初中 6 册。

▶ **“新生命教育”丛书** 丛书由朱永新教授领衔编写，以“拓展生命的长宽高”为课程总纲，以“意识＞技能＞知识”为编写理念，以“游戏式、体验式、互动式、生成式”为活动设计理念，围绕“安全和健康”（生命的长度）、“养成和交往”（生命的宽度）、“生涯与信仰”（生命的高度）六大主题，系统、科学、有效地帮助孩子珍惜生命、热爱生活、幸福人生。丛书贯穿小学 1 年级至高中 3 年级，初三、高三为全一册，其他年级皆分上、下册，全套共计 22 册。著名教育专家朱小蔓教授评价“本套丛书标志着我国生命教育发展到了一个新的阶段”。

▶ **“这样爱你刚刚好，我的 N 岁孩子”丛书** 丛书是国内第一套百科式家教丛书。丛书根据孩子年龄段划分，从胎儿到孩子上大学，每个年龄段一本，共 20 种。丛书以“智慧爱”的理念，探索充满智慧的、恰到好处的爱的家庭教育方法。丛书以中国青少年研究中心 20 年研究大数据为支撑，以数据驱动家庭教育理念的更新、方法的改良，帮助家长完成自身的再一次成长！

▶ **《一间可以长大的教室——新教育“完美教室”叙事》** 本书讲述了海门市幼儿园、小学、初中 31 个教室的故事，全面呈现了海门新教育人完美教室行动的实践成果。缔造完美教室是在新教育生命叙事和道德人格发展理论的指导下，利用新教育儿童课程的丰富营养，晨诵、午读、暮省，并以理想课堂的三重境界为所有学科的追求目标，师生共同书写一间教室的成长故事，形成有自己个性特质的教室文化。

▶ **《缔造完美教室——小学班本课程的开发与实践》** 本书中的理论部分（1—2 章）着重介绍完美教室的根基，以及建构完美教室的各个要素。实践部分（3—9 章）以时间为顺序、以班本课程为关键词，分学段叙述，从小蚂蚁班级的建设到课程开发，全息性地展现了六年来班本课程实施的精彩个案，以及流淌于其中的孩子们的生活经历。本书最大的创新点是完整地展现了一间完美教室（1—6 年级）的缔造过程，呈献给读者更多背后“怎么做”的方法，可以作为一本建设完美教室的“手册”来使用。

▶**《我是大西洋来的飓风——一个新教育教师的生命叙事》** 本书真实记录了新教育榜样教师——郭明晓老师践行新教育 5 年中的所读、所思、所行，真实记录了她的困惑与求索、成长与收获，情理兼备，好读耐读。广大一线教师可以从中得到精神上的鼓舞、理念上的启迪、方法上的指导。

▶**《各就各位准备飞：郭明晓 & 致三四年级学生家长的每周一信》** 三、四年级是孩子在小学阶段的一个重要转折点。本书中的每封信正是以这一阶段孩子身心发展特点为基础，从晨诵、语文学科的学习、班级共读、亲子共读、童话剧的开展、自动化书写和阅读能力的培养等方面展开内容，突出强调了家校合作、家长参与教育的重要意义。家长改变一点点，孩子离幸福就会更近一点点。

在书中的 78 封信中，郭明晓老师将自己多年的教育经验和心得毫无保留地教给了家长。通过这些信，可以看到师生是怎样走过三、四年级的历程，怎样从容完成从浪漫阶段到精确阶段的过渡，从而让孩子们的生命和心灵日渐丰盈润泽的。

▶**《改变，从习惯开始：顾舟群 & 致一二年级学生家长的每周一信》** 本书中，顾舟群老师用 73 封饱含真情和努力的“每周一信”，携手父母们创造了充满活力的育人环境，用微笑面对孩子，用欣赏的目光看待孩子，用积极的话语鼓励孩子，搭建起老师与家长之间心灵沟通的桥梁，更催化生命的成长，让“毛毛虫们”成长为自信而快乐的“蝴蝶”。榜样的力量是无穷的，

小舟成群，破浪前行，成就一个新的奇迹教室。

▶**《小学学校仪式设计 20 例》** 本书是一本关于学校仪式的特殊的书，是一本真正在实践中生成、用行动写就的书！我们每个学校都应该充分重视并发挥仪式的教育作用，精心筹划每一次学校仪式。“仪式”的开展使得某一天与其他日子不同，人们在这一天将某种特殊的感情用特定的方式释放、升华，从而形成新的情感和凝聚力。引导孩子们培养美好的情感并用一定的形式去充分地展现、体验，这应该是教育者的职责。

▶**《中学学校仪式设计 16 例》** 中学学校的仪式教育可以营造特殊的教育氛围，表达内隐的教育内容和教育观念，提升学生整体的精神境界。本书从学校与班级常见的仪式着眼，分常规仪式、成长仪式、节日仪式、新教育课程仪式四大部分，介绍了开学仪式、入班仪式、生日仪式、生命教育仪式等 16 例学校仪式。对每个具体的仪式，从诗歌引入、仪式解读、案例呈现等几个方面进行设计，意在指导教师灵活地、创造性地开展校园仪式，建设充满人文关怀的学校文化。

▶**《勇气，在课程中绽放：侯长缨 & 毛虫班的〈人鸦〉童话剧之旅》** 本书通过一位平凡教师的不凡课程，带读者了解中国新教育。童话剧课程是新教育儿童课程的一个重要项目，综合性很强，涉及阅读、写作、表演、音乐、绘画等，给孩子们提供了许多发展潜能的机会。

▶**《36 节电影课养成好习惯——新教育“每月一事”电影课项目用书》** 本书是新教育实验中的“每月一事”电影课项目用书。全书针对低、中、高三个年龄段，围绕每月一个主题，精心选择了 36 部电影进行教育上的深度解读，并辅以 36 部电影推荐。书中在选择影片时特别注意了影片的中外比例、新旧比例。全书文笔流畅，兼具可读性和实用性。

▶ **“家校之间有个娃”丛书**　丛书共两本，每本中各以 16 个各具特色的孩子为主线，分章讲述了父母和教师如何针对孩子的问题进行交流而发生的故事，让父母与教师在阅读中理解教育理念、学会操作，贴近生活，可读性强。每章结尾处另附有针对父母和教师的点评与建议，对类似问题的处理进行指导，举一反三，借鉴度高。

▶ **《孩子，我看着你长大（批注·反思版）》**　本书中，作者以日记形式，详尽记录了自己三年来教育学生宋小迪的经历，真实展现了一个众人眼里的“问题学生”如何成为“中考状元”的传奇。此书初版曾引起中央电视台、《人民教育》等多家新闻媒体关注，为了使再版更有意义，在初版的基础上，本书采用名师批注加作者反思的形式，对一些教与学的理念问题，以小见大地进行了有效探索和深刻反思，旨在让读者从不同的角度思考教育的本质，对教师、学生、家长以及教育研究者都有着鲜活的启迪。

▶ **《构筑理想课堂》**　本书由三部分组成。第一部分介绍了新教育实验课堂所运用的教学框架；第二部分论述了新教育理想课堂的三重境界，并用一些实例来解说每一境界的合理性；第三部分以案例方式说明了如何在学校和教研组使用这一教学框架，并用三重境界来反思课堂教学。

▶ **《构筑合宜的大脑：新教育实验教师专业阅读项目用书》**　本书系新教育实验教师专业发展项目实验用书，是专业阅读项目指导手册，可供中小学教师使用，也可供相关研究者参考。全书分为两大部分。上编“构筑合宜的大脑——新教育教师专业阅读理念与实践”，集中阐释新教育教师专业阅读的基本理念，致力于清除最近数十年来教师专业阅读方面存在的种种误区。下编“海拔五千——新教育教师专业阅读地图”，主要提供了专业阅读书目以及对其中部分书籍的评述，也简略介绍了书目的使用方法。

▶**《在农历的天空下：新教育实验晨诵项目“农历的天空下”课程实践》**　晨诵课程项目是新教育实验重点项目之一，中国古典诗词是其最核心的阅读内容之一。本书中，作者带着学生以二十四节气为线索，根据四季变化学习诗歌，同时结合国画、民间故事、汉字、书法、考古、对联、民俗感受诗词的温暖和气息，触摸诗词背后一颗颗伟大的灵魂。

▶**《桥西新教育十年》（上、下册）**　石家庄市桥西区从2004年6月开始成为全国第一批以区域形式加入新教育研究的区域群体之一，在全区开展了“书香校园同写共练”项目，根据学校与项目开展情况逐渐拓展六大行动，实践三大课程，注重“行政参与、本土导航、区域推进”，立足于桥西学校与师生，面向家长与社会，以“晨诵、午读、暮省”的生活方式改变着学校的方方面面，用行动去追求“过一种幸福完整的教育生活”。本书就是对石家庄市桥西区新教育这十年来积极探索、勇于创新的总结与最有力见证。

▶**《教育·读写生活》杂志**　本杂志是由山西出版传媒集团主管、新教育研究院承办的国内外公开发行的刊物。本杂志致力于为参与新教育实验的区域或学校提供高端交流平台，为基层学校、广大教师、学生提供展示、交流、分享、提升的平台，以国际视野、本土情怀、观点争鸣、实践引领为总体原则，以专业、深入、简洁、实用的精品原创文章，进一步传播新教育理念，介绍、分享新教育实验学术建设的最新成果，更全面、更深入地报道展示新教育实验区（校）和实验教师的实验成果和美好故事。

▶**《新教育》**　本报属于新教育独立主办的内部报纸。一年出刊10期，每期4版，每版4K大小。每期的第1版为新闻播报，报道新教育全国性、区域性以及实验学校的重大活动；第2、3、4版包括思想前沿、专题研究、实验区风采、实验学校窗口、完美教室风景、榜

样教师素描、课程叙事、活动展台、新教育论坛等栏目。每期印5000份，分寄至新教育理事会各理事长、新教育研究院各院长、各新教育研究机构负责人、新教育在学术界的朋友和各实验区（校），并在新教育年会、新教育国际高峰论坛、新教育实验区工作会议上作为会务材料发送。

▶**《教育研究与评论》** 本刊以传播先进教育思想与文化、引领当代教育研究与评论、汇集成功教育经验与智慧、为教育教学改革提供舆论阵地、为教师专业发展营造精神家园为宗旨，以“时”（现实）、“事”（叙事）、“史”（历史）、“论”（理论）相结合为特点，以“面向教育现实，引领教师成长，解决实际问题”为落脚点，发表以本土和当代教育为主体研究对象，兼顾古今中外教育研究的学术论文、实证报告（包括田野工作报告）、案例剖析、经验总结、评论文章等，充分体现理论与实践的紧密结合，突出理论性、前瞻性、指导性、综合性，不断追求既具有国际视野，又具有本土情怀的“高质量、高品位、有特色”的办刊目标。《教育研究与评论》系新教育与江苏教育出版社联办。

欲购新教育书籍，或征订新教育刊物，可与新教育研究院办公室杜涛联系，办公电话：0512—69170057，手机号：15250107111。

(鄂)新登字 02 号

图书在版编目(CIP)数据

相信种子,相信岁月——新教育实验管理操作手册/新教育研究院编著.
—武汉:湖北教育出版社,2019.4(2021.10 重印)

ISBN 978-7-5564-2941-7

Ⅰ.①相…

Ⅱ.①新…

Ⅲ.①教育-研究-中国

Ⅳ.①G52

中国版本图书馆 CIP 数据核字(2019)第 057643 号

相信种子,相信岁月——新教育实验管理操作手册

XIANGXIN ZHONGZI,XIANGXIN SUIYUE —— XIN JIAOYU SHIYAN GUANLI CAOZUO SHOUCE

出品人 方 平

责任编辑 孙亦君　　责任校对 李 镧

封面设计 牛 红 何亦明　　责任督印 张遇春

出版发行 长江出版传媒 430070 武汉市雄楚大街 268 号
湖北教育出版社 430070 武汉市雄楚大街 268 号

经 销 新 华 书 店

网 址 http://www.hbedup.com

印 刷 黄冈市新华印刷股份有限公司

地 址 黄冈市宝塔大道 89 号

开 本 710mm×1000mm 1/16

印 张 20

字 数 324 千字

版 次 2019 年 4 月第 1 版

印 次 2021 年 10 月第 3 次印刷

书 号 ISBN 978-7-5564-2941-7

定 价 48.00 元